激動の時代のコンテンツビジネス・サバイバルガイド

プラットフォーマーから海賊行為まで押し寄せる荒波を乗りこなすために

マイケル D. スミス & ラフル テラング 著
小林啓倫 訳
山本一郎 解説

Streaming, Sharing, Stealing
Big Data and the Future of Entertainment

東京 白桃書房 神田

STREAMING, SHARING, STEALING:
BIG DATA AND THE FUTURE OF ENTERTAINMENT

By

Michael D. Smith and Rahul Telang

私の親友、そして最愛の人であるロンダ・スミスに。
――マイケル

妻のアシュウィニと、息子のショミク、シヴムに。
彼らは私の人生を、多くの喜びで満たしてくれる。
――ラフル

謝辞

私たちが共に情熱を傾ける2つの領域がある。本書が位置しているのは、その2つが交わるところだ。第1に、私たちは素晴らしいエンタテインメントを愛しており、映画や音楽、そして出版業界が、これからも偉大な作品を生み出し、偉大な作家への投資を続けてほしいと願っている。第2に、私たちはデータと統計分析を駆使して、消費者と市場がどのように動くのか、その理解に強い関心を持っている。私たちが研究や本書を通じて、このような興味を追求することを支援してくださった多くの方々に、感謝の言葉を述べたい。

私たちは、カーネギーメロン大学ハインツ・カレッジの同僚が私たちを、素晴らしい研究者が集まるコミュニティの一員であると認めてくれたことに深く感謝している。中でもハインツ・カレッジのラメイヤ・クリシュナン学長に対し、エンタテインメント分析の研究拠点をつくるという私たちのビジョンを支持してくれたことに、そしてヴィバンシュ・アビシェーク、ピーター・ボートライト、ブレット・ダナハー、ペドロ・フェレイラ、ベイベイ・リー、アラン・モンゴメリーに対し、その研究において中心的な役割を果たしてくれたことに感謝したい。またカーネギーメロン大学で共に研究に取り組んだ、多くの博士課程の学生たち、ウッタラ・アナンタクリシュナン、デイゴン・チョー、サミタ・ダナソブーン、アニンディヤ・ゴース、ジン・ゴン、アヌジ・クマール、リロン・シバン、リエ・マに謝意を表する。カーネギーメロン大学のスタッフは、私たちが教育と研究に専念できる素晴らしい環境をつくり上げてくれた。特に各修士号プログラムを担当したスタッフ、情報システム管理コースのアンディ・バッサとショーン・ベッグス、公共政策コースプログラムのブレンダ・ペイザー、エンタテインメント産業管理コースのジョン・ターノフとダン・グリーンに対し、それぞれのプログラムにおける献身的な取り組みに、感謝の言葉を述べたい。カーネギーメロン大学法律顧問室のメアリー・ベス・ショーは、私たちの研究を強く支持してくれる人物であり、彼女の支援に心から感謝する。私たちの同僚であるミリー・マイヤーズは、彼女のメディアトレーニングプログラムを通じて、外部とのコミュニケーションに関する素晴らしい知見を与えてくれた。またカーネギーメロン大学において、交流する機会を持てた多くの学生たちに感謝する。特にクリス・ポープ、リカルド・グィザード、ホセ・エドゥアルド・オロス・チャバリアに対し、彼らの優れたデータ分析に関する支援に謝意を表する。

その知見と経験を私たちに共有してくれた、多くの娯楽系のコンテンツビジネスに携わる方々にも感謝の言葉を述べたい。中でもアメリカレコード協会（ＲＩＡＡ）のキャリー・シャーマンと彼のチームに対し、素晴らしいアドバイスと音楽業界に関する知見を提供してくれたことに、また書籍産業研究グループ（ＢＩＳＧ）のアル・グレコと彼のチームに対し、出版業界に関するデータと専門知識を提供してくれたことに、それぞれ心から感謝する。またアメリカ映画協会にも感謝したい。彼らはカーネギーメロン大学における私たちの研究を、同大学のプログラム「イニシアティブ・フォー・デジタル・エンタテインメント・アナリティクス」を通じて継続的に支援してくれた。

他にもさまざまな方々から、支援と励ましをいただいている。アンドリュー・マカフィーは、私たちのビジョンを追求するよう励ましてくれ、彼の素晴らしい著作権エージェントであるレイフ・サガリンに私たちを紹介してくれた。レイフは私たちがビジョンをつくり上げ、そして本書を世に問うにあたり、貴重な支援をしてくれた。マサチューセッツ工科大学出版局のジェーン・マクドナルドと彼女のチームは、一緒に働くのが楽しい人々だった。初めて本を書く私たち2人にチャンスを与えてくれたことに、心から感謝する。また全米音楽出版社協会（NMPA）のナタリー・マダイとデヴィッド・イズレイリートに対し、著作権上の許可を得る支援をしてくれたことに感謝したい。最後に、これは最も重要なことだが、編集者のトビー・レスターの指導と支援、忍耐、そしてユーモアがなければ、本書を完成させることはできなかっただろう。トビーは私たちのまとまらない意見やアイデアを聞き、それを私たちがまさに言いたかったことに整理してくれるという、驚くようなスキルと能力を持っている。彼がいなかったら、私たちはいまだに第2章で足踏みしていただろう。

マイケル・D・スミスからの謝辞

私のアドバイザー、コーチ、そしてメンター役を務めてくれたエリック・ブリニョルフソンに感謝したい。研究者になるというのがどういうことなのか、彼ほど良い例を示してくれる人はいない。そして私の研究は、親愛なる妻からの支援と愛なしには不可能だっただろう。ロンダ、私を信じてくれて、そして私自身はできないと思っていた多くのことまで、挑戦するよう励ましてくれてありがとう。デイヴィス、コール、モリー、君たちが私の生活にもたらしてくれた喜びに心から感謝する。父さん、母さん、いろいろなことに我慢してくれて、そして私に学ぶ喜びを与えてくれてありがとう。そして私が決して償うことのできない原罪から、その身の犠牲をもって救って下さった、イエス・キリストに感謝を捧げる。

ラフル・テラングからの謝辞

いつも私を信じてくれて、夢を追いかけることを許してくれた母と父に感謝したい。妻のアシュウィニは、常に私にインスピレーションを与えてくれる。私が頑張れるのは、彼女のおかげだ。2人の息子のショミクとシヴムは、何も言わずに私を励ましてくれる。私を誰よりも信じてくれているからだ。最後に、私に毎日新しいことを教えてくれる、メンター、同僚、そして学生たちに謝意を表したい。

目次

謝辞……iii

第1部 グッド・タイムズ・バッド・タイムズ……1

第1章 ハウス・オブ・カード
成功に導いた、さまざまな「掟破り」……2

第2章 バック・イン・タイム
コンテンツビジネス発展の歴史—音楽業界を例に……19

第3章 もう少しの金のために
売り上げを最大化する電子版のリリース戦略……36

第4章 パーフェクト・ストーム
既存コンテンツ産業を襲う脅威の本質……55

第2部 チェンジズ……71

第5章 大ヒットとロングテール
コンテンツ流通が多様化した時に起きること……72

第6章 レイズド・オン・ロバリー
知っているようで知らなかった海賊版の影響……91

第7章 パワー・トゥ・ザ・ピープル
デジタル時代のクリエイターたち……119

第8章 ナーズの逆襲
既存コンテンツ産業VSプラットフォーマー……136

第9章 マネーボール
プラットフォーマーの力の源泉……157

第3部 新たなる希望……185

第10章 高慢と偏見
デジタル時代に対応できる組織とは……186

第11章 ショウ・マスト・ゴー・オン
激動の時代を生き残っていくために……211

原注……228
索引……257

解説 日本のコンテンツビジネスにも押し寄せるデジタルディスラプションの荒波
変わらないのは、変わり続けるということ 山本一郎（個人投資家、作家）……258

〔凡例・おことわり〕
【 】：訳注
原書では、数字付き＊の訳注のある箇所に左記の歌詞・台詞の一節が掲載されている。
＊1 Led Zeppelin, *Good Times, Bad Times*
＊2 *House of Cards* フランク・アンダーウッド台詞
＊3 Huey Lewis and the News, *Back in Time*
＊4 *For a Few Dollars More* モーティマー大佐台詞
＊5 David Bowie, *Changes*
＊6 *Revenge of the Nerds* スタン・ゲイブル台詞
＊7 *Star Wars EpisodeIV A New Hope* モッティ提督台詞

第1部

グッド・タイムズ・バッド・タイムズ*

*【レッド・ツェッペリンの『グッド・タイムズ・バッド・タイムズ』より*1】

第1章 ハウス・オブ・カード

成功に導いた、さまざまな「掟破り」

コンテンツビジネス（音楽、映画、出版）にとって、現代は最高の時代であり、同時に最悪の時代でもある。【＊2】新しいテクノロジーの登場によって、作家は自費出版が容易になり、ミュージシャンはインディペンデント活動が容易になり、これまで十分な力を持っていなかった他のクリエイターたちも、自分たちの作品を生み出し観客に提供できる、新しく、そしてよりパワフルな手段を手に入れた。そして消費者も、新しい娯楽の選択肢を大量に手にすることとなった。こうした変化が組み合わさって、クリエイティビティの、新しい黄金時代が到来したのである。しかし同じテクノロジーによって、競争のあり方も変わり、既存のプレイヤーがコンテンツと消費者に対して発揮できた支配力が弱まって、ビジネスリーダーは「従来のビジネスモデルか、それとも新しいビジネスチャンスか」という難しいトレードオフを強いられるようになった。こうした変化に直面して、多くの有力企業は、かつて支配していた市場でビジネスの基盤を失うことになっていった。

こうした市場支配力の変化を象徴する最大の事例のひとつが、ネットフリックスによるオリジナル番組の提供開始である。それはテクノロジーが娯楽系コンテンツの市場をどれほど多くの形で変えようとしているかを示す、興味深い事例と言えるだろう。

この話は、2011年2月に始まる。メディア・ライツ・キャピタル（MRC）の共同創業者であるモルデカイ・ウィクズィクとアスィフ・サトチュが、『ハウス・オブ・カード』という新しい連続テレビドラマを企画し、複数の主要テレビネットワークに売り込みを行った。BBCによる同名のミニシリーズを原作にして生まれたこの政治ドラマには、高い評価を得ている映画監督のデヴィッド・フィンチャー、アカデミー賞にノミネートされたこともある脚本家のボー・ウィリモン、そしてアカデミー賞俳優のケヴィン・スペイシーなど、多くの才能が集まっていた。その放送権をHBOやショータイム、AMCなどのネットワークに売り込む一方で、ウィクズィクとサトチュはネットフリックスに接触し、テレビ放送の終了後にストリーミング配信する権利を売り込んだ[1]。

テレビネットワークに売り込みを行う際、MRCは話題をパイロット版の脚本草案と、ストーリー全体の構成に絞っていた。会議の目的は、「パイロット版制作の予算を出す」という確約をネットワーク側から引き出すことだった。そのために彼らは、自分のアイデアを売り込もうとする何百という他のクリエイターたちと競争し、主要ネットワークの限られた放送時間を勝ち取らなければならなかった。それが、テレビネットワークのビジネスというものである。フォックスの前会長ケビン・ライリーは、それをこんな風に表現している。「私たちは独占していた。テレビ番組をやりたければ、まずは主要ネットワークのところに来なければならなかったのだ[2]」

パイロット版は、テレビネットワークが、ある番組の視聴率が取れるかどうかを確認するために使う、標準的なツールである。そしてパイロット版を制作するために、脚本家は登場人物を考え、プロットを整理し、ストーリー構成を考えて、30分もしくは60分番組に収まるよう仕上げ、売り込まなければならない。

それは最高の環境下にあっても難しい話だが、ハウス・オブ・カードの場合には特に困難に直面した。「私たちが実現したかったのは、非常に長い物語だった」と、2013年にケヴィン・スペイシーが語っている。「それは洗練された、何層にも重なった物語で、複雑なキャラクターたちが、徐々に本性を現していくという流れだった。彼らの関係性も、最後まで描き切るのには、長い時間が必要だったんだ」

パイロット版の予算を獲得できたとしても、制作者には何の保証もされない。すべてはテレビネットワーク側の一存である。テレビネットワークがパイロット版を気に入れば、追加で6～12話のエピソードを発注する場合もあるが、そんなことは稀だ。それで打ち切りにされる場合がほとんどであり、制作者はまた一からスタートしなければならない。

テレビネットワークにとって、パイロット版は視聴者の関心度を測るのには高価だ。連続ドラマのパイロット版を1本制作するのに、500万～600万ドルかかる[3]。また業界の調査では、失敗したパイロット版、つまり続きが制作されなかったものに毎年8億ドルの予算が費やされている[4]。

ネットフリックスの経営陣に会う前、ウィクズィクとサトチュは主要テレビネットワークから、ハウス・オブ・カードの売り込みに対して賛否両方の反応を得ていた。テレビネットワークはそのコンセプトと、プロジェクトに参加する制作陣を気に入ったものの、パイロット版に金を出そうとするところはなかった。理由のひとつは、業界の経験則にあった。2006年に『ザ・ホワイトハウス【米NBCが1999年から2006年にかけて放送した政治ドラマで、ホワイトハウスを舞台に米大統領とその側近らの姿が描かれる】』の最終回が放送されて以降、政治ドラマはヒットしていなかったのである[5]。

しかし、ネットフリックスの受け止め方は違った。同社のコンテンツ最高責任者であるテッド・サランドスは、ストーリー構成を批判したり、「政治ドラマは受けない」という経験則を持ち出したりすることに関心がなかった。彼が関心を持っていたのはデータだった。ネットフリックスのユーザー３３００万人から集められた、コンテンツの視聴傾向に関するデータである。彼の分析によれば、ユーザーの多くがデヴィッド・フィンチャーの監督する映画を好んでおり、ケヴィン・スペイシーが出演する映画も好きだった。またデータによれば、ハウス・オブ・カードの元となった、ＢＢＣのオリジナル版のＤＶＤを多くのユーザーがレンタルしていた。要するに、データを見る限りこの作品はいけそうだったのだ[6]。そこでサランドスは、テレビネットワークでの放送を飛び越して、最初からネットフリックス上で配信するライセンス契約を結ぶことを決めた[7]。

しかし、ネットフリックスの革新的な行動は、それにとどまらなかった。彼らが提示した条件は、「５００万〜６００万ドルの予算を与え、パイロット版を作成し、出来が良ければ半シーズンもしくは１シーズン分のエピソードを作成する」という典型的な内容ではなかった。ネットフリックスは2シーズン分となる26話のエピソードを制作することを決定し、その予算として1億ドルを前払いすることを約束したのである。ネットフリックスは、パイロット版制作という標準的なプロセスを経る必要はないと主張した。それは社内のデータから、ハウス・オブ・カードの視聴者が存在することは明らかだったからである。さらに彼らは、そうした潜在的な視聴者を特定し、個人単位で売り込みをかける手段を持っていた。

ハウス・オブ・カードのコンセプトをテストするために、パイロット版制作を行わないというネットフリックスの決定は、テレビ業界から懐疑的な目で見られた。２０１１年3月、ハウス・オブ・カードの契約締結が発表されると、テレビ批評家のモーリーン・ライアンは、オンラインサービスのＡＯＬ ＴＶ向けに、ネットフリックスによるハウス・オブ・カード配信の成功を疑う理由を並べた記事をアップした。記事の終わりを、彼女はこう結んでいる。

他に懸念材料はあるだろうか？　ネットフリックスとMRCは、パイロット版を作成せずにこのプロジェクトを進めているが、フィンチャーには連続ドラマ制作の経験がない。私たちはよくテレビ業界人たちを物笑いの種にするが、彼らは自分たちが何をしているのか分かっている。TVの歴史では多くのパイロット版が制作され、それによってドラマの内容が良い方向へと（時には劇的に）改善されてきたのである[8]。

ネットフリックスのアプローチが「業界人」と違っていたのは、パイロット版をスキップするという決定だけではなかった。週に一度、最新エピソードを放送するという従来の手法を取るのではなく、ネットフリックスは1シーズン分の全13話を同時に配信したのである。テレビ業界では前代未聞の決定だった。テレビの放送は、全視聴者のニーズを満たすために一定のスケジュールに従って行われなければならず、13時間もぶっ通しでドラマを流したとしたら、他の番組がほとんど吹き飛んでしまう。コンテンツの配信という点で、ネットフリックスは明らかにテレビネットワークに対して優位に立っていた。特定の時間に特定のコンテンツを観ることを、視聴者に強いなくてもよいのである。視聴者は好きなときに、好きなエピソードを観ることができ、シーズン全体を「一気見」しても構わない。実際、ハウス・オブ・カードのセカンドシーズンを一気見したと答えた視聴者の数は、67万人にも達した[9]。さらに彼らは、CMに煩わされることもなく、会費を払っていれば追加料金を払う必要もなく、このドラマを楽しむことができた[10]。

ネットフリックスの「一挙配信」戦略は、視聴者に新たな機会と柔軟性を提供しただけでなく、ハウス・オブ・カードのメイン脚本家であるボー・ウィリモンにも創作の面で新たなメリットを与えることとなった。週1回最新エピソードが放送されるという、典型的な連続ドラマの場合、脚本家は各回の話を22分（30分番組の場合）もしくは44分（1時間番組の場合）に収めなければならない。この時間には、各回の冒頭に流される前回の振り返りパート（前回を忘れたり、見逃したりした人のために挿入される）と、番組の中間に挟まれるCMパート（放送コンテンツの主要な収入源のひとつだ）、そして番組の終わりに、視聴者を次回も観たいという気にさせるための「クリフハンガー」【ドラマ制作手法のひとつで、直訳すると「崖からぶら下がる人」という意味になるが、そのように緊張感のあるシーンで終わることで、続きを見たいという気分にさせることを指す】パートも含まれる。しかし一挙配信であれば、こうした制約を気にしなくて良い。そのためウィリモンは、彼が「13時間の映画」[11]と呼んだものを書き上げることだけに集中できた。

典型的な6話から12話分の契約ではなく、2シーズン分の制作を前もって契約できたことで、ハウス・オブ・カードの脚本家たちは、脚本を練るのにより多くの時間を割けるようになった。サランドスは２０１３年にハリウッド・リポーター誌が行ったインタビューにおいて、「脚本家たちを集めたときは、すでに彼らはシリーズ全体が26時間分になることを知っていて、それを前提に脚本を書いていった」と語っている。[12]「私たちは脚本家に対し、これまでとは違うクリエイティブな環境を提供できたと思う。そしてそれによって、ドラマはより良いものになった」

ネットフリックスの会費をベースとしたビジネスモデルと、オンデマンドのコンテンツ配信で、他の側面でも脚本家は自由になった。たとえばボー・ウィリモンによるハウス・オブ・カードの脚本は、主人公のフランク・アンダーウッドが、隣人が飼う、怪我をした犬を絞め殺すところから始まる。このシーンは、ネットフリックスで働く、多くのテレビ業界出身者たちを不快にさせた。ウィリモンは２０１４年のアスペン・アイデア・フェスティバルにおいて、次のように語っている。「制作の早い段階で、『犬を殺すのはいけない。開始30秒で、視聴者の半分を失うぞ』と難色を示す人が何人かいた。そこでフィンチャー監督のところに行って、『なぁ、僕は本当にこのオープニングシーンが好きなんだ。このドラマの出だしにふさわしいと思うよ。しかし犬を殺すと、視聴者の半数が逃げていくという人もいる。どう思う？』と伝えた。彼は一瞬考えて、『言わせておけ』と答えた。それで私も『同感だ』と答えたんだ。すると彼は『よし、これで行こう』と言った[13]」

大部分のテレビ番組において、制作の面でこれほどの自由が得られるというのは考えられないことだ。前述のアスペン・アイデア・フェスティバルにおいて、テレビ業界のベテランであるマイケル・アイズナーは、もし同じような暴力的シーンをテレビ放送の番組に入れたとしたら、「（テレビ局の）社長に呼ばれ、さらには会長にも呼ばれて、10分でクビになるだろう」と語った。

なぜ、このシーンをネットフリックスはできて、テレビ放送はできないのか？　第1に、ネットフリックスは広告によるビジネスモデルではないため、物議を醸すシーンを入れることで広告主の気分を害さないだろうかと心配しなくてよい。第2に、ネットフリックスはオンデマンド配信であり、多くの選択肢を提供しているため、配信するコンテンツに物議を醸すシーンを入れるというリスクを冒すことができる。テレビ放送の場合、同じ時間に視聴者に提供できるコンテンツはひとつだけのため、できる限り広い視聴者に受け入れられる内容にする必要があるのだ。しかしネットフリックスのユーザーがフランク・アンダーウッドの行為に嫌悪感を抱いたら、合計10万時間分にも達するネットフリックス上の他のコンテンツに移ることができる。実際、問題のシーンを観た視聴者がどう反応するかを分析することで、ネットフリックスは彼らの嗜好《しこう》について重要な情報を得ることができた。ウィリモンは次のように述べている。「犬の絞殺シーンを我慢できない視聴者には、そもそもこのドラマは合わないということだ」

顧客データを手にできること、そしてネットフリックス上における顧客体験をカスタマイズできること。この2点は、ネットフリックスに新たな番組宣伝手法を与えることとなった。既存のテレビネットワークは、ニールセンなどの調査会社から視聴者の特徴に関する一般的な情報を入手しているが、視聴者を個人として理解することはほとんどできない。仮にそれができたとしても、視聴者個人にダイレクトに番組を宣伝することは簡単ではない。一般的に、彼らにできる最善の策は、似たような番組を放送しているときに宣伝を流して、視聴者に興味を抱いてもらうことを期待するというものである。一方、ネットフリックスは視聴者を個人として把握することができるため、ハウス・オブ・カードのプロモーションで多くの施策を実施することができた。個々の視聴者が何を、いつ、どのくらいの長さ、どの端末上で観たのかといった情報を把握でき、そうした実際の視聴パターンに基づいて、特定のユーザーにターゲットを絞って宣伝を行うことができたのである。さらに彼らは、複数の予告編をつくることまで行った[14]。たとえばケヴィン・スペイシーに焦点を当てるバージョン（スペイシーの出演映画を好んでいたユーザー向け）や、女性の登場人物を取り上げるバージョン（強い女性が登場する映画を好んでいたユーザー向け）、映画のようなつくりのドラマであることを紹介するバージョン（デヴィッド・フィンチャー監督の映画を好んでいたユーザー向け）といった具合である[15]。

ネットフリックスがコンテンツの配信と宣伝のために、自社のデジタルチャネルの活用に最大限努力する一方で、テレビネットワークはデジタルチャネルの利用を制限して、テレビ放送（それは収入を生み出す源泉だ）とのカニバリゼーションが発生するのを避けようとしていた。主要テレビスタジオの人々の中には、新しいデジタルチャネルを既存の収益源に対する脅威とみなし、自社コンテンツのデジタル配信許諾を懸命に避ける人たちもいた。この決断を責めることなどできないだろう。金の卵を産むガチョウを殺せば、自分の首を切られることは避けられないからだ。

　ある番組のデジタルチャネル配信が許諾されても、一般的には「リアルタイム視聴」とのカニバリゼーションを避けるため、テレビ放送の1～4日後でないとデジタル配信されない。このようにタイミングを遅らせることは、コンテンツビジネスの世界では標準的な対応だ。「利益の大きい」プロダクト（ハードカバーの本やブルーレイディスク）からの収益を守るために、「利益の小さい」プロダクト（ペーパーバックの本やDVDレンタル）の提供を遅らせたり、利用を制限したり、品質を落としたりするのである。この戦略は理に適っている。アラカルト型のビジネスモデル【いろいろな利益水準のコンテンツをバラ売りするビジネスモデル】では、クリエイターがコンテンツを売ろうとした場合、価格差別が最も経済面で効率的な手段となる。

　しかし、価格差別が機能するためには、消費者にどのコンテンツを利用させるか、利用させる品質はどの程度か、どのように利用させるかを支配できなければならない。アナログ時代、クリエイターは少なくともそうした支配力を維持するために戦うことができた。ところがデジタル時代に入ると、支配することはずっと難しくなる。たとえばいまのデジタル消費者たちは、ある番組を生放送で、「利益の大きい」テレビ放送を通じて観るか、1～4日待って、「利益の小さい」デジタルプラットフォームを通じて観るかという選択を行うのではなく、（テレビネットワークにとって）「利益の出ない」海賊版で観るという新しい選択肢に惹《ひ》かれるようになっている。そうした海賊版は高精細で、CMも含んでおらず、テレビ放送直後から手に入る。この魅力的な選択肢が存在することを考慮すると、人気のファイル共有プラットフォームである「ビットトレント」【P2P（ユーザー同士の）ファイル転送を可能にするソフトウェア】からのトラフィックが、2008年のピーク時、北米におけるインターネットトラフィック全体の31％を占めていたのも驚くことではない。[16]

海賊版は海外において、より大きなリスクを引き起こしている。海外でのテレビ放送は、米国で最初に放送されてから数か月後に行われるのが普通だからだ。こうした時間差を設けることは、宣伝がローカルに行われ、海外の視聴者はテレビ放送を待つしかない時代においては、ビジネス上、有効な戦略だった。しかしあなたがスウェーデンに住んでいるとして、米国に住むフェイスブック上の友人がテレビドラマ『アンダー・ザ・ドーム』の最新エピソードについて語っているのを読んだら、地元のテレビ局で放送が行われるまで2か月も待つというのは難しい[17]。特にネット上で海賊版が入手できるのを知っているならば。

海賊版に対抗する方法のひとつは、海賊版を見つけにくくしたり、それを消費することを法律上のリスクがある行為にしたりすることである。そうするには、テレビ局は検索サイトや海賊版サイトに何千通という警告文を送り、検索結果やウェブページから彼らのコンテンツを削除するよう依頼しなければならない。この戦略は有効だが、常に海賊版を警戒していなければならず、まるでモグラ叩きゲームをノンストップで続けるようなものだと喩《たと》える人もいる[18]。

しかし、ネットフリックスはハウス・オブ・カード配信において、根本的に異なる戦略をとることができた。彼らのビジネスモデルは、オンデマンドコンテンツを集めたプラットフォームへのアクセス権を販売することに基づいている。これまで、大量の製品を抱き合わせる、つまりバンドリングして販売することは、個々の製品にかかる製造費のせいで、物理的な商品で実施するのは現実的ではなかった。しかしデジタル化により製造費が大幅に削減され、映像コンテンツの大規模なバンドリングが可能になった。実際それは、単に可能になっただけでなく、大規模なバンドリングによって、アラカルト型ビジネスモデルを上回る利益が生み出されることが、調査によって明らかになっている[19]。

またバンドリングは、売り手が消費者に価値を提供する新しい方法へのフォーカスを可能にした。価格差別戦略は、一部の製品の魅力を制限して、それが収益率の低い消費者のみにアピールすることに頼っている。ネットフリックスのCEOリード・ヘイスティングスはそれを、「管理された不満」と呼んでいる。[20]

ネットフリックスはこの「管理された不満」の代わりに、利便性と利用可能性を拡大することにフォーカスした。2013年の時点で41か国でサービスしていたネットフリックスでは、すべての会員は、さまざまな端末から簡単に利用できる同社のプラットフォームにアクセスしさえすれば、海賊版のような法的・倫理的・技術的リスクを心配することなく、ハウス・オブ・カード（および他のネットフリックス上のコンテンツ）を観ることができた。ネットフリックスは、ユーザーが、あるエピソードのどこまで観たかを把握しているため、ユーザーは途中で端末を変えた場合でも、同じ場所から視聴を続けることができた。海賊版を利用した場合よりも、自社のサービスを利用した方がより多くの価値を得られるようにし、さらにそうした追加の価値に妥当な料金を設定することで、ネットフリックスは多くの顧客が、海賊版よりも自社サービスを利用する方に価値を見出すだろうと期待した。そして見たところ、この戦略は上手くいっているようだ。2011年、ピーク時においてネットフリックスのトラフィック量が北米のインターネットトラフィック全体に占める割合は、ビットトレントのそれを初めて上回ったのである（ネットフリックスの22・2％に対し、ビットトレントが21・6％）。[21] 2015年にはこの差がさらに広がり、ネットフリックスの36・5％に対し、ビットトレントは6・3％しかなかった。[22]

つまり、ネットフリックスのプラットフォームとビジネスモデルは、既存のテレビネットワークや映画会社に比べて、次のような優位性をもたらしたのである。

■あるコンテンツの可否を判断するための新たな方法（コストのかかるパイロット版制作を行うのではなく、

視聴者の行動を詳しく分析する）
■コンテンツを配信する新しい方法（放送チャネルではなく、パーソナライズされたチャネルを通じて）
■コンテンツを宣伝する新しい方法（ユーザー個人の嗜好に合わせた、パーソナライズされた宣伝メッセージを通じて）
■コンテンツ制作における、新しく、より制約の少ないアプローチ（広告モデルによる制約と、30分もしくは60分という放送枠の制限を取り払う）
■脚本家に対する、創造面での自由の提供（コンテンツをオンデマンドで、それに合った視聴者に提供することを通じて）
■海賊版に対抗する新たな手段（視聴者をコントロールするのではなく、彼らに便利だと感じさせることにフォーカスする）
■コンテンツをマネタイズする、新しくより効率的な手段（コンテンツをアラカルト型で販売するのではなく、オンデマンドのバンドル型サービスとして提供する）

こうした優位性を活用することで、ネットフリックスはデジタル映像コンテンツ配信における「勝者」になる可能性がある。しかし、そうはならないかも知れない。ネットフリックスはグーグル、アマゾン、アップルの挑戦を受けている。彼らはそのビジネスモデルにより、競争優位性を確保している。つまり彼らは、顧客データを得たり、顧客ロイヤルティを維持したり、ハードウェアを売るためにコンテンツを無償で提供できるのである。またネットフリックスは、映画会社からの反撃にも直面している。彼らはＨｕｌｕのようなプラットフォームを使い、デジタル配信市場における垂直統合を模索しているのである。

本書の目的は予言をすることではない。娯楽系のコンテンツビジネスにおいて、次にトップに立つのがどの企業なのかはわからない。しかしテクノロジーがどのようにこの業界を変えつつあるのかはわかる。過去10年間、私たちはカーネギーメロン大学ハインツ・カレッジの教員として、テクノロジーが娯楽系コンテンツに与える影響について詳細な研究を行ってきた。トップクラスの映画会社や音楽レーベル、出版社等で働く、多くの才能豊かな人々と共同作業を行い、データと高度な統計分析を駆使して、テクノロジーが彼らのビジネスの要素をどう変えているのか、理解してきたのである。私たちがこうした企業と進めてきた研究は、すべてのコンテンツの消費チャネル（合法か違法か、デジタルか物理的なチャネルかを問わず）を対象としている。また、こうした業界が直面している、マーケティング上および戦略上の主要な問題を網羅している。私たちは多くのことを学んだ。そして研究の結果として、著作権を使ったビジネスが直面する、ビジネスや、政府の政策立案における問いへの新たな知見を得たり、そうした問題に取り組むことを支援してくれた業界のリーダーとのコンタクトや関連データの提供、そしてこの業界の企業が直面する問題の把握と、彼らがそれを乗り越えるために有効なビジネス戦略の構築を実現できた。

しかし、私たちは、特定の問題を研究する一方で、より一般的な問いについても考えるようになった。それは「テクノロジーは娯楽系コンテンツビジネスにおける市場支配力の全体を変えつつあるのだろうか？」という問いだ。

歴史から考えた場合、この問いに対する答えは「ノー」だ。この100年というもの、この業界における市場支配力は常に、3～6社の出版社や音楽レーベル、映画会社等が握ってきた。そして、そうした「メジャー」企業はコンテンツの、制作、提供、消費のされ方に大きな変化があったにもかかわらず、市場支配力を維持することができた。20世紀には、低コストのペーパーバック印刷、ワープロ、デスクトップ・パブリッシング用のソフトウェア、磁気テープ（のちにビデオカセット、CD、DVD）への記録、ラジオ、テレビ、シネコン、ウォークマン、ケーブルテレビといったさまざまなイノベーションが生まれた。にもかかわらず、3社から6社の企業は（その顔ぶれがずっと変わっていないという場合も多い）、彼らの業界を支配する力を維持し続けたのである。

メジャー企業による独占を可能にしたカギは、彼らが持っていた「規模の経済」を利用する能力である。彼らはそれにより、稀少《きしょう》資源をめぐる争いにおいて、中小企業に対し競争優位を手にすることができた。そうした規模の経済を通じて、メジャー企業は宣伝・流通チャネルへのアクセスを管理下に置くことに成功し、コンテンツの制作に必要な技術的・金銭的資源を支配して、消費者がいつ、どのようにして、どのようなフォーマットでコンテンツを消費できるかを決定できるビジネスモデルを築き上げたのである。

こうした市場特性は、20世紀を通じて変わることがなかった。したがって、特定のコンピューター技術やコミュニケーション技術がこの業界の市場支配力に影響を及ぼすことはない、と結論付けても不思議ではないだろう。しかしこの業界が、一度に複数の変化に直面したとしたら？　コンピューター技術とコミュニケーション技術の進化が複数の変化を同時に起こし、それが組み合わさって稀少性のあり方に根本的な変化をもたらして、結果として、この業界における市場支配力と、経済的利益の本質まで変化したとしたら？　デジタル技術によって、すでに次のような変化が生まれている。

■ほぼ無制限のキャパシティを持つデジタル配信チャネルの発達。それにより娯楽系コンテンツビジネスは、コンテンツが有限の放送時間や、有限の商品棚を通じて提供されるという状態から移行した。

■グローバルなデジタル海賊版ネットワークの登場。それによりコンテンツ制作者は、人工的な稀少価値を生み出して（消費者が娯楽系コンテンツをどのように、いつ、どのフォーマットで利用できるかをコントロールすることを通じて）利益を得ることが難しくなった。

■低コストでコンテンツを制作できるテクノロジーの普及。それによりこの業界は、特別な力を持つ、限られた人々が、稀少な金銭的・技術的資源にアクセスして、マス市場で消費されるためのコンテンツを制作するという状況から移行した。この移行は、新しいコンテンツや新しいクリエイティブ人材の爆発的な増加をもたらした。

■新しく、大きな力を持つコンテンツ配信者（アマゾン、アップル、ネットフリックス、ユーチューブ等）の登場。彼らは自分たちが持つ、無限の「商品棚」を使って、新たに利用可能になったコンテンツを配信することができ、新たな「規模の経済」を活用して、コンテンツ配信市場においてグローバルな独占状態を実現している。

■コンピューター技術とストレージ技術の高度化。それにより、前述の大きな力を持つコンテンツ配信者たちは、彼らのプラットフォームを使って、ユーザー個人の行動や嗜好に関する詳細な情報を収集し、蓄積し、分析することが可能になり、さらにこのデータを使って、ユーザーのアテンション【注目、関心】という、新たな稀少資源を管理することも可能になった。

さまざまな専門家がコンテンツビジネスの変化について議論してきたものの、その全体像を把握したり、変化がもたらす影響を、データに基づいて厳密に評価したりする人はいなかった。それこそ、本書で達成しようとしていることだ。そして経験的に言って、変化を全体として捉えようとしたときに見えてくるものは、コンテンツ市場における稀少性の本質を一変させ、したがってこれらの産業における力と利益の基盤をも一変させる可能性のある、技術的・経済的変化の集合体であると考えられる。そうした環境変化は、すでに始まっている。

◇◇◇

これは私たち全員に影響する問題だ。あなたが映像コンテンツ業界や音楽業界、出版業界のリーダーだとしたら、いま起きている変化が自分のビジネスにどう影響するのか、そしてそれにどう対抗すれば良いのかに興味があるだろう。あなたが政策決定者であれば、そうした変化が社会にどう影響するのか、そして政府は文化的に重要な産業の活力をどう維持していけば良いのかに興味があるだろう。エンタテインメントを楽しむ消費者であれば、テクノロジーがコンテンツの制作をどう変化させ、自分がコンテンツにアクセスするときにどんな影響が出るのかに興味があるだろう。本書はこうした問いに答えを出していく。市場データと娯楽系コンテンツビジネスに関する知識に基づいて、過去10年間の研究成果と、そこでの発見をひとつにまとめてみたい。そして、テクノロジーがいかにコンテンツ市場を変化させているのか、そしてなぜそうした変化が、過去１００年間、娯楽系コンテンツビジネスを支配してきたビジネスモデルに脅威をもたらしているのかを分析する。また主要な出版社や音楽レーベル、映画会社が変化に対応するための実用的な手段を提案する。

最後に挙げた提案という部分に注目してもらえたら幸いだ。多くの専門家が、時に大喜びで、テクノロジーがこのビジネスにおける稀少性の本質を変えてしまったために、コンテンツ制作者と市場の命運はもう尽きたのだと主張している。私たちはこの意見に強く反対する。研究の結果から、私たちは将来のコンテンツ市場が健全に保たれるだろうと楽観視している。たしかに情報技術によって、一部のビジネスモデルが儲《もう》からないものになってしまった。しかしそれによって、これまでにないレベルでのパーソナライゼーションやカスタマイゼーション、多様性、利便性が実現されたことも事実であり、それにより消費者に価値を提供する新たな方法が生まれ、その価値を提供することから収益を得る新たな方法も生まれた。

しかし、この業界において、市場支配力と経済的利益が歴史的にどこから生まれてきていたのかを理解しなければ、こうした新しい機会を効果的に追求することはできない。次章では、「なぜコンテンツ市場は、今日のような姿になったのか？」そして「少数の企業がそれぞれの属する業界において、支配的な立場に立つことを可能にした要因は何か？」という、2つの根本的な問いについて考えてみたい。

第2章 バック・イン・タイム*

コンテンツビジネス発展の歴史―音楽業界を例に

*【ヒューイ・ルイス&ザ・ニュースの『バック・イン・タイム』より＊3】

少し前のことだ。ある娯楽系コンテンツビジネス界のリーダーが、クラスに来て講演をしてくれた。彼は自分のビジネスの本質と、直面する問題について、学生たちに貴重な意見を語ってくれた。しかし彼が口にしたある言葉に、私たちは驚いた。それはインターネットの普及と、それが彼の業界に与える影響について議論していたときのことだ。誰かが「インターネットは、メジャー企業が数十年間独占してきた市場支配力を脅かすのではないか？」と質問すると、私たちのゲストは、その質問を一笑に付したのである。「この業界の老舗企業は、100年もの間、ビジネスを続けてきた。それにはちゃんとした理由があるんだ」と彼は言った。この言葉は、この業界の認識を如実に描くものと言えるだろう。確かにそれは事実であり、彼の主張は納得できるものだった。実際、他の重鎮も、自身の業界についてほぼ同じような考え方をしていたのである。しかし、この言葉が明らかにしたのは、彼らがもうひとつの事実に気づいていないという点だった。それはつまり、いま起きているコンテンツビジネスにおけるテクノロジーの変化は、これまでの変化とは根本的に異なるという事実である。この変化は業界の既存の構造を揺るがすものであり、業界のトップたちはそれを正しく理解して、受け入れなければならないのだ――もし自分たちのビジネスを、今後も続けたいのならば。

状況がどのように変化したのかを検討する前に、前述の業界トップが授業で言った言葉の裏側にある、市場の現実について考えてみよう。なぜこの業界では、ごく少数の企業に力が集中しているのだろうか？大手のレーベル、映画会社、出版社が、小規模な競合他社を支配することを可能にしている経済的特徴とは何だろうか？　さらにそうした特徴は、エンタテインメントを創造し、宣伝し、提供するためのテクノロジーの変化にもかかわらず、なぜこれまで残り続けてきたのだろうか？

第1章では映画・テレビ業界に触れたので、少し趣向を変え、本章では音楽業界について考えてみよう。[1] それにより、コンテンツビジネスの個々の領域において、同じような進化が生まれていることを理解できるだろう。ここで私たちが見ていこうとしているのは、ビジネスの基礎的な部分だ。21世紀において、テクノロジーがコンテンツビジネスをどう激変させるのかを理解するためには、この産業が20世紀にどうやって発展してきたのかを理解しなければならない。

◇◇◇

1800年代後半まで、音楽業界とは主に「音楽出版業界」のことだった。著作権で保護された楽譜が印刷され、書籍の形で提供される。ある曲が好きで、それを家で聴きたいと思ったら、その楽譜を買うわけだ。店でそれを手に入れ、自宅の応接間にあるピアノで演奏すれば、ほら！ホームエンタテインメントシステムのできあがり、である。ニューヨーク、特にマンハッタン島にあるティン・パン・アレーと呼ばれる地区が、この楽譜ビジネスの中心地となった。19世紀の終わりまでに、中流層の拡大によって、楽譜の売り上げは急上昇していた。1892年には、チャールズ・K・ハリスの『舞踏会のあとで』という一曲だけで、200万冊が売れている。[2] 音楽出版社は、この拡大する需要に応えるために、キャッチーで演奏しやすく、大衆の受けが良い作品をつくることのできる作曲家と契約を結んだ。進むべき道は明らかだった。

しかし、少しずつ変化が生まれていた。1877年、若き発明家のエジソンは、電信の改良を試みる一方で、音声を記録し、蓄積し、再生することのできる装置をつくり上げた。その装置はホーンと振動板、針、スズ製の箔でくるまれたシリンダーから成り、簡単に操作することができた。声を録音するには、ホーンに向かって話しながら、ハンドルでシリンダーを回す。すると声で振動板が揺れ、それが針に伝わり、シリンダー上の箔に刻みを残すのである。再生はその逆だ。針を箔の上の刻みに置き、シリンダーを回す。針が刻みに沿って動くと、揺れが振動板に伝わって音を立て、その音がホーンで増幅される。こうしてかすかな、そして少し不気味な響きのあるあなたの声が、ホーンから聞こえてくるのだ。エジソンはこのアイデアを直ちに「フォノグラフ」という名前で特許申請した。しかし新しいテクノロジーにありがちなことだが、エジソンはフォノグラフの潜在的な力に気づいていなかった。この装置で記録できる音声の品質は悪く、録音は個々に行わなければならなかったため、単なる珍奇な品としか受け取られなかったのである。1年もすると、エジソンの興味は別の珍奇な品、すなわち電灯へと移っていった。

その一方で、このアイデアを追求し続けた人もいた。1885年、フォノグラフの競合となる「グラフォフォン」という装置に特許が認められた。グラフォフォンではスズ箔ではなく、ワックスを付けたシリンダーを使用していた。この動きにエジソンは関心を取り戻し、1888年、同じくワックス・シリンダーを使用した「改良版フォノグラフ」を開発する。するとある裕福なビジネスマンが、両方の装置の権利を購入し、「ノース・アメリカン・フォノグラフ・カンパニー」を設立した。彼のビジネスプランは、オフィスで音声を記録する道具としてこれらの装置を販売するというものだった。このプランは失敗し、ほどなくしてノース・アメリカン・フォノグラフ・カンパニーも倒産する。しかしそこにチャンスを嗅ぎ付けたエジソンは、フォノグラフの権利を買い戻すという動きに出る。そして最終的に、娯楽施設にこれらの装置をコイン式の「ジュークボックス」として導入することで、収益を上げる方法を確立した。

1889年、エジソンと「コロンビア・フォノグラフ・カンパニー」という名のジュークボックスメーカーは、音楽を記録済みのワックス・シリンダーの販売を始める。こうして「音楽録音業界」が生まれた。ところがそのとき、再び変化が生じようとしていた。同じ年、「グラモフォン」として知られる別の録音装置が発売される。1887年にエミール・ベルリナーが発明し、特許を取得したグラモフォンは、フォノグラフやグラフォフォンと同様に振動する針を使って音を記録する。しかし記録する先はシリンダーではなく、平らで複製のしやすい円盤、すなわち「レコード」だった。1889年、ベルリナーは玩具店向けに最初のレコードを制作する。そして1890年代半ばになると、一般向けのグラモフォンとレコードの販売を開始し、エジソンとコロンビアが販売するフォノグラフとシリンダーの競合として現れることとなった。レコードはシリンダーより大量生産しやすく、保管も容易なため、競争において優位に立っていることは明らかだった。そしてすぐに、業界標準となることが確定的になったのである。しかしコロンビアは一か八かの法廷闘争に賭け、ベルリナーがグラモフォンで彼らの特許を侵害していると主張した。1901年、裁判所は両者がレコードを製造できるとの判断を下すのだが、これは実質的にベルリナーにとって勝利となる判決だった。この勝利を記念して、ベルリナーらは「ビクター・トーキング・マシン・

カンパニー」を設立した。

ビクターとコロンビアは、すぐに業界を支配するようになる。エジソンは判断を誤り、シリンダー支持派についてしまった。最終的に彼はレコード派に移り、競合よりも優れたレコードを製造する技術を発展させる。しかし消費者はすでに、ニーズを満たすのに必要十分で、しかも安い技術の方に軍配を上げていた。これは娯楽系コンテンツビジネスで繰り返されてきたシナリオだ。新しい市場を手に入れる企業は、ビジネスチャンスを早期に嗅ぎ取って、「必要十分な」技術で対応することでそれを達成することが多い。そのような企業は、消費者を自らのプラットフォームに囲い込んだ後で（囲い込む前にではなく）、技術の改善を行うのである。

20世紀の最初の20年で、ビクターとコロンビアは、レコードを再生する機械ではなくレコードそのものが主力商品となることに気付いた。そこで彼らは、レコード販売を事業の中核に据え、それによって支配と利益を最大化しようとする戦略へと切り替えた。彼らはレコーディングを行うアーティストと契約し、レコーディングする音楽、すなわち上流を支配する力を得た。その一方で、レコードの製造、流通、プロモーションを管理し、録音した音楽を販売する、すなわち下流を支配する力を得た。そしてティン・パン・アレーは、作曲家や作詞家の著作権管理の仕事を続けることになった。

この戦略が功を奏し、楽曲から生まれるロイヤリティーはすぐに音楽業界における主な収入源となった。ビクター単独でも、1915年のレコード販売枚数は1860万枚に達している。またある調査では、1915年までの10年間で、全世界におけるレコードの販売枚数は5000万枚と推測されている。第一次世界大戦後の1920年には、米国でレコード販売が1億5000万枚に達した。まさに前途洋々だった——1923年、ラジオ放送が現れるまでは【最初の商業ラジオ放送は1920年だがこの時は単独の局によるもので、放送が全米に広がったのが1923年であるとのこと（著者への問い合わせによる）】。その後、数年間レコード販売は落ち込み、コロンビアの存続が危ぶまれるほどだった。しかし同じ時期に電気録音・再生技術が登場し、その優れた音質によって、レコードの販売が再び上昇に転じる。1929年には「グラモフォン・フィーバー」が起こり、レコードビジネスが最盛期を迎えた。

そして迎えたのが、大恐慌である。1929年から1933年にかけ、米国でのレコード販売は1億5000万枚から1000万枚へと急落する。楽譜の売り上げも同様に縮小し、その後、業界の売上において重要な役割を取り戻すことはなかった。この難局を乗り越えようと、企業の合併が進み、業界に寡占状態がもたらされることとなった。こうした業界の変化は、ハーバード・ビジネス・スクールによるケーススタディ「BMGエンタテインメント」（2000年）で簡潔に説明されている。

エジソンは破産した。ラジオの普及によって興隆したラジオ・コーポレーション・アメリカ（RCA）は、ビクターを買収した。1931年にはコロンビア、パーロフォン、グラモフォン・カンパニーが合併し、英国でエレクトリック・アンド・ミュージカル・インダストリーズ（EMI）が設立された。EMIの米国での事業部は、別のラジオネットワークであるCBSの手に渡る。こうして登場したRCA／ビクター、EMI、CBSレコードは、その後数十年間、音楽業界を牽引することになる。実際に彼らは、1999年に業界を支配していた5つの主要な音楽会社のうち、3つの中核となっている。[3]

1930年代と40年代には、新しいレコード会社（米デッカ・レコードなど）も設立されているが、業界の実権は有力な数社が握ったままだった。前述のケーススタディは、次のように説明を続ける。「1946年から1952年にかけ、『ゴールド・レコード』に達した163枚のうち、最大手6社が製作したものは158枚に達した。さらにRCA／ビクターとデッカが製作したレコードは、ビルボードによる『トップ・ポップ・レコード』チャートの67％を占めた[4]」。

◇◇◇

この種の独占状態は、大きな利益を生み出す。しかし同時に、「次世代の脅威」に対する脆弱性も増すものだ。この場合、その次世代の脅威は、1950年代にロックンロールの姿で現れた。大企業は当初、この新たなジャンルを真剣には捉えなかった。それは単なる流行りものであり、ティーンエイジャーという、お金のない一部の世代にしか受けないだろうと考えたのである。ある児童発達の専門家は、ニューヨークタイムズ紙に対して、チャールストンとジルバを引き合いに出し、「他の流行と同じように、すぐ終わるだろう」と語った[5]。

大多数の消費者も、ロックに心を躍らせることはなかった。タイム誌は、「それが音楽に対してしているることは、フルスロットルのバイクが静かな日曜の午後にしているのと同じことだ」とコメントしている[6]。フランク・シナトラは、さらに強い口調で、あるパリの雑誌に「ロックンロールは嘘や偽りの匂いがする」と語っている。「それを書き、歌い、演奏しているのは愚か者だ。そして間抜けな繰り返しや、下品で汚い言葉を使いながら、怠惰な奴らの勇ましい音楽になろうと四苦八苦している[7]」

ロックンロールを不道徳な存在だと考えたのは、シナトラだけではなかった。ニューヨークタイムズ紙は、当時の米国人が感じていた疑問を引用して、「この『ロックンロール』と呼ばれるものは何だろうか？それがティーンエイジャーたち（その大部分が12歳から16歳の子供だ）から自制心を奪い、熱狂的な信者のようにさせてしまうのはなぜだろうか？　何が、あるいは誰が、その背後にいるのだろうか？　そしていまの若者世代は、地獄に落ちてしまうのか？」と書いた。さらにタイム誌は、ロックは「ニグロ【黒人を意味する言葉で、かつては侮蔑的に使われた】」にルーツがあり、それ故にこの音楽が「ジャングルのようなしつこさ」を持つ「力強い」ビートを備えているのだと説明した。[8]米国の南部では、人種差別主義者がこの考え方に飛びつき、ロックは「神が与えたもうた価値を破壊しようとする、ニグロの策略」であると主張する者まで現れた。[9]北部では著名な精神科医が、それを「未開の人食い族的な」音楽の形態であり、「伝染性のある疾患」だとまで評した。[10]地域社会のリーダーたちは、ロックを流したラジオ局のボイコットを呼びかけ、[11]またコンサートによるヒステリーを警戒した政府は、それを禁止にする措置を取った。当時ボストン市長だったジョン・B・ハインズは、「この種のパフォーマンスはトラブルメーカーと無責任な人々を引き寄せる」として、「ボストンでは認められない」と宣言した。[12]

誰もがこうした意見に同意したわけではない。DJのアラン・フリードは、ロックを支持して支援する立場を取り、この音楽が若い人々に受けるのは自然であると主張した。そして若者たちが通りに出てトラブルを起こすよりも、コンサートで踊ったり音楽を聴いたりしてストレス発散する方が望ましいはずだ、と述べた。彼はニューヨークタイムズ紙に対して、次のように語っている。「それがどのようなジャンルであれ、子供が音楽に興味を持っているなら、神に感謝しよう。そうした興味の中に、彼らは自分自身を見出すはずだからだ。そして成長するにつれ、あらゆる種類の音楽を楽しむようになるだろう[13]」

フリードには大手レコード会社よりも先見の明があった。レコード会社は、もしロックを受け入れたら、主流派から反発を招いて評判を落としてしまうのではないかと心配したのである。ロックはニッチな市場にしか受けず、質が低くて、文化にとって脅威であると彼らは考え、何年も利益を生み出していた、大人向けの市場に今後も力を入れていくことにした。

もちろんそれは、大きな判断ミスだった。ロックは大流行したのである。そこに小規模で動きが素早く、失うものの少ない独立系の企業が入ってきた。1962年までに、ヒットチャート上には42のレーベルが登場している。大企業はようやく自らの間違いに気づき、ロックンロールの大物パフォーマーと契約を結ぶことで、彼らに追いつこうとした（RCAはエルビス・プレスリーと、デッカはバディ・ホリーと契約している）。しかしこのミスは高くついた。1950年代後半に、チャートのトップ10にランクインした147枚のレコードのうち、101枚が独立系企業から発売されたものだった。1950年代から60年代にかけて、メジャーレーベルは一時的に市場の支配力を失っていたのである。

しかし最終的に、彼らは主導権を取り戻した。音楽ビジネスの経済的構造が、独占に有利に働いたからである。大企業は単純に、音楽業界において、中小企業よりも長い期間を勝ち抜くための用意を整えていた。音楽業界はその規模と複雑さが増す中で、次第に「規模の経済」を利用する能力が要求されるようになっていった。大企業であればあるほど、レコードを生産するための膨大な固定費について、容易に初期投資することができる。さらに間接費を分散でき、複数のプロジェクトを進めることでリスクも分散できる上に、その規模を梃子《てこ》にして販促チャネル、流通チャネル、アーティストに対する交渉力を発揮することができるのだ。そのため、ラジオが重要な販促手段になるにつれ、大企業は圧倒的な優位性を持つようになった。ラジオ局に対して力を見せつけて（さらには賄賂を贈るなどして）、自社のレコードが放送時間を独占するように仕向けたからである。

1970年代半ばまでに、大企業は市場の中核を独占する存在として再び浮上し、サプライチェーンにおける上流工程（アーティストとの関係）と下流工程（レコード会社よりも力の弱い存在である、流通業者と販促業者のネットワークとの関係）の両方で力をふるうようになった。そして1980年代から90年代にかけ、中小のレーベルを次々と飲み込んでいった。前述のハーバード・ビジネス・スクールのケーススタディによれば、1995年、全世界のレコーディング市場の約85%が、6社の「メジャー」企業によって支配されていた。すなわちBMGエンタテインメント、EMI、ソニー・ミュージック・エンタテインメント、ワーナー・ミュージック・グループ、ポリグラム、ユニバーサル・ミュージック・グループの6社である。

1990年代が終わりに近づくと、すべてのコンテンツビジネスが活況を呈するようになった。音楽業界では、CDがレコードとテープに取って代わり、巨額の利益を生み出した。それはどのくらいの利益だったのだろうか？　1995年の終わり、IFPI（国際レコード・ビデオ製作者連盟）が「録音された音楽の年間売上高は、過去最高となる約400億米ドルを記録し、販売数も約38億枚に達した」と報告している。さらに同じ報告において、「販売枚数は10年前の80%増となっており、また同じ期間に、世界の音楽市場の価値は倍以上になった」と解説されている[14]。

◇◇◇

20世紀の間、音楽業界の基本的な構造はほとんど変わらなかった。「フォノグラフ」という、たったひとつの発明品を製造し、売ることに特化して立ち上がった少数の企業が、紆余《うよ》曲折を経ながらも数十年にわたり業界を支配した。そしてその業界は次第に拡大し、競合する発明品や技術革新をすべて飲み込んでいった。規格の異なるレコード、高品質なラジオ（これにより音楽を幅広い人々に届けることが可能になり、販促手法が大きく変化した）、8トラックのテープ（録音された音楽と再生装置の持ち運びが容易になった）、カセットテープ（持ち運びがより容易になっただけでなく、許可を取らずに音楽をコピーすることも容易になった）、MTV（音楽の新しい販促チャネルを確立し、これまでとは異なる消費のあり方を促進した）、そしてCD（レコードとカセットテープにあっという間に取って代わった）といった具合である。ロックンロール時代の一時的な例外を除き、そのすべての期間を通じて、メジャー企業が支配してきた。これは目を見張るような成功と言えるだろう。どうやってそれを成し遂げたのだろうか？ 彼らはその規模を活かして、2つのことを非常に効果的に行った。新しいコンテンツを市場に持ち込む際のコストとリスクの管理、そして音楽ビジネスのサプライチェーンにおける、上流と下流両方に対する支配力の維持である。

この点について、もう少し詳しく考えてみよう。まずリスクの管理だが、コンテンツビジネスにおいて誰が、そしてどの商品が成功するかを予測することは極めて難しい。脚本家のウィリアム・ゴールドマンは回想録において、映画ビジネスの難しさを、次のように解説している。「映画の世界にいる者、誰一人として、何が上手くいくのか、はっきりとはわかっていない。いつも、行われているのは推測に過ぎず、幸運であれば、過去の経験に基づいた推測ができる」。そして彼はこうまとめる。「誰も何もわからない」[15]

実際に20世紀の大部分において、コンテンツビジネスでは才能あふれる人材を見つける場合、「勘」に頼っていた。たとえばレコード会社は、新しいアーティストやアルバムが、市場においてどこまで受け入れられるかに関する具体的なデータを持っていないため、非科学的な予測しかできなかったのである。彼らはフォーカスグループ調査を行ったり、コンサートで観客の層を観察したりしたが、人口全体の規模を考えれば、これは極めて小さなサンプルに基づく粗い推測に過ぎなかった。そのため多くの場合、企業は自社の「A&R（アーティスト＆レパートリー）部門」【レコード会社内の組織のひとつで、アーティストの発掘や育成、彼らへの楽曲の準備などを担当する】に頼らざるを得なかった。この部門に配属されるのは、優れた「直観」を持つと期待される人々だった。

大企業に共通してみられる成功要因がある。それは新しいアーティストを発掘し、彼らをプロモーションするのに大金を投じる能力だ。1990年代、メジャー企業は1枚のニューアルバムの販売およびプロモーションを行うのに、平均で約30万ドルを費やしている。[16] アルバムが失敗してしまったら、このお金はすべて無駄になる。そしてこの額は、続く20年間、上昇の一途をたどった。2014年にIFPIが発表した報告書によれば、メジャーレーベルは新しく契約したアーティストを「ブレーク」させるのに、50万～200万ドルを費やしていた。投じたコストの元を取れるアーティストは、全体の10～20％にしか満たない。そしてもちろん、スターの座に上り詰めることができるのは、その中でもごくわずかだ。しかしそのわずかなスターが、他のすべての活動を可能にする。それをIFPIの報告書は、次のように表現している。「レコードレーベルが、所属しているアーティストへの投資というリスクを取り続けることを可能にしているのは、ごくわずかな成功プロジェクトからもたらされた売上だ[17]」この点において、すべてのコンテンツビジネスにおけるメジャー企業は、ベンチャーキャピタルのように運営されていたのである。彼らは一連の、リスクのある投資を行うが、そのほとんどが失敗することを理解している。しかし、中には大成功するものがあり、成功できなかったアーティストに費やしたコストを取り戻せるだけでなく、それを上回る利益を生み出せることを確信している。そして彼らはその規模を活かして、小さな企業であれば破産してしまうような失敗を乗り越え、生き残ることができるのだ。

規模はまた、サプライチェーンの上流工程において、才能のあるアーティストを惹きつけるのに役立っとすらしたのである。独立系レーベルのアーティストが注目を集めるようになると、メジャーレーベルは魅力的な契約書を用意し、彼らを誘惑した。これらすべてが、メジャーの支配をより強化する方向へと後押しする。スターや人気急上昇中のアーティストを抱えていればいるほど、さらに多くのアーティストを惹きつけることになる。そしてメジャー企業はスターから生み出される収益によって、新たな才能をプロモーションするのに必要な大金を用意できるのである。

レコード会社にとって、成功する可能性のあるアーティストを発掘し、契約するのはほんの始まりでしかない。それと同じくらい重要なのは、販促と流通という、下流の工程である。アーティストと契約し、スターへと育てるための投資を行うと、彼らの曲がラジオで流れ、アルバムが小売店に並び、大物アーティストのコンサートの前座に収まるように、さらに大金を投じなければならない。レコード会社は、自社のアーティストを人々に気づいてもらうためにあらゆる手を尽くさねばならず、またそれを行う意思があるということは、自社にアーティストを惹きつけるための重要な点になった。メジャーレーベルは、単に才能の発掘だけをしていたのではない。自分たちが使えるすべての手段を使って、契約したアーティストをスターにするために尽力したのである。もちろん誰をどう売り出し、アルバムを流通させるかという決断はギャンブルに近く、リスクは大きかった。つまりサプライチェーンの上流工程では、小規模な企業は勝ち目がなかったのである。

新しい曲を、ラジオでプロモーションするところを想像してみよう。ラジオは1950年代までに、レコード会社が音楽のプロモーションに利用できる主要なチャネルのひとつになっていた。しかし音楽市場は競合でひしめき合っていた。ある推計によれば、1990年代までに、メジャーレーベルは週に平均

135枚のシングルと96枚のアルバムをリリースするようになったが、ラジオ局は、一週間で3～4曲程度しかローテーションに加えなかったのである。[18] したがってレコード会社は、彼らの曲を放送に乗せるため、あらゆる戦術を駆使して競い合うようになった。そして、それは多くの場合、ラジオ局に既存のスターへのアクセスを提供する（コンサートのチケットや楽屋へのパス、インタビューの許可などの形で）ことを意味した。それと引き換えに、レーベルが新たに契約したアーティストの曲をオンエアさせたのである。

さらにメジャーレーベルは、賄賂も活用した。DJやラジオ局に特定の曲を流してもらう代わりに、さまざまなリベートを提供したのだ。たとえば1990年代から2000年代の初めにかけ、レコード会社が独立系プロモーターに数千ドルを支払い、さまざまなプロモーション手段を駆使し、新曲がラジオ局のプレイリストに載るように頻繁に働きかけた。[19] 一般的にレコード会社は、「レポーティング・ステーション」として知られる、200から300のラジオ局に焦点を当てて働きかけを行った。これらのラジオ局は毎週、ブロードキャスト・データ・システムにプレイリストを提供しており、そうして集められたデータを基に、さまざまなランキングが決められていたのである。[20] 2003年、非営利団体「フューチャー・オブ・ミュージック・コアリション」の共同創設者で会長のマイケル・ブレイシーは、この仕組みを次のような印象的な表現でまとめている。「ラジオで自社の曲を頻繁に流してもらえるかどうかは、その地域のファンや、曲の出来栄えとは関係ない。その曲をプレイリストにねじ込むだけのリソースを動かせるかどうかだ[21]」

しかし、どれだけプロモーションをしても、製品が店頭に並んでいなければ意味がない。レコード会社がお金を稼ぐためには、消費者が販促チャネルを通じて耳にした曲を、どこかで見つけて買えるようになっていなければならないのである。そしてインターネット以前、デジタル以前の時代においては、小売店の棚しか頼るものがなく、そのスペースは限られていた。町中にあるようなレコード店の多くは、３０００～５０００枚程度の小規模な在庫しか持たない。１９９０年代に登場した大型店（広いフロアが何層にも連なり、いくつものジャンルを扱っているような店舗だ）でも、在庫は５０００～1万５０００枚程度だった。[22] したがってメジャーレーベルは、ラジオ局に対する場合と同様、小売店に対して、自分たちに便宜を図ってもらう代わりに見返りを与える策に出た。小売店のマネージャーを説得して、貴重な棚のスペースに新譜を置いてもらうために、レーベルは既存のスターたちを活用した。店舗内のイベントに彼らを参加させたり、アルバムを優先的に提供したり、無料で商品を提供したりしたのである。そして店舗に来た誰もが、彼らの「大ヒット中」アーティストに気づくように、店舗内で目に付く場所に商品を置いてもらうよう、店舗側に対価を払った。

したがってサプライチェーンの下流工程においては、メジャーレーベルはその規模、パワー、資金力を駆使して、販促と流通を支配することができた。彼らはミュージシャンと、彼らが生み出す音楽を独占していた。そしてレコードやテープ、ＣＤを製造することができた。さらにはラジオ局や小売店に対して自らに有利な契約条件を提示し、彼らはそれに従うしかなかった。こうした状況の結果、メジャーレーベルは上流工程において、アーティスト側より優位な立場に立つことになった。そしてアーティストたちは、自分たちの曲に適切なプロモーションを行い、それを流通チャネルに乗せるためには、大手レコード会社と契約を結ぶしかなかった。ほとんどの場合、彼ら個人では曲のレコーディング、その商品化と製造、そして流通にかかるコストを負担できず、リスクも負えなかったからである。

本章の冒頭で、私たちは「なぜ20世紀のほとんどにおいて、少数の同じ企業が音楽業界を支配してきたのか」と問いかけた。その答えには、２つの方向性がある。第1に、この業界の経済的特徴により、コンテンツを生み出すコストとリスクを負うことができ、その規模を駆使してサプライチェーンの上流工程（アーティスト）と下流工程（販促と流通）を支配できるメジャー企業が有利な立場に立つことになった。第2に、20世紀の終わりになるまで、技術的変化によってメジャーレーベルの「規模による優位性」が脅かされることがなかった。

同様のパターンは、映画業界や出版業界でも見られる。20世紀の終わりには、6つのメジャー映画会社（ディズニー、フォックス、NBCユニバーサル、パラマウント、ソニー、ワーナー・ブラザース）が映画市場の80パーセントを支配していた。[23]また6つのメジャー出版社（ランダムハウス、ペンギン、ハーパーコリンズ、サイモン＆シュースター、アシェット、マクミラン）が、米国の出版市場のおよそ半分を支配していた。[24]音楽業界と同様に出版社と映画会社が、コンテンツをつくるのに欠かせない金銭的・技術的資源を支配しており（ある映画会社の幹部は、私たちに「人々は盛り上がるのが好きだが、盛り上げるのには大金が必要なんだ」と語った）、販促や流通に関する資源も独占していた。20世紀中に生まれた技術的な進歩は、こうした規模による力を弱めることはなかった。

1990年代までに、このモデルはさまざまなコンテンツビジネスで確立され、大きな利益をメジャー企業にもたらした。それはもはや、自然界の法則であるかのようにすら感じられた。だからこそ、それから20年以上が経つというのに、カーネギーメロン大学のクラスを訪れたある幹部が、自信を持って「インターネットはわが社の市場における立場を揺るがすことはない」と宣言できたのである。私たちはこの自信が、誤りであると考えている。本書の第2部において、その理由を説明しよう。しかしその前に、最初に理解しておくべきことを取り上げたい。それはクリエイティブなコンテンツ自体の経済的特徴と、そうした特徴が、娯楽系コンテンツビジネスにおけるビジネスモデルの基礎である「価格設定」と「マーケテイング戦略」にいかに影響を与えるか、という点である。

第3章
もう少しの金のために*
売り上げを最大化する電子版のリリース戦略

*【セルジオ・レオーネ監督の『夕陽のガンマン』（原題：*For a Few Dollars More,* もう少しの金のために）より＊4】

情報は自由に入手できるものになりたがる。その一方で、高価なものにもなりたがる。情報が自由に入手できるものになりたがるのは、それを配布し、コピーし、再結合するコストが下がり、計測できないほど小さくなったためだ。情報が高価なものになりたがるのは、その受益者にとって、計り知れない価値があるためだ。この相反する方向性によって生まれる緊張が消え去ることはないだろう。

——スチュアート・ブランド、*The Media Lab: Inventing the Future at M.I.T.* (Viking Penguin, 1987), p. 202（邦訳『メディアラボ——「メディアの未来」を創造する超・頭脳集団の挑戦』）

第2章では、コンテンツビジネスにおいて、市場支配力を決定する経済的特徴について解説した。本章では、クリエイティブなコンテンツ自体が持つ経済的特徴について考えてみよう。そうした特徴は、いかに企業の価格戦略やマーケティングに影響するのだろうか。またそうした戦略は、デジタル・コンテンツの市場への登場によって、いかに変化し得るのだろうか。まずは時間の針を2009年に戻してみよう。この年、ある大手出版社の市場調査部門トップが私たちの研究室を訪れ、ひとつの単純な、しかし重要な質問をした――「電子書籍とは何だ？」

出版社は長年にわたり、出版業界で確立された販売戦略を採用してきた。それは「最初に高品質なハードカバー版を出版して高く売り、9～12か月後、同じ内容を低品質なペーパーバック版にして安く売る」というものだ。この戦略を前提に、先ほどの出版社は次のように語った。「いつハードカバーを発売すべきか、いつペーパーバックを発売すべきかはわかっている。しかし電子書籍はどうしたらいい？　販売戦略のどこに位置付ければいいんだ？」

私たちの元に来る前、この出版社では、ハードカバー版と同じ日に電子版を発売していた。しかし他の出版社が、ハードカバー版の売上を守るために、その発売からしばらくして電子版を発表するという決断を下したのを見て、自らの戦略を考え直すようになったのである。たとえば2009年9月、ハーパーコリンズのCEOブライアン・マレーは、サラ・ペイリンの回想録 *Going Rogue*（『ならず者として生きる』、未邦訳）の電子版の発売を、ハードカバー版から5か月遅らせると発表した。その理由は「クリスマス前のハードカバー版売上の勢いを最大にするため」[1]だった。また2009年11月にはバイアコム／スクリブナーが、スティーヴン・キングの新作『アンダー・ザ・ドーム』の発売を、ハードカバー版の6週間後に遅らせることを発表した。同社はその理由を、「この順序で出版することでハードカバー版の売上を最大化できる」[2]ためと解説している。アシェット・ブック・グループとサイモン&シュスターはさらに踏み込んで、2010年初め、ほぼすべての新刊本について、ハードカバー版の発売後3～4か月は電子版の発売を行わないと発表した[3]。

こうした出版社が暗黙のうちに抱いていた前提は、電子書籍はハードカバー版の代替品であり、もし両方が同時に発売されれば、かつては高価なハードカバー版を購入していた顧客の多くが、安価な電子版に乗り換えてしまうだろうというものだ[4]。この仮定は妥当なように見えるが、検証は難しい。私たちは市場で起きていることしか観察できないからである。他の戦略で本が販売されたときに何が起きるか、実際に行ってみなければわからないのだ。たとえばバイアコムは、電子版の発売をハードカバー版発売の後にずらしたことで、『アンダー・ザ・ドーム』の売上がどうなったかを簡単に把握できるが、同時に発売された場合の売上を知ることはできない。これは経済学者が「反事実」と呼ぶものだ。計量経済学が優れているのは、入手可能なデータに基づき、創造的な形で実際には起きなかったことを推論できる点にある。

電子版の発売引き延ばし戦略については、「出版社がハードカバー版と電子版を、同時に発売する決定を下した」という、事実とは異なる状況下で売上がどうなるかを推測し、実際の売上と比較できる。電子版のリリース時期がタイトルによって異なる（たとえばある本は1週間後、別の本は2週間後など）場合、電子版の発売が遅らされた週の数（独立変数）を使い、その結果となるハードカバー版の売上（従属変数）を予測することで、研究者は簡単に回帰分析を行うことができる。発売が引き延ばされた本も、そうでない本も同じ内容であるという前提に立てば、このアプローチは上手くいくだろう。

しかし問題は、これらが同じ本ではないという点だ。出版社は「ハードカバー版の方が売れる」と考えたタイトルの電子版の発売を、より遅らせようとする。つまりハードカバー版と電子版が同時に発売されるタイトルは、ずらして発売されるタイトルとは根本的に異なるものなのだ。したがって、仮に電子版の出版を遅らせることと、ハードカバー版の売上の間に関係性が見出せたとしても、ハードカバー版の売上が電子版発売の引き延ばしによるものなのか、単に先に発売された方と性質が違うことによるものなのかどうかわからない。経済学者はこれを「内生性」と呼ぶ。これは観察されていない要因（期待される本の人気など）が、独立変数（電子版の発売が延期されるか、何週間延期されるか）と従属変数（その結果として売上がどうなるか）の両方に影響を与える場合に常に起きる、統計学上の問題だ。内在性がある中で因果関係を立証するには、従属変数の影響を受けることなく、独立変数を変化させる変数や出来事を見つけることが必要になる。

因果関係を確立するための手段として定番なのが、「ランダム化比較試験」だ。この実験の中で、研究者は独立変数をランダムに変化させ、結果として従属変数に生じる変化を測定できる。たとえば出版社が、さまざまなタイトルをランダムにいくつかのグループに分け、あるグループは電子版の発売を1週間遅らせ、もうひとつのグループは2週間遅らせ、さらに別のグループは3週間遅らせ……と変えていくのである。残念ながら、この種のランダム化実験を実施するのは、いくつかの理由から非常に難しい。当たり前の話だが、作家や彼らのエージェントは、自分が生計を立てているものを実験対象にし、売上を落としてしまうかもしれない行為に猛反発する。実際、私たちは数か月にわたり、本書の冒頭に登場した出版社と交渉してランダム化比較試験を計画したのだが、そうした実験が売上に悪影響を及ぼすかもしれないという作家とエージェントの懸念を、どうしても払拭することができなかった。

ランダム化比較試験が実施できない場合の次善の策は、自然に発生しながら、ランダム化比較試験の特徴を持った出来事を利用することである。2010年に、ちょうどそのような出来事が起きた。実験の実施を検討していた出版社が、価格設定をめぐってアマゾンと争いになり、4月1日にすべてのタイトルをキンドル【アマゾンの電子書籍プラットフォーム】から引き揚げたのである。アマゾンは同出版社のハードカバー版書籍を売ることは継続できたが、キンドル版は不可能になった。両社の間の紛争は短期間で決着し、6月1日にキンドル版の販売が再開され、出版社はハードカバー版と電子版を同時に発売するという戦略に戻った。表3・1には、この紛争によって、電子版の出版がどの程度遅れたかがまとめられている。ぱっと見ただけでも、紛争によって生じた電子版発売の遅れが、ランダム化比較試験で行われるものに近い内容であることがわかるだろう。紛争の最初の週（4月4日）にハードカバー版で出版された本は、事件の影響で、キンドル版の発売（6月1日）が8週間遅れることになった。同様に、4月11日週にハードカバー版が発売されたタイトルは、キンドル版発売までに7週間待つことになった。同じく4月18日週発売タイトル：6週間後にキンドル版発売、4月25日週発売タイトル：5週間後にキンドル版発売、と時間が経過し、最終的に5月23日週発売タイトル：1週間後にキンドル版発売、となっている。さらに重要なのは、リリースのタイミングが、期待される本の人気によって左右されたもの

表3.1

ある大手出版社のアマゾンとの紛争によるキンドル版発売の遅れ
（2010年6月1日）

	紙版発売	キンドル版発売	キンドル版発売の遅れ（単位：週）
4/1以前	同時に発売		0
4/4週	4/4	6/1	8
4/11週	4/11	6/1	7
4/18週	4/18	6/1	6
4/25週	4/25	6/1	5
5/2週	5/2	6/1	4
5/9週	5/9	6/1	3
5/16週	5/16	6/1	2
5/23週	5/23	6/1	1
6/1以後	同時に発売		0

出典：Hailiang Chen, Yu Jeffrey Hu, and Michael D. Smith, The Impact of EBook Distribution on Print Sales: Analysis of a Natural Experiment, working paper, Carnegie Mellon University, 2016.

ではないという点だ。したがって、ハードカバー版と電子版が同時に発売されたタイトルの売上は、電子版が遅れて出版されたタイトルの、それが同時発売されていたときの売上を推測する上で信頼できるデータと考えられる。このケースにおいて、電子版の発売を遅らせたことが、いかに売上に影響したかを検証するために必要だったのは、電子版発売が遅れた本（紛争中にリリースされたタイトル）の売上と、同時発売された本（紛争直前と直後でリリースされたタイトル）の売上の比較だった。[5]

しかし、データ分析から判明したことを議論する前に、そもそもなぜ出版社がハードカバー版と電子版の発売を別にしているのか、その経済学的根拠について考えてみよう。なぜペーパーバック版の購入者は、その本を手に入れるまで一年も待つのか？　なぜハードカバー版と電子版を同時にリリースしないのか？なぜ2つのバージョンを設けるのだろうか？

「経済学入門」で解説されるような答えを言えば、それは企業が利益を最大化しようとするからだ。しかし、書籍をはじめとした、情報をベースとした多くの製品が持つ経済的特徴により、この結論にたどりつく過程は複雑なものになる。第1に、本の初版を製作し、プロモーションするコスト（経済学者はこれを「製品の固定費」と呼ぶ）は、2版、3版と版を重ねる際のコスト（経済学者の言う、製品の限界費用）よりもはるかに大きい。[6]第2に、本の価値は顧客によって大きく異なる。その本の大ファンであれば、いくらでもお金を払うだろう。そうでもないファンはそこまで出さず、大部分の消費者はまったく払わないはずだ。第3に、そもそも消費者は、自分が本の何に対してお金を払っているのか、よくわかっていない。書籍などの情報を売る商品は、経済学者が「経験財」と呼ぶもので、どの商品が自分にとって価値があるかは、経験してみなければ確実にはわからない。もちろんそれは、売り手にとって問題となる。消費者が一度本を読んでしまったら、その代金を払おうという意欲は減少するはずだからだ。したがって、売り手はバランスをとらなければならない。一方では、商品の価値を消費者に知ってもらうために、売り手は十分な情報を提供する必要がある。しかしもう一方で、消費者が「買いたい」という気持ちを失わないように、提供する情報を制限する必要があるのだ。

こうした特徴があることで、書籍や他の情報財の売り手は、市場においていくつかの課題に直面する。本章では、その中の3つに焦点を当てる。商品の価値を生み出すこと、消費者が商品を見つけられるようにすること、関連する商品との競合を避けること、である。

商品の価値を生み出す

ある本から得られる価値が顧客ごとに異なり、また既存の本をもう一冊つくる限界費用が非常に低いのなら、出版社は「大きな価値を感じる」顧客には高い値で売り、一方で「小さな価値しか感じない」顧客には安い値で売ることで、市場から最大の利益を得ることができる。しかし顧客が自分の買うものを自由に選べるのなら、企業がひとつの商品にひとつの値段しかつけられない場合、彼らは利益を最大化することができない。高い値段をつけてしまうと、大きな価値を感じる顧客からは買ってもらえるが、小さな価値しか感じない顧客は安い値段でしか買おうとせず、したがって彼らから利益を得ることができなくなる。一方で安い値段をつけてしまうと、大きな価値を感じる顧客と小さな価値しか感じない顧客の両者から買ってもらえるが、それではもっと高い値段でも買ってくれた、大きな価値を感じる顧客からは、得られたはずの利益を取り損ねることになる。

もちろんこれは、本などの情報財にのみ当てはまる話ではない。ある製品に対して感じる価値が顧客によって異なる市場であれば、どんな製品にも当てはまる。しかし2つの理由から、この問題は情報財において顕著となる。第1の理由は、情報財の品質と使い勝手を変えることは、物理的な製品の品質と使い勝手を変えるよりも簡単であるという点だ。もしより大きなエンジン、あるいはより優れたカーステレオをつくりたいと思ったら、それにはお金がかかる。しかしハードカバー版の本をつくるコストは、ペーパーバック版をつくるのよりわずかに大きいだけだ。さらにデジタル商品の場合は、コストの差はほぼなくなる。たとえばある映画の高画質版をコピーするのも、低画質版をコピーするのも、コストはほとんど変わらない。同じように、1回しかストリーミング視聴できないテレビ番組をコピーするコストは、ダウンロードして何度も視聴できるバージョンをコピーするコストとほとんど変わらないのである。そして第2の理由は、情報財のコピーをひとつつくるための限界費用が実質的にゼロであることから、物理的な商品の市場よりもはるかに大きな市場が、情報財に開かれるという点である。自動車1台を製造するのに1万5000ドルかかるとしたら、この限界費用を払う意思のない人は、市場から除外される。しかし同じ本をもう一冊つくるのにかかるコストがゼロであれば、誰もが潜在的な顧客になる。

したがって、大きな価値を感じる顧客と小さな価値しか感じない顧客の両者から、最大の利益を得る方法を探ることは、情報財の売り手にとって特に重要だ。そうするための方法のひとつは、消費者が明示的あるいは暗黙的に、自分がいくら支払う意思があるのかを明らかにするよう仕向けることだ。これには、経済学者が「価格差別」と呼ぶ一連の戦略が必要となる。同じ商品に対して、異なる価値を感じる消費者を完璧に「差別する」ためには、出版社や他の情報財の売り手は、それぞれの顧客が何を支払うかを正確に知る必要がある。その情報を利用すれば（そして大きな価値を感じる顧客と小さな価値しか感じない顧客の間での

「利ザヤ稼ぎ」を防ぐことができれば）、売り手は市場から最大の利益を得るプロセスの中で、個々の顧客に対してそれぞれ最大の価格を設定できる。[7] 経済学者アーサー・ピグーは、この理想的なシナリオを「第一種価格差別」と呼んでいる。[8] しかし売り手にとって残念なことに、顧客が自分の支払い意欲について、そこまで明らかにしてくれることはほとんどない。[9]

消費者の価値観に関する完全な情報がない場合、売り手にはあまり満足できない2つの選択肢が残される。第1に、売り手は異なる消費者グループに対し、支払い意欲に関する観測可能なシグナルに基づいて、それぞれ価格を設定することができる（これを経済学者は「第三種価格差別」と呼ぶ）。たとえば多くの映画館の運営者が、学生やシニア向けに割引料金を提供している。それはこれらのグループが、他の世代よりも支払い能力が低いだろうという認識からだ。ただそれを行うためには、運営者は、ＩＤカードや会員カードを使うなどして、これらのグループを確実に識別できなければならない。

しかし、第三種価格差別化戦略にも限界がある。年齢層によるグループなど一部の場合を除いて、（法的に）利用可能な、支払い意欲に関する観測可能なシグナルはほとんどない。また多くの商品の場合、小さな価値しか感じない顧客が商品を購入し、それを大きな価値を感じる顧客に転売するのを防ぐのは難しい。

売り手が観測可能なシグナルを利用できない状況でも、彼らは依然として、経済学者が「第二種価格差別」と呼ぶ戦略を採用できる。この場合、売り手の目標は、同じ商品にいくつかのバージョンをつくり出すことだ。そうしたバージョンのひとつは、大きな価値を感じる顧客向けで、彼らが高い値段を払いたくなるような違いを設けるのである。また小さな価値しか感じない顧客は、同じ商品の別のバージョンを購入できる。出版業界における「ハードカバー／ペーパーバック」戦略は、第二種価格差別の古典的な例だ。

ハードカバーとペーパーバックの発売時期をずらすことで、出版社は大きな価値を感じる顧客と、小さな価値しか感じない顧客を「差別」できる。ただこれは、大きな価値を感じる顧客は一般的に、小さな価値しか感じない顧客よりも品質（装丁が優れていたり、上質な紙を使っていたりするなど）や読みやすさ（本が読みやすいサイズになっているなど）、タイミング（発売後すぐに読めるようになっていること）にお金を払うという前提に依存している。それが事実であれば、ペーパーバック版よりも先にハードカバー版を出すことで、大きな価値を感じている顧客に、最終的に発売されるペーパーバックを待てば価格が安くなるとわかっていても、高い価格を払ってハードカバー版を手に入れたいという気にさせることができる。

この方法や、他の第二種価格差別戦略を実行する場合の主な課題は、大きな価値を感じる顧客が「安い価格の商品でもいい」という気分になることをどう防ぐかである。この誘惑は、どのような場合に強くなるのだろうか？　それは2つのバージョンの品質が、消費者の目から見て、大差なく感じられるときだ。これはまさに、私たちの研究室にやってきて、電子書籍に関する質問を投げかけた出版社が感じていた懸念である。彼らは出版業界における通念に影響され、消費者が電子書籍とハードカバーを同じ商品と捉え、これらを同時にリリースすることは、ハードカバーの売上を減少させるのではないかと心配していた。しかし私たちのデータは、この通念が間違いであることを示していた。

前述の「偶然発生した」実験から得られたデータには、比較対照群となるタイトル（アマゾンとの紛争が発生する前後の4週間、計8週間の間にリリースされた、ハードカバー版と電子版が同時発売されたタイトル）が83件、介入群となるタイトル（紛争の間にリリースされた、電子版の発売がハードカバー版の1～8週間後に行われたタイトル）が99件含まれていた。このデータが示していたのは、大部分のタイトルにおいて、電子版の発売を遅らせても、ハードカバー版の売上には何ら影響しないという事実だった。デジタル版を購入した消費者のほとんどは、紙の書籍を電子書籍の代替品とは見なしていないようだった。明らかに、デジタル版の消費者はデジタル製品の利用に関心を示していたのである。言い換えれば、消費者は電子版を「ハードカバーの劣化版」ではなく、「根本的に異なる商品」と捉えていたのだ。

さらに驚くべきは、電子版の売上に与えた影響だ。私たちが得たデータは、電子版の消費者が紙のバージョンに興味を持っていないことだけでなく、ほしいタイトルが電子版で手に入らない場合には、「浮気心」を出すことを示していた。各タイトルの電子版について、リリース後の最初の20週間におけるすべての売上をカウントしたところ、電子版リリースが遅れたタイトルは、同時に発売されたタイトルに比べ、電子版の売上が40％減少していたのである。これは電子書籍が印刷物とは非常に異なる製品であることを示している。またこうした電子版の消費者は、自分のほしいタイトルが電子版で手に入らないと、その多くは単にあきらめてしまい、もう戻ってこないことを示している。彼らは興味を失ってしまうのかもしれない。ニーズを満たす他の商品を見つけるのかもしれない。あるいは彼らは、当初は合法な商品を購入するつもりがあったものの、それが入手できずにいるうちに、簡単に利用できる海賊版の方を見つけてしまったのかもしれない。いずれにせよ、私たちのデータは、ハードカバー版とペーパーバック版の場合には上手くいった第二種価格差別戦略が、ハードカバー版と電子版の場合には機能しなかったことを示している。

もちろん、第二種価格差別戦略に頼っている情報財の売り手は、出版社だけではない。音楽レーベルも同様の戦略を採用している。彼らはアルバムをリリースする際、「通常」盤と「デラックス」盤を同時に発売する。高価なデラックス盤にはより多くのコンテンツが収められ、そうしたプレミアに対価を払う意思のあるファンたちを惹きつける。一方でレーベルは、小さな価値しか感じない顧客のために、通常盤も用意しているのである。

しかし、映画業界で採用されている第二種価格差別戦略は、出版業界や音楽業界のものよりずっと複雑だ。図3・1が示しているのは、数年前まで一般的だった、映画の公開戦略である。主な公開方法として6つの枠（ウィンドウ）があり、それぞれ公開時期やコンテンツの品質、ユーザビリティ、価格に違いがある。最初の枠は劇場公開で、そのおよそ60日後にホテルや航空機の機内での提供が始まる。その後にDVDがリリースされ、さらに劇場公開の半年から2年後には、ペイパービューのケーブルテレビや、有料ケーブルテレビ、（CMが流れる）地上波テレビでの放送が始まるという流れだ。

また映画会社は、こうした枠の中でセグメンテーション戦略も採用している。ユーザビリティ（セル版とレンタル版で内容を変えるなど）や品質（ブルーレイ版とDVD版を出したり、プレミア版とレギュラー版を出したりするなど）といった要素で区別を行うのだ。たとえば2005年、映画『ロード・オブ・ザ・リング／旅の仲間』がDVDで発売された際、【配給会社の】ニュー・ライン・シネマは3種類の商品を用意した。一般的なファンのための「ディスク2枚組・ワイドスクリーンエディション」（30ドル）、真剣なファンのための「ディスク4枚組・『プラチナシリーズ』スペシ

図3.1

1998年～2005年における映画の一般的な公開時期

（業界筋および公開情報に基づく）

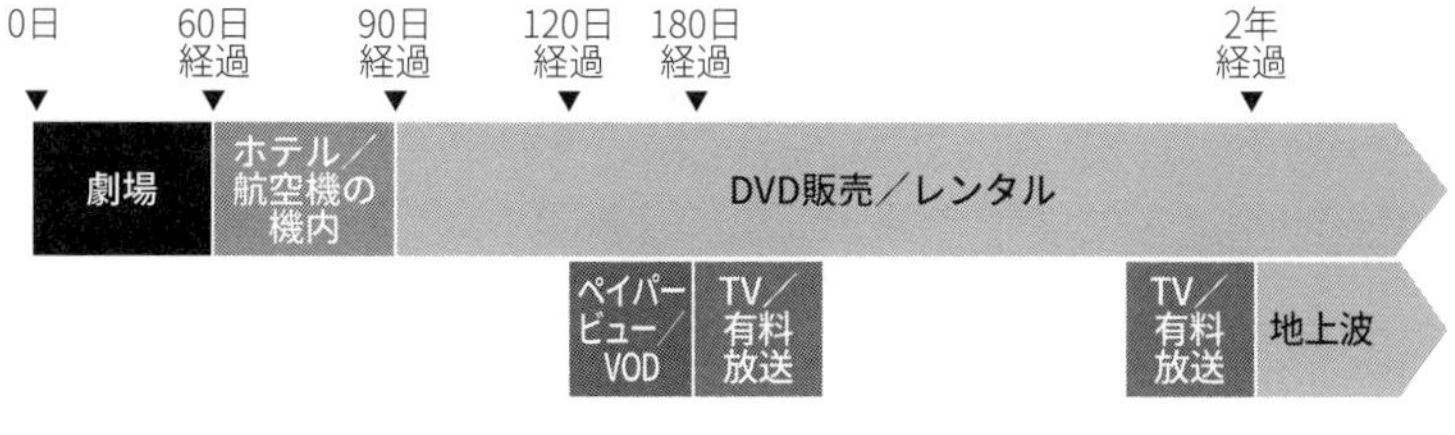

ャルエディション」（40ドル）、そして熱狂的な信者のための「コレクターズ・ギフトセット」（80ドル）である。

しかし、デジタルチャネルの登場により、出版業界の場合と同様、映画業界のリリース戦略は複雑さを増すことになった（図3・2には物理チャネル・デジタルチャネルにおける一般的な公開時期をまとめているが、これでも単純化されている）。その結果、映画会社は、出版社と同じような悩みを抱えるようになっている。「iTunesのようなデジタルチャネルは、他のチャネルの売上にどのような影響を与えるのか？」「iTunes上での販売は、iTunes上でのレンタルや、ネットフリックスなどのスト

図3.2

2014年における映画の一般的な公開時期（業界筋および公開情報に基づく）

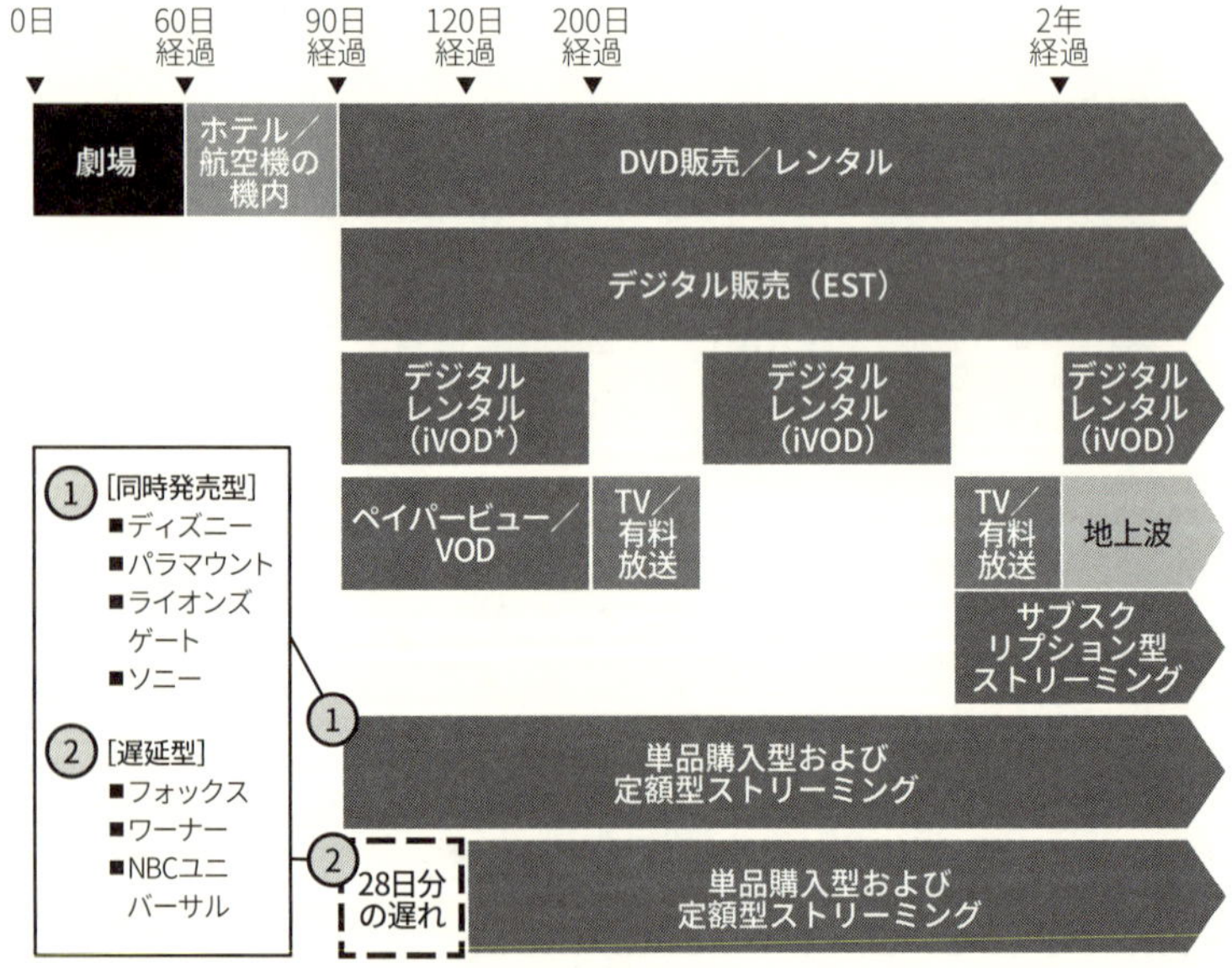

* iVOD【インターネットVODの略で、インターネット上で利用可能なビデオ・オンデマンド（VOD）サービス】

リーミングサービスとどのくらい競合しているのか?」といった具合だ。中でも最も重要な問いが、「こうしたチャネルを利用して、大きな価値を感じる顧客と小さな価値しか感じない顧客を区別する能力を高めるためには、どうすれば良いのか?」である。

出版社の電子書籍戦略の場合と同様、この問いに対する答えは、データの中にあると私たちは考えている。製品の差別化と、売上のカニバリゼーションの間にある関係性を理解するのに役立つデータだ。同時にこうしたデータは、製品差別化戦略の別の機能にも光を当ててくれる。それはある枠における売上が、次の枠における需要を拡大するように、補完関係をつくり出すというものだ。

商品を見つけられるようにする

2010年の初め、私たちはある大手映画会社と提携し、HBOやシネマックス、ショータイムといった有料ケーブルテレビにおける映画の放送が、その作品のDVDの売上にどう影響するかを把握する作業を手伝った。その際、前述の補完関係がどのように機能するのかを観測する機会が得られた。

有料ケーブルテレビ会社と映画会社の双方が、有料ケーブルテレビでの放映は、DVD販売や他の販売チャネルを代替すると考えていた。実際に、HBOはデジタルチャネル（特にiTunes）がHBOの視聴率（および契約数）とのカニバリゼーションをどの程度起こすのかを非常に心配していた。そのため彼らは、映画のライセンス提供を受ける際に必ず、HBOがそのタイトルを放映する期間、他のチャネル（特にケーブルテレビのペイパービューやiTunes）上で提供しないことを映画会社側に要請していた。DVDはこのルールの対象外となっていたが、その理由はいちど商品が出荷されてしまうと、それを小売店の棚から撤去することは現実的でないからである。

つまり、HBOが放映している期間にもDVDを入手できることから、HBOでの放映がDVDの売上に与える影響を測ることが可能だった。そこで、実際に計測するため、2008年1月から2010年6月にかけて、米国の4つの主要有料ケーブルテレビ（HBO、ショータイム、シネマックス、スターズ）で放送された314本の映画について、一週間ごとのDVD売上データと興行収入データを収集した。[10] なんの不思議もないが、「大ヒット作」の配信が、売上の大部分を占めていた。劇場公開中、私たちのデータにおける上位10％の映画が、劇場からの売上全体の48％を占めている。残りの52％の売上が、「凡作」（つまり全タイトルの残り90％）によるものである。またデータからは、DVD発売開始直後の期間において、この売上の傾向がほぼ変化しないことがわかった。劇場での売上の48％を占めていた映画が、そのタイトルの有料ケーブルテレビでの放送が始まる月の前までの、DVD発売開始後の最初の月における、DVD売上の48％を占めていたのである。

なぜ興行収入や発売初期のDVD売上において、少数のタイトルが支配的になるのだろうか？　本当に良い映画はほんの少ししかなく、単に売上もその当然の帰結なのかもしれない。あるいは消費者とは集団で行動し、友人が消費するものを見て自分も同じものを消費しようとするのかもしれない。しかし私たちは、映画の売上が一部のタイトルに集中するのは、映画というコンテンツの公開・販売のされ方にも影響されていると考えている。映画は当初、劇場のみで公開されており、劇場では映画を上映するためのスクリーンが限られているため、劇場公開の期間中、消費者は比較的少数の作品しか発見することができない。また映画会社は、劇場公開の成績に基づいてプロモーションするDVDを選ぶ傾向があるため、売上の偏りはＤＶＤ販売の時期にも続くことになる（ちょうど前述のデータで見られたように）。

しかし、映画が有料ケーブルテレビで放送されるようになったら、私たちのデータには劇的な変化が生じた。有料ケーブルテレビでの放映には、その映画のＤＶＤ販売を増加させる効果が見られたのだが、増加の幅は、それまで消費者に知られていなかったタイトル（いわゆる「ロングテール」に位置する作品）の方が大きかったのである。有料ケーブルテレビでの放映が始まった後の月、これまで知られていなかったタイトルは、売上全体の65％を占めるようになった（その前月は全体の52％）[11]。この変化は何を意味するのだろうか？

私たちのデータは、有料ケーブルテレビでの放映が消費者に対して、劇場公開期間中には知ることのなかった作品を発見する機会を与えることを示していた。データを分析したところ、ヒット作（劇場での売上の上位25％に入っているもの）の大部分において、ＨＢＯで放映されるようになるまでに、その潜在的消費者の89％がすでにそのタイトルを知っていた。したがってそれが有料ケーブルテレビで放映されても、ＤＶＤの売上が増加する余地は残されていなかったのである。その映画に興味を持つ人は、すでに存在を知っていたわけである。

しかし、ほとんど知られていなかった映画（売上の下位25％に入っているもの）の場合、話はまったく異なる。潜在的消費者の中で、有料ケーブルテレビで放送されるようになるまでにその作品を知っていたのは、57％に過ぎなかった。残りの43％は、何らかの理由で、本来なら発見されるべきだったのにされていなかったのである。なぜ見逃されてしまったのだろうか？　その映画が幅広い人々に受けるものではなかったために、多くの劇場で公開されなかったことが原因かもしれない。前述の通り、劇場では上映できるタイトルが限られているために、売上を最大化しようとして多くの観客が見込める映画を選ぶ傾向が生まれる。

その結果、一部の観客にしか受けない映画は、こぼれ落ちてしまうことになる。

これは、なぜ消費者が一部の映画を、有料ケーブルテレビで放送される前に知らずにいるのかという理由にもなるだろう。しかし有料ケーブルテレビでの放送開始後に生まれる変化を説明できない。なぜ有料ケーブルテレビでの放映における「発見」のプロセスは、劇場公開やDVD販売の期間におけるそれとは異なるのだろうか？　劇場公開やDVD販売の期間は、個々の作品に対してそれぞれ対価を払うのに対し、有料ケーブルテレビでは作品ごとの料金ではなく、月額料金を払えばケーブルテレビ・ネットワーク上のすべての作品を「無料で」見られるという違いが影響しているのかもしれない。追加料金なしでいくらでも映画を見られるという点は、有料ケーブルテレビの利用者を、劇場で15ドル払って見ようとは思わない映画でも「試しに」見てみようという気にさせ、他の手段では発見できなかった映画を見つけられるというわけだ[12]。

しかし、この種の情報発見に意味があるのは、チャネル間で十分な差異がある場合だけだ。たとえば有料ケーブルテレビでの放映を見た後でも、消費者は同じタイトルのDVDを買おうとするかもしれない。製品の差異が非常に小さい場合、たとえば消費者が高画質の有料ケーブルテレビ放送を簡単に録画でき、後から好きなときに見返すことができれば、有料ケーブルテレビはDVD販売を補うのではなく、その競合になる可能性がある。この点は、情報財の売手に対して、もうひとつのマーケティング上の課題をもたらす。

関連する商品との競合を避ける

著書 *Information Rules*（邦訳『「ネットワーク経済」の法則』）において、カール・シャピロとハル・ヴァリアンは、１９８０年代から90年代初頭におけるＣＤ版電話帳を例に挙げ、競合が情報財の市場に与える影響を解説している。１９８０年代の半ば、電話帳は主要電話会社によって管理され、ＦＢＩ（米連邦捜査局）やＩＲＳ（米内国歳入庁）といった、高い対価を支払う顧客に対し、1枚約1万ドルというディスクでライセンス提供されていた。しかし技術の進歩により、情報のデジタル化とコピーが容易になると、この高い価格が新規参入者を惹きつけ、彼らは電話帳上の情報を手作業でコピーし、市場に提供するようになった。ところがこうした競合が市場に参入すると、情報財が持つ「固定費用が高く、限界費用が低い」という特徴が頭をもたげ、独占的な情報を、最も高値を付ける者に対して販売し、巨額の利益を生み出すという標準的なビジネスモデルが破壊されることになったのである。経済学の理論によれば、差別化されていない商品が競い合う市場では、価格は限界費用まで下落を続ける。それこそまさに、電話帳市場で起きたことだ。競合が参入すると、価格はすぐに数百ドルにまで下がり、さらに20ドルを切るにまで至った。いま電話帳の情報は、実質的にタダで配布されている。

情報財の価格の下落は、少なくとも当初は、消費者にとって素晴らしいことだ。その一方で、限界費用まで価格が下がることになると、クリエイターが彼らの投じた固定費を回収できなくなるのではと恐れ、新しい商品を生み出そうとしなくなる可能性がある。そうなれば、企業と消費者の双方にとって悪い事態となる。[13] 事実、情報財の市場において投資を促したいという考えから、現在多くの国々の経済政策において、情報財のクリエイターに対し、彼らが市場にもたらしたものに対する限定的な独占権を認めている。

そしてコンテンツビジネスは、この限定的な独占権を用いて、経済理論が推奨する策を実行している。つまり彼らは独占権を使って、直接的な競争を回避し、さらに提供する商品の品質、ユーザビリティ、提供のタイミングを慎重に管理することで、消費者から利益を得ているのだ。出版業界では、消費者が本の廉価版や無料版を手に入れやすくなると、出版社が提供のタイミングで市場をセグメント化することは難しくなる。音楽業界では、消費者がボーナストラックや追加コンテンツを得やすくなると、レコード会社が品質で市場をセグメント化することは難しくなる。そして映画業界では、消費者がコンテンツを将来の視聴のために記録・保管しやすくなると、映画会社がユーザビリティで市場をセグメント化することは難しくなる。これはつまり、「なぜコンテンツビジネスは、すべての潜在的チャネルにおいて、すべての商品を同時に発売しないのか？」という質問は、実質的に「なぜコンテンツビジネスは、価格差別化と顧客セグメント化に基づく既存のビジネスモデルをすべて放棄しないのか？」という質問であることを意味する。

もちろん問題は、多くの側面において、情報技術がこの方向に進む傾向を見せているという点だ。企業の顧客をセグメント化する力を弱める、まさにその特徴（情報が素早く拡散する、情報検索が容易に行える、情報複製と保管のコストがほとんどかからない）が、情報技術とネットワークの基本的な力であり、その力は指数関数的な速さで爆発的に拡大している。

こうした技術的変化は、企業が市場を支配する力と、ビジネスモデルの利益を生み出す力にとって脅威となっている。それこそ今日のコンテンツビジネスにとっての重要な課題であり、次章のテーマとなる。

第４章 パーフェクト・ストーム

既存コンテンツ産業を襲う脅威の本質

気象学者は、奇妙な対象の中に完璧さを見出している。そのひとつが、完全に独立した３つの気象現象が組み合わさり、１００年に1回という気象を生み出すというものだ。

——セバスチャン・ユンガー、*The Perfect Storm: A True Story of Men Against the Sea* (Norton, １９９７)（邦訳『パーフェクト・ストーム——史上最悪の暴風に消えた漁船の運命』）

自分が無敵だと感じるようになる奴もいるが、そういう奴は自分が見たものと、起こり得るものの差が紙一重だということに気づいていやしないんだ。

——アルバート・ジョンストン船長、*The Perfect Storm* より

セバスチャン・ユンガーの１９９７年のベストセラー *The Perfect Storm*（邦訳『パーフェクト・ストーム』）によって有名になった、ある物語（そして教訓）がある。この本が紹介しているのは、マサチューセッツ州グロスター出身のベテラン漁師６人に関する話だ。１９９１年、彼らは海で数週間の漁を行った後、

危険な嵐を抜けて港に帰ることにした。捕れた貴重な魚を無駄にするわけにいかなかった男たちは、「これまでも多くの暴風雨を生き延びてきたのだし、今回も大丈夫だろう」と判断した。しかし彼らは、迫りくる嵐がひとつではないことに気づいていなかった。複数の嵐が合体して、誰も予想しなかった、モンスター級の超巨大な嵐――パーフェクト・ストームが生まれようとしていたのである。そしてこのパーフェクト・ストームに突入したとき、男たちが頼ろうとしたのは、それまでであれば有効だった生存戦略だった。しかし間もなく彼らは、いま直面しているのが自分たちの理解を超えたものであり、それに対応する準備ができていないことに気づく。圧倒的な力の前に、彼らの命運は尽きた。

何が言いたいのかおわかりだろう。コンテンツビジネスは長い間、（少数のメジャー企業による支配を可能にするような市場環境で発展してきたために）順調なセーリングを楽しんできた。これまでは技術革新の嵐が吹き荒れても、メジャー企業はそれを乗り越える方法を熟知しており、自らの競争優位を高めるために利用する方法すら理解していた。しかし１９９０年代、これまでとは異なる変化が一度に発生した――幅広い領域におけるアナログメディアからデジタルメディアへの転換、パーソナルコンピューターとモバイル技術の急成長、そしてインターネットの登場である。その結果、まったく新しい種類の混乱が生まれ、コンテンツビジネスはそれを乗り越えるための準備が整っていなかった。つまり既存企業のビジネスモデルと市場支配力を脅かす「パーフェクト・ストーム」が発生したのである[1]。

この種の変化は予測が難しい。特に、新しいイノベーションを「既存のビジネスモデルにおいて成功や収益をもたらすかどうか」で判断してしまいがちな既存企業にとっては。ハウイー・シンガーが私たちに語ってくれた話を紹介しよう。現在シンガーは、ワーナー・ミュージック・グループのシニア・バイスプレジデントであり、チーフ戦略テクノロジストを務めている。しかし変化のパーフェクト・ストームがコンテンツビジネスを直撃しようとしていた1990年代、彼はAT&Tで働いていた。シンガーと同僚のラリー・ミラーは、その嵐の中に大きなチャンスを見出し、1997年に協力して「a2bミュージック」というサービスを立ち上げた。これは圧縮されたデジタル音楽ファイルを、インターネット経由でセキュアに配信するというものだった。AT&Tはこのサービスの開始を、単なる実験に過ぎないと発表したが、シンガーとミラーは何か大きな波に乗っていると感じていた。音楽の販売と消費のあり方を一変させるような、革新的なビジネスを生み出したのだと。

実際、a2bは画期的なサービスだった。それがいかに革新的だったかを理解するために、iTunesの発表が2003年、iPodが2001年、ナップスター（ピア・ツー・ピア型の音楽共有サイトで、世界中のユーザーが音楽を無料で交換できた）が1999年、そしてダイアモンド・R:io（世界で初めて商業的に成功したMP3プレイヤー）が1998年だったことを思い出そう。a2bチームはこれらすべてに先んじていたのだ。彼らが提案していたのは、インターネット接続さえあれば、消費者はどこにいても自分のPCにデジタル音楽をダウンロードでき、それを好きなところで楽しめるというスタイルだった。さらにa2bチームは、取り外し可能なフラッシュメモリ（当時画期的な技術だった）にアルバム1枚分の音楽を保存し、いつでも再生可能なポータブル音楽端末までデザインした。この根本的に新しい音楽配信手段に対する業界の懸念を和らげるために、チームはデジタル著作権管理【DRM】プロトコルを策定し、（サービスを発表するプレスリリースの中で）「ダウンロード可能な音楽という新しいアプリケーションにおいて、インターネットをより効率的に、そして効果的に使うことができるようになるために、今後私たちはa2bミュージックの開発において、請求機能を組み込み、マーケティング戦略と小売店を統合する他の方法も模索する」という計画を打ち出した。[2]

シンガーと彼の同僚たちは、彼らが未来だと考えたもの――インターネットを通じたデジタル音楽配信――を、音楽業界がしっかりとつかむのを助けるため、必要なことはすべてやったと考えた。彼らは音楽会社の経営陣に、自分たちのサービスを熱心に売り込み始めた。彼らはスピーチの冒頭で、「a2b」とは「アトム・トゥ・ビット（アトムからビットへ）」の意味であり、それが音楽業界の変化の方向性であると説明した。そしてこれからコンピューターの処理能力と、ブロードバンド環境がさらに発展し、すべての音楽はデジタルファイルの状態でのみ売られるようになって、その管理方法と音質も急速に改善されるだろうと続けた。CDも過去のものになるのだ、と。

この主張は、業界関係者の逆鱗に触れることになった。CDは1990年代の音楽業界に大きな利益をもたらした源泉であり、その売上高は何年も着実に増加していたからである。巨額の富を生み出す存在を置き換えるようなテクノロジーを、なぜ歓迎しなければならないんだ？　経営者たちは疑問を呈した。ある経営幹部はa2bチームに対し、自分たちの音楽が「ビット」と称されると侮辱されたように感じる、とまで言い放った。また別の幹部は、a2bのモデルでは音楽レーベルが「中抜き」を行い、音楽を直接消費者に届けられるというアイデアが提示されたとき（それが実現していれば、数年後にアップルがiTunesを開始して、音楽業界に足がかりを築くということが難しくなっていただろう）、a2bチームが「まったく別の言葉を話しているようだ」と述べた。

シンガーと彼の同僚は、ようやく彼らの技術をデモンストレーションできる頃になっても、業界人の心をつかむことができずにいた。ある主要レーベルの経営幹部に向けたデモにおいて、彼らは同社で最も人気だった楽曲のファイルを呼び出し、高価なサウンドシステムを使って再生した。この曲は、のちに市場で標準となるMP3よりも、優れた音質と小さなファイル容量を実現するアルゴリズムでエンコードされていた[3]。

ファイルが圧縮されたものであるにもかかわらず、どれほど良い音質で再生が可能なのか、そして消費者が、どれほど多くの音楽を持ち運ぶことができるのかに、経営幹部は度肝を抜かれるに違いない――チームはそう期待していた。しかし彼らの反応は違った。幹部たちが気にしていたのは音質だけで、それはCDのレベルには達していなかったのである。ある幹部は、自分が耳にしたものに幻滅し、提案を却下しようと、のちに彼が深く後悔したであろう台詞をシンガーたちに放った。「こんなクソみたいな音楽、誰も聞かんよ」

こうした反応に苦しめられたa2bミュージックは、結局上手くビジネスを立ち上げられず、AT&Tはこの取り組みの中止を決定した。もちろんその後、変化が訪れた。ペッカ・グロナウとイルポ・スーニオは、1997年の著書*An International History of the Recording Industry*（『レコード業界の国際史』、未邦訳）の中で、次のように記した。「将来的には、現在のような記録媒体はまったく生産されなくなり、音楽はリクエストに応じてリスナーに届けられるようになるだろう。（中略）理論的には、電話線やケーブル、無線などを通じて、リスナーが好きなときに、好きな音楽を聴ける、巨大なジュークボックスをつくることができなければならない[4]」しかし当時、業界の大部分の人々にとって、この考え方は遠い未来の見通しのように感じられた。現在のドル箱をあきらめ、この見通しに賭けるなどというのは、まともな経営者ならしないだろうというわけだ。

数年後、アップルが市場に参入した。そしてラプソディーやパンドラ、スポティファイなどの音楽ストリーミングサービスが続いた。いまでもその歴史がつくられつつある。a2bチームを拒絶することで、業界の経営幹部は、ビジネスモデルの柱のひとつを失うこととなった。流通の支配という柱を。

「こんなクソみたいな音楽、誰も聞かんよ」――私たちがこのセリフを引用したのは、そうつぶやいた幹部を馬鹿にするためではない。当時はほとんどの人々が、はっきりと認めるかどうかは別にして、彼とまったく同じように考えていたのである。すでに解説してきた通り、技術革新の影響を正確に理解するのは、市場のリーダーにとって極めて難しいことなのだ。特に前述のケースのように、新しい技術を採用することが、自分たちが市場のリーダーシップを手中にしている仕組みから離れることを意味する場合には。そして仮に技術的な変化を目にしたとしても、それにどう対処すべきかを考えるのは、依然として超難問である。ブリタニカ百科事典の出版社が、１９９０年代に手痛い教訓を学んだように。

◇　◇　◇

１９９０年、ブリタニカ百科事典のビジネスは絶好調だった[5]。同書の出版社であったエンサイクロペディア・ブリタニカは、２世紀以上をかけて苦労しながら、「最も包括的で最も信頼できる事典」という名声を築き上げてきた。ブリタニカ百科事典は１セット１５００～２０００ドルで販売され、図書館やリビングに置かれた本棚を占領していた。それはぜいたく品だったが、同社の野心的な営業部隊は大勢の米国人を説得し、ブリタニカ百科事典を所有することが、教育、文化、中産階級の成功の必要条件であり、同時にその証であると考えさせることに成功した。１セットあたりの生産コストは約２５０ドルに過ぎず、１９９０年には、同社は過去最高となる６億５０００万ドルの売上を達成した。ブリタニカの未来は明るい――１９８９年、デジタル版百科事典の立ち上げを検討していた、マイクロソフトのスタッフは確かにそう考えていたはずだ。ブリタニカに関する内部用の戦略メモにおいて、彼らは次のように記している。

「幅広い層を対象としたコンテンツにおいて、あらゆるカテゴリーを考慮に入れた場合でも、ブリタニカ百科事典ほど、単一ユーザーに対するプライスポイント【ある商品に対して、最も多くの消費者が値ごろだと感じる価格】の高いコンテンツは他にない[6]」

ブリタニカは百科事典だけでなく、信頼や権威といった「オーラ」も売っていたのだ。新しい版がつくられるたびに、何十年にも及ぶ研究、企画、編集作業がそれに費やされた（ただし同社は、非常に利益率の高い「ブリタニカ・ブック・オブ・ザ・イヤー【ブリタニカ百科事典に盛り込まれた情報を最新のものに保つために、補足資料として毎年刊行されている書籍】」や、新版が発表されるまでの期間に毎年刊行され、若干の改定が行われる「ニュー・プリンティング」版なども手掛けていた）。競合他社はより小さく、安く、使いやすい百科事典を発表したが、ブリタニカのチームは気にしなかった。彼らは最上級の製品に喜んでプレミア価格を支払うような顧客を相手にしたかったのである。ブリタニカ自体が行った調査で明らかになったように、たとえ顧客の大部分が、彼らの百科事典を開くのが年に1回以下の頻度だったとしても。「これは読書用の本ではないのです。単に売るだけの本なのですよ」と豪語した営業マネージャーもいる[7]。

1990年までのブリタニカの成功については、その営業部隊が有効に機能していたことが大きかった。営業スタッフは慎重に選考され、十分なトレーニングを受けた。そして何より重要なことに、自分が販売しているものの価値を信じていた。ブリタニカの営業部隊ほど販売に真摯に取り組み、成果をあげる組織は他になかった（そして彼らの受け取る手数料は、1セットあたり500～600ドルだった）。

驚く話ではないが、1980年代初めにパーソナルコンピューターが登場したとき、ブリタニカの販売部門はそれを脅威として拒絶する態度を示した。早くも1983年には、営業スタッフに対して、このテーマに関する営業トーク集が配られたほどである。営業員たちは、売り込みにいった消費者から「紙版ではなくデジタル版がいい」と言われることが増えていたのだが、この資料は次のように始まる。「社の内外双方から、私たちが頻繁に問われる質問のひとつは、『ブリタニカはいつコンピューターで使えるようになるんだ?』である。これに対する私たちの答えは、『しばらくない』だ」。そして資料では、その根拠として4つの理由を挙げている。家庭用コンピューターの記憶容量は小さく、ブリタニカ百科事典の索引すら収まらない。百科事典をメインフレームに格納して、家庭用コンピューターからダイヤルアップで接続してもらうというのは、コストと手間がかかる上に、スピードも遅い。家庭用コンピューターの画面では、いちどに記事のわずかな部分しか閲覧することができず、読書体験が「分断」されてしまう。デジタル版百科事典にとってキーワード検索は非常に重要だが、まだ使える代物ではない。

この最後の理由に関して、資料では営業スタッフに対し、消費者に次のような質問をしてほしいと語っている。もしコンピューター版百科事典で「オレンジ」という言葉を検索したらどうなるだろうか。色のオレンジ、あるいは果物のオレンジの項目にたどり着くかもしれない。カリフォルニア州のオレンジ郡が見つかるかもしれないし、オレンジ公ウィリアムが出てくるかもしれない。このように、「オレンジ」が含まれるあらゆる結果が表示され、不要な情報でいっぱいになってしまうだろう。そうなれば、どれが使える情報か、自分で判断しなければならない。この手間と時間のかかる作業は、紙版の百科事典であれば、すでに編集者が終わらせているものだ。「ブリタニカ百科事典は、読者のためにすべての作業を終わらせた状態になっている」と資料は続く。「索引担当者がすべての項目に目を通し、分析して、どの索引にどの項目を結びつけるべきかを判断している。彼らは色と果物などを分け、それに応じて参照を整理していく。また些末な内容は索引に結び付けないため、そこに登場する項目を参照すれば、必要な情報が必ず見つかるのである[8]」言い換えれば、紙版のブリタニカ百科事典は、どんなコンピューター版よりも使いやすいというわけだ。こうした状況に変化があるまで、「情報を提供する手段を、紙から電子に切り替えることはしない」と資料は結論付けている[9]。

しかし、ブリタニカの思いをよそに、潮流は変わりつつあった。2年後の1985年、同社はマイクロソフトからの提案を受けた。彼らは多くの調査を行い、CD-ROM版の百科事典が「大きな需要のある高額商品[10]」になり、自社の製品ポートフォリオを充実させるものになるだろうと結論付けていたのである。マイクロソフトはブリタニカに対し、同社のコンテンツをマルチメディアCD-ROM版で使用するための、非独占使用権を提案した。しかしブリタニカは、その申し出を拒否した。当時のブリタニカの広報部長は、次のように語っている。「ブリタニカ百科事典は、家庭用コンピューター版を手掛ける予定はない。コンピューターを所有している家庭は、全体の4～5％しかないため、コンピューター版の市場は小さいと考えられる。私たちは、伝統的な販売方法を傷つけたくない[11]」

「伝統的な販売方法を傷つけたくない」という言葉の中に、ブリタニカ崩壊の兆候が見て取れる。しかし1985年には、これは同社にとって完璧に合理的な声明だった。マイクロソフトの提案を受け入れないことには、いくつかの強い動機があった。そのひとつは、営業スタッフの反発に対する恐れである。彼らは紙版のブリタニカ百科事典がもたらす、多額の手数料を当てにしていた。もしデジタル版が低価格で販売されるようになれば、紙版とのカニバリゼーションが起き、ブリタニカにとって最も重要な資産である、十分なトレーニングを受けた営業担当者たちが去って行ってしまうだろう。ブリタニカはまた、デジタル版がオモチャのように受け取られ、同社が長年築き上げてきた権威のオーラが失われるのではないかと恐れていた。さらに当時の家庭用コンピューターは、マニア向けのぜいたく品であり、ブリタニカが評判を傷つける恐れのある賭けに出るほどの存在ではなかったのである。この一件を扱った2009年のケーススタディ「ブリタニカ百科事典の危機」（ノースウェスタン大学のケロッグ経営大学院によるもの）において、シャイン・グリーンスタインとミシェル・デヴェルクスは、マイクロソフトの提案を受け入れることが魅力的に感じられない、もうひとつの理由を挙げている。

ブリタニカにとっては、マイクロソフトのように若く、実績のない会社と一緒にリスクを取ったり、彼らとの競争を恐れたりする理由はなかった。けっきょくのところ、ブリタニカは百科事典市場のトップエンドを支配し、他社よりも高いプレミアム価格を設定して、安定した利益を手にしていたのである。ブリタニカの企業文化は強まり、百科事典は大きなリターンをもたらしていた。事実、同社の元従業員のひとりは、「金の卵を産むガチョウを台無しにしてしまうような人がいたら、撃ち殺されていただろう」と指摘している。[12]

しかし、最終的にブリタニカは、デジタル版百科事典の潜在的な価値を認め、そこにおける競争相手も認識した。最初に登場したのはグロリエで、同社は1985年、テキストのみのデジタル版百科事典を発表した。その頃までにマイクロソフトも、独自のマルチメディアCD-ROM版の開発に専念していた。マイクロソフトの提案をはねつけてからほどなくして、ブリタニカはマルチメディアCD-ROM版百科事典の開発を始めたが、そのベースとなったのは同社の主力製品ではなかった。代わりに使用されたのは、コンプトンである。これは学校や学童向けの参考書として使われることを想定しており、比較的低価格で、それほど評価も高くなかった。

その結果、1991年にPC版とMac版のCD-ROMで発売されたのが、コンプトン・マルチメディア百科事典である。しかし、いったいこの製品は何なのだろうか？　ブリタニカにもよくわかっていなかった。同社は紙版の百科事典を購入した顧客に、CD-ROMを無償で配布することにした。そうすることで、これが紙版の製品の「販促物」に過ぎず、紙版の売上に悪影響を及ぼすものではないと、戸別訪問を行う営業スタッフを安心させたのである。しかしブリタニカは、一般の消費者に対して、デジタル版コンプトンを895ドルで発売した。それはこの新しい百科事典が、実際にはハイエンドの紙版百科事典に競合する存在であることを示していた。この二重のアプローチは、どちらの面でも失敗に終わる。百科事典の所有者は、無料で配布されたコンプトン・マルチメディア百科事典に何の価値も見出さず、興味も示さなかった。そして一般の消費者は、895ドルという値付けを、二流の百科事典に対するものとしては高過ぎると感じた。その後、何度か価格の引き下げが行われたが、消費者の関心を引くまでには至らず、ブリタニカは1993年までに損切りを決断する。そしてコンプトン・マルチメディア百科事典と、それを手掛けていた同社のニューメディア部門を、シカゴ・トリビューンに売却した。ブリタニカ自体は、紙版の百科事典をインターネットに置き換えたオンライン版に専念することを決め、それを「ブリタニカ・オンライン」と名付けた。ところがその一方で、紙版の売上が下落を始め、1991年の6億5000万ドルから1993年の5億4000万ドルへと減少する。1993年には、マイクロソフトのCD-ROM版百科事典「エンカルタ」も発売された。

マイクロソフトはブリタニカに提案を断られ、その後ワールド・ブックにも拒絶されていたが、瀕死の状態にあったファンク&ワグネル百科事典の権利を手に入れていた。紙版百科事典市場の観点からすると、ファンク&ワグネル百科事典のテキストはブリタニカ百科事典に対して著しく劣っており、評価も同様に低かった。しかし新しい市場においては、そのテキストには大きな優位性があった。それはモジュール形式で整理されており、ブリタニカ百科事典のボリュームのあるテキストよりも、デジタル化、検索、ハイパーリンク化に、はるかに適していたのである。それはマイクロソフトが、短期間でCD-ROM版百科事典を生み出せることを意味していた。マイクロソフトは「ファンク&ワグネル」という名前も廃止し、この新しい製品を差別化することに注力した。その手段として彼らが採用したのは、テキストに加えてグラフィックスと音声を活用すること、検索技術に投資すること、リンクを設定して、テーマを次々にジャンプしていくデジタルユーザーの性質に応えること、そして最近の出来事に合わせて、頻繁に内容をアップデートしていくことである。マイクロソフトは品質と評判でブリタニカと勝負しようとしたのではなかった。代わりに彼らが武器にしたのは、映像や検索、ハイパーリンク、コンテンツの頻繁なアップデートといった、新しいメディアが持つ力だった。それによりマイクロソフトは、百科事典の概念を広げ、その潜在顧客も拡大しようとしたのである。エンカルタは家庭用コンピューター上で親と子供が使う、家庭向けの製品であり、価格はたったの99ドルだった。この新しいアプローチは功を奏した。エンカルタは初年度だけで35万枚売れ、翌年には100万枚売れた。

危険を察知し、さらに紙版百科事典の売上減少という事実に直面したブリタニカは、1994年にようやく主力商品のCD-ROM版を製作することを決定する。しかしそれは、営業スタッフからの反発を招き、デジタル版は紙版とカニバリゼーションを起こすのではないかという議論が繰り返されることとなった。そこでブリタニカは、コンプトン百科事典に関する戦略を修正し、ブリタニカ百科事典のデジタル版を、紙版の所有者には無料で配布、一般の消費者には1200ドルで販売することにした。しかしこのアプローチも失敗に終わる。消費者はこの価格に尻込みし、結局2年後には、ブリタニカはCD-ROM版を200ドルで売るようになっていた。それでも同社は、エンカルタに太刀打ちできなかった。エンカルタはさらに安く、より使っていて楽しい製品となっていたからである。

エンカルタのコンテンツと評判は、ブリタニカ百科事典のそれに匹敵してはいなかった。ただそれは、既存の紙版百科事典市場における基準に照らし合わせての話であった。多くの人々にとって、エンカルタは十分に期待水準に達する製品であり、特にデジタル版百科事典が提供する新しい価値、すなわちグラフィックや音声、検索などを考慮した場合には、それは優れた製品と言えたのだ。

1996年までに、ブリタニカ百科事典の売上は3億2500万ドルにまで下落した。たった5年前に記録した数字の半分である。ブリタニカ・オンラインという、極めて未来志向で大胆な試みであり、さまざまな技術的困難を乗り越え、ブリタニカ百科事典の全4000万語をオンライン化したサービスですら、凋落《ちょうらく》に歯止めをかけることはできなかった。その年、ブリタニカのジョセフ・エスポジートCEOは、後悔の念とともに、事業を1億3500万ドルでスイス人投資家のヤコブ・サフラに売却した。しかし彼も、ブリタニカの運命を変えることはできなかった。2012年、ウィキペディア（専門家やプロの編集者ではなく、一般のユーザーがコンテンツをつくり出すオンライン百科事典）の人気の高まりに直面したブリタニカは、紙版の百科事典の販売を停止することを発表した。200年以上にも及ぶブリタニカ百科事典の歴史は、こうして幕を閉じることとなった。

◇◇◇

なぜブリタニカは、百科事典市場の変化に対応できなかったのだろうか？　ブリタニカは押しも押されもせぬ百科事典業界のリーダーであり、最も尊敬されるブランドで、そのコンテンツには権威があり、強力な営業部隊を擁していたはずだ。なぜブランド力がなく（エンカルタ）、コンテンツも劣り（ファンク&ワグネル）、営業部隊も持たない製品が市場に参入したぐらいで、ブリタニカはリーダーの座を追われることになったのだろうか？

その答えは、ブリタニカが直面していたビジネス上の変化が、ひとつだけではなかったという点にある。複数の要因が組み合わさった結果、それまでの市場構造と販売モデルが一変することとなったのである。

第1に、デジタル版百科事典の登場により、消費者に価値を提供する方法が変化した。ブリタニカの成功と市場支配力は、ライバルよりも多くの価値を消費者に提供できるという点からもたらされていた。その価値の源泉となっていたのが、高品質で権威のあるテキスト、コンテンツを選定する慎重な編集プロセス、読者の検索を助ける索引、そして「高価な百科事典が自宅にある」という事実から発信される社会的ステータスである。デジタル版百科事典は、こうした価値の源泉を持たなかったがそれらを著しく弱め、さらに新しい評価基準——デジタル配信、モジュール形式で理解しやすいコンテンツ、グラフィックと音声を利用したコンテンツ、最新情報の迅速なアップデート、ハイパーリンク、デジタル検索、そして「革表紙の本ではなく、コンピューターが家庭内にある」という事実から発信される社会的ステータス——を市場に持ち込んだのである。

ブリタニカに危機をもたらした第2の要因は、市場における販売モデルの変化、つまり利益率の高い直販モデルから、利益率の低い小売店販売モデル（そこではしばしば、まったく新しい製品である家庭用コンピューターにコンテンツがバンドルされたり、その販促物として無料で提供されたりした）への移行である。

第3の要因は、紙版の百科事典という、既存市場でのブリタニカの成功だ。成功した企業は、成功したビジネスプロセスを再現し、維持することでますます成功していく。ブリタニカにとって、それは直販モデルへの傾倒を意味した。誰が会社を経営し、責任ある立場へと昇進していたか？　それは成功した営業スタッフだった。その結果、新たなコンテンツ販売方法が現れても、ブリタニカのトップたちはそれを確立された、収益率の高い直販戦略に対する脅威としか見なさなかったのである。

第4の要因は、市場支配力の急速な変化である。既存プレイヤーにとって、変化に遅れて反応することは、必ずしも悪いことではない。経営者は忙しく、新しいビジネスチャンスに常に直面していて、リスクが高く、成功するかどうかは未知数で、品質が低く（少なくとも既存の市場における標準から見た場合）、既存のビジネスモデルより利益率が低いものにすぐに飛びつかなかったからといって、彼らを責めることはできない。マット・マークス、ジョシュア・ガンズ、デビッド・シューによる最近の研究によれば、多くの場合、既存企業は新しいイノベーションに対して「様子見」戦略を採用するのが最も望ましい。つまりどのイノベーションが上手くいくかの判断を市場競争にゆだね、それから成功したイノベーターを買収したり、彼らとパートナーシップを結んだりするのである[13]。これは確かに、多くの状況において有効な戦略だ。しかし、新規参入者が市場で急速に力を得て、既存企業の資産がパートナーシップを組むほどの価値を持たなくなる場合、この戦略は機能しない。それこそまさに、ブリタニカに起きたことである。歴史の皮肉と言うべきか、1996年にエスポジートがブリタニカを売りに出した際（当時は百科事典業界で最大の編集スタッフを抱えた、600億ドルの会社だった）、彼はマイクロソフトにも興味があるかと声をかけていた。しかしマイクロソフトの答えはノーだった。

この事例は、娯楽系のコンテンツビジネスにも関係があるのだろうか？　非常に関係している、と言わざるを得ない。本書の後半において、この業界が直面している「パーフェクト・ストーム」について扱う。技術的変化（ロングテール型の市場、デジタル窃盗、コンテンツと配信に対するアーティスト側の力の向上、データドリブン・マーケティングの登場）によって、この業界も、ブリタニカが苦しんだのと同じ脅威に直面しているのだ。そうした脅威には、顧客に価値を提供する新しいプロセス、その価値を確保する新しいビジネスモデル、そして既存企業が判断を求められる、確立されたビジネスの保護と新しいビジネスチャンスの追求の間でのトレードオフが含まれる。そして最終的には、彼らはさらに大きな脅威に直面する。それは、この業界におけるコンテンツの創造に積極的な役割を演じるようになっている、また顧客の関心（アテンション）と顧客データ（これらは市場支配力の重要な源泉になりつつある）のコントロールを手中に収めている、新しい流通業者だ。

これらの脅威のいずれも、個々に考えた場合には、この業界における確立された構造に大きな影響を与えることはない。しかし、それらが組み合わされたとき、変化のパーフェクト・ストームが生まれる。それは、これまでこの業界が依拠してきた利益と市場支配力の源泉を弱体化させ、新しい源泉をもたらす。既存企業は、その新しい源泉に上手く対応できていない。しかしこの業界にパーフェクト・ストームの喩えを使ったからといって、この業界がグロスターの漁師や、ブリタニカの営業部隊と同じ運命をたどるとは限らない。私たちはこの業界の未来を楽観している――その関係者が本章で議論した脅威を理解し、それに対応しようとするならば。

しかし、それにどう対応するかの話を始める前に、これらの脅威の性質を、より詳しく理解する必要がある。次の章では、企業が、この市場で成功するための新しい方法について解説する。それは顧客とのつながりと、そのデータを利用して、消費者に価値を提供する新しいプロセスを開発するというものだ。

第2部

チェンジズ*

*【デヴィッド・ボウイ『チェンジズ』より*5】

第5章

大ヒット*とロングテール

コンテンツ流通が多様化した時に起きること

映画に2億ドルを投資できる組織は、世界中でもほとんどありません。それが当社の競争優位です。

——アラン・ホーン（ウォルト・ディズニー・スタジオ会長）、*Blockbusters: Hit-Making, Risk-Taking, and the Big Business of Entertainment* (Holt, 2013)（邦訳『ブロックバスター戦略——ハーバードで教えているメガヒットの法則』アニータ・エルバース著）より

ユーチューブに投稿されている他愛のない動画を、テレビドラマ『ザ・ソプラノズ』の脅威になどならないと片づけてしまうのは簡単だ。（中略）しかし一般的なテレビ番組を制作する予算のごく一部でできてしまうような、手の込んでいない作品を見る視聴者も存在する。

——クリス・アンダーソン、*The Long Tail: Why the Future of Business Is Selling Less of More* (Hyperion, 2006)（邦訳『ロングテール——「売れない商品」を宝の山に変える新戦略』）

*【原書では "Blockbusters"】

冒頭に掲げたのは、最近のビジネス書からの引用だ。クリス・アンダーソンの *The Long Tail*（邦訳『ロングテール』）と、アニータ・エルバースの *Blockbusters*（邦訳『ブロックバスター戦略』）である。テクノロジーがいかにエンタテインメント・ビジネスを変えつつあるのかに関する議論で、この2つは対立する意見として引用されることが多い。雑誌ワイヤードの元編集長であるアンダーソンは、オンライン販売チャネルの能力向上（いわゆるロングテール）によって、消費は少数の「ヒット商品」によって独占される市場から、多くのニッチ商品が成功する市場へとシフトし、娯楽系コンテンツビジネスを営む企業は、この新しい現実に合ったビジネスモデルとマーケティング戦略を採用すべきと論じた。しかしハーバード・ビジネススクール教授のエルバースは、それとはまったく異なる見解を示した。彼女はケーススタディや市場の統計情報、この業界の経営幹部に対するインタビューに基づき、この業界における利益の大部分は常に少数の大ヒット作から生まれ、新しいテクノロジーはそうした大ヒット作の重要性を減らすのではなく、むしろ増やしていくだろうと論じたのである。

私たちは、アンダーソンとエルバース双方の研究に敬意を払っている。しかし本章で解説するように、彼らは間違った問いに意識を向けてしまっていると考えている（少なくとも、技術的な変化がいかにこのビジネスにおける市場支配力に影響を与えるか、という観点においては）。当然ながら、ロングテール商品は「大ヒット作」依存のビジネスモデルの脅威にはならない。ロングテール商品は本質的に、ごくわずかな人々しか買おうとしない商品であり、[1] あまり知られていない商品を多数用意して大規模な市場をつくるビジネスを目指すというのは難しい。しかしロングテール商品が大ヒット依存ビジネスモデルの脅威にならないとしても、「ロングテールプロセス」については脅威になると考えられる。

それこそ本章のテーマだ。これを解説するために、顧客に対して娯楽系コンテンツの選択肢を増やす上で、テクノロジーが果たしている役割に焦点を当てる。そしてビジネスにおいて重要な2つの質問を投げかける。それは「新しい娯楽系コンテンツの選択肢は、どのようにして消費者に価値を生み出しているのか？」、そして「企業はいかにしてその価値を手にすることができるのか？」である。

◇◇◇

インターネット上の市場は、どのようにして消費者に価値を生み出しているのだろうか？　もし1990年代後半にこの質問をしていたら、その答えは、「事業のコストを減らし、市場競争を促し、価格を引き下げる」というインターネットの力にフォーカスしたものになっていただろう。1998年から1999年にかけ、ネット通販の価格は、本当に既存のリアル店舗の同じ商品よりも安いのかを検証するため、私たちはエリック・ブリニョルフソンと協力してデータを集めた。リアル店舗とネット通販の双方で売られている、特定の本とCDの売上に注目して、15か月以上にわたり41の異なる小売業者から8500の商品の価格情報を集めたのである。その結果、オンラインの価格は、リアル店舗における価格よりも9～16パーセント低いことが判明した。これは消費者にとって、大きな経済的価値を生み出すものだ[2]。

私たちの研究では、ネット通販とリアル店舗の価格を比較することが可能だったが、ネット通販から消費者が得られる価値全体を測定する上では、大きな制約があった。私たちの研究におけるネット通販業者は、ほぼすべての書籍を品ぞろえしていたが、一般的なリアル店舗で在庫として抱えていたのは、1990年に発表された紙の書籍230万タイトルの中で、最も人気のある4万～10万タイトルだけだった。またCDの場合は、同じく1990年に発表された25万タイトルの中で、リアル店舗が在庫していたのは5000～1万5000タイトル程度だったのである。品ぞろえのない商品の価格を比較することはできないため、リアル店舗で扱いのない商品は、研究の対象から外さざるを得なかった。このように私たちは、比較的人気の高い商品が、ネット上で安く販売されることで、消費者が手にする価値を正確に測定することができたが、インターネットがより大きな価値をもたらしている可能性のある領域を無視する他なかったのである。つまりリアル店舗に並べるには人気の面から割に合わない、数百万タイトルの書籍やCDについても、それを簡単に見つけられるようになることで消費者が価値を手にする可能性だ。

オンライン上で無名の作品に出会えるようになることは、消費者にどのくらいの価値をもたらすのだろうか？　それほど大きくない、というのが多くの人々の意見だろう。消費者はリアル店舗で提供されている限定的な品ぞろえに、満足しているに違いないというわけだ。結局のところ、リアル店舗における書籍、音楽、映画の売上の大半を占めるのは、大ヒット作だ。これは単に、消費者の嗜好は自然と一定の作品に偏るという傾向を反映しているだけかもしれない。あるいは娯楽系コンテンツの経済的特徴（大ヒット作に有利なように働くと論じられている）を反映したものかもしれない。

ロバート・フランクとフィリップ・クックは1995年の著書 *The Winner-Take-All Society*（邦訳『ウィナー・テイク・オール――「ひとり勝ち」社会の到来』）において、娯楽系コンテンツを含む多くの市場は、人気の高い商品をますます人気にするフィードバック・ループを持っていると主張した。フランクとクックは、このフィードバック・ループができる要因として、次の3つが存在していると考えている。(1)人々は才能に惹きつけられる性質を持つ。(2)人々は友人や仲間が楽しんでいるのと同じコンテンツを消費したがる。(3)固定費が高く、限界費用が低い商品は、大量に販売されるとより大きな利益を生む。ウィリアム・マクフィーによる1963年の本 *Formal Theories of Mass Behavior*（『大衆行動の法則』、未邦訳）では、人気の商品が同様の性質を持つことを指摘し、あまり知られていない商品は市場において「二重の危険」に直面しており、したがっていつまでも認知度が低いままで留まる可能性があると論じている。消費者の大部分はその存在にすら気づいておらず、気づいていたとしても、それより優れた商品があることを知っている可能性が高い。

一方で、過去において娯楽系コンテンツの市場を少数の大ヒット作が支配していたとしても、その状態がずっと続くという意味ではない。これまで市場において、自然発生的に生まれたと思われていた人気の集中は、消費者の関心の限界によって生じたというよりも、実際には物理的なチャネルが持つ限界によって生じていたのかもしれない。結局のところ、見つけられないものを買うことはできない。消費者がこれまでよりも幅広いコンテンツの選択肢を与えられたとして（ちょうどインターネット上で実現されているように）、その結果、考えられていたよりもはるかに多様な趣味嗜好を持っていることが判明したら、どうなるだろうか？　こうした観点から考えると、マクフィーやフランク、クックの唱えた理論をこの市場に当てはめた場合、そこには大きな限界がある。製品の差別化について考えてみよう。経済学者は製品差別化について、「水平」と「垂直」という2つの主要な種類があると考えている。垂直的に差別化された市場では、広く合意が得られている「価値の順序」に基づいて、それぞれの価値に合わせた製品が提供される（BMWとシボレー、ヒルトンとホリデイ・イン、あるいはハードカバーとペーパーバックの関係について考えてほしい）。この分野でも、ジェイムズ・ジョイス【20世紀を代表する小説家】とE・L・ジェイムズ【官能小説で映画も大ヒットした『フィフティ・シェイズ・オブ・グレイ』等の著者】、グレイトフル・デッド【アメリカを代表する伝説的ロックバンド】とデッド・ミルクメン【アメリカのパンクロックバンド】、トム・ハンクスとその他大勢の間には、垂直に差別化された構造があると主張できるかもしれない。しかし議論の余地はある。

そこがポイントだ。多くの（おそらく大部分の）この市場の商品には、「広く合意されている価値の順序」は存在しない。こうした商品は、水平的に差別化された市場にあると考えることができる。したがって、フランクとクックの理論が「消費者は優れた才能に惹かれる性質を持つ」という点に依存し、マクフィーの理論が「認知度が低い商品まで知っている人々は、より優れた選択肢の存在を知っている」という点に依存している一方で、他人が好きな本や映画、音楽が、自分の好きなものよりも「優れている」あるいは「劣っている」と判断できる人など存在するだろうか？[3]

テクノロジーが人々の娯楽系コンテンツの消費のあり方を変えるという点を考慮した場合、フランクとクックの理論における2番目、3番目のポイントは、同様に問題をはらんだものとなる。人々は友人が消費したものを消費するのが好きだが、SNSが登場したことで、私たちはこれまでより幅広い友人グループからのお薦めを受けるようになった。それは人々の視野を広げ、これまで発見できなかったニッチな商品も見つけられるようになる可能性がある。また高い固定費と低い限界費用は大ヒット商品に有利ではあるが、デジタル技術によって多くの娯楽系コンテンツでは、制作費に占める固定費が減少しつつある。その結果、コンテンツが利益を生み出すのに必要な規模も、縮小しつつあるのだ。

基礎となる理論が揺らいでいる状況で、いったい何ができるだろうか？　それはデータの精査だ。まさにそれが、私たちがエリック・ブリニョルフソン、ユー・ジェフリー・フーとともに2000年に行ったことである。そこで得られた答えは明確だった――ニッチ商品にオンライン上でアクセスできるようになることは、消費者に莫大な価値を生み出すのだ。

この研究は、オライリー・ブックスの市場調査部門ディレクターであるマデリン・シュナップが考案したアプローチから始まった。シュナップは以前、オライリーが出版する書籍の、アマゾンにおける週次売上データを収集し、さらにアマゾンの商品ページに掲載されている売上の順位と比較した。そしてこのデータを使用し、あるタイトルに関するアマゾン上での売上の順位を与えると、そのタイトルの週間売上高をかなりの精度で予測できるモデルを開発したのである。私たちは同様の経験的アプローチと、ある出版社から提供されたデータセットを使用して、シュナップのモデルを再現することに成功し、オンラインの消費者が、あまり知られていないタイトルにも強い関心を示していることを確認した。私たちの計算では、分析の対象となった期間、アマゾンの売上の3分の1から2分の1が、大型のリアル店舗でさえも在庫がないようなタイトルからもたらされていた。

不人気なタイトルにもアクセスできるようになることで、消費者にどれだけの経済的価値がもたらされるかを算出するために、私たちはジェリー・ハウスマンとグレゴリー・レナードが開発した「新商品」の価値を測定するアプローチに注目した。このアプローチの主な長所は、消費者行動に関する理論的な見解や、認知度の高低を相対的に判断することに依存していない点だ。その代わりに、消費者が購入するものについての経済的現実、そしてそうした購入に際して消費者がいくら支払おうと思っているのかという、明らかになった意欲に焦点が当てられている。

ハウスマンとレナードのモデルを私たちの研究に当てはめた場合、あまり知られていない書籍に消費者がオンライン上でアクセスできるようになることの経済的価値は、2000年の時点で7〜10億ドルの規模に達していたという結果が得られた。これはオンライン上で価格が安くなることから消費者が得られる利益の、およそ10倍にあたる[4]。言い換えれば、オンラインの消費者にもたらされる価値を左右する主な要因は、彼らがリアル店舗ですでに購入できる製品を、数ドル安く買えることではなかった。むしろそれは、従来型のリアル店舗におけるビジネスモデルから漏れていた何百万もの商品を、発見し、評価し、消費するという、消費者が新たに手にした力からもたらされた価値だったのである。

２００８年、私たちは新しいデータを用いて、以前行った分析を再度行った。するとこの価値が、２０００年代に増加していたことが判明した。さらに２００８年の研究では、オンライン上でアクセスできる商品数の増加からもたらされる価値の上昇が、３つの変化によって生まれていたことがわかった。第1に、インターネットを通じた書籍販売が書籍の売上全体に占める割合は、２０００年の6％から２００８年の30％弱へと成長した。第2に、２００８年の消費者は２０００年に比べて、よりニッチなタイトルを購入する傾向が強まった。第3に、２００８年の消費者は、書籍に関してより多くの選択肢を持つようになった。一年間に発行される紙版の書籍のタイトル数は、２０００年の約12万２０００点から[5]、２００８年の56万点へと着実に増加しているのである[6]。私たちの研究では、これらの変化が組み合わさった結果、商品の種類が増えたことで消費者にもたらされる価値が、２０００年から２００８年にかけて5倍となり、年間40～50億ドルに達するようになったことが示された。さらにルイス・アギアルとジョエル・ウォルドフォーゲルが行った最近の研究では、こうした数字は、オンライン上で買える商品の種類の増大がもたらす「真の価値」を過小評価している可能性があることが示唆されている[7]。その理由は、第2章で解説したように、どの商品が大ヒットするかは誰にもわからないためだ。出版社やレーベル、映画会社は、ヒットを予測しようと最善を尽くしているが、それを完璧に行うことはできない。その結果、新たなテクノロジーによってこれまで無名だったアーティストへのアクセスが生まれると、そうしたアーティストたちの一部（もしくはその多く）は、業界のリーダーたちを驚かせるような売上を達成し、売上の分布におけるしっぽの位置ではなく、頭へと躍り出ることになる。

アギアルとウォルドフォーゲルは、新しい音楽による価値創造を分析することで、自分たちの理論を検証した。まず彼らは、テクノロジーの変化によって、新しい種類の音楽が爆発的に生まれ、録音された音楽を売るタイプの商品について、新たな商品の数が２０００年から２０１０年にかけて3倍に増加したことを確認した。そして彼らの理論を適用し、そうした新しい商品の増加によって生み出される経済的価値は、ロングテールから大ヒット作が生まれる可能性を考慮した場合、15倍に増加することを示したのである。

こうした効果が、ロングテールの「しっぽの先」にまで及ぶのかどうかという疑問を感じたかもしれない。たとえば古本屋の棚に何年も眠っているような、本当に埋もれたタイトルについても、同じことが言えるのだろうか。これはまさに、マクフィーの理論において、価値を提供できないと予想されている種類の製品だ。そしてアニータ・エルバースも、同じ見解を示している。２００８年にハーバード・ビジネス・レビュー誌に掲載された論文「ロングテールの嘘」において、彼女はマクフィーを引用しながら、次のように述べている。「『珍しい本を見つけたら嬉しくなるだろう』と考えているかもしれないが、実際には、知名度が低ければ低いほどそのタイトルが評価される可能性も低くなる[8]」

この現象は、データ上で確認できるだろうか？　グレン・エリソンとサラ・フィッシャー・エリソンが最近発表した実証論文は、この問いに一定の答えを与えてくれる。エリソンらは、古本のオンラインマーケットが生み出す経済的価値について研究した。彼らがそうしようと考えた理由のひとつは、知名度の低い絶版本を探すという経験をしたためだった。

数年前、著者のひとりは、医薬品市場に関する30年前の書籍を探していたのだが、ＭＩＴの図書館は所蔵していなかった。この本は長く絶版状態になっていて、リアル店舗で古本を探すのは、干し草の山から針を見つけるようなものだった。しかしアリブリス【米国の古書店が共同で立ち上げている、古書のオンラインマーケットプレイス】でさっと検索しただけで、4〜5冊の在庫を見つけることができた。そのひとつを約20ドルで購入すると、すぐに手元に届いた。届いた本の表紙裏には、鉛筆で75セントと書かれ、その後消された跡があった！明らかにこの本は、どこかの古本屋の棚で何年も放置されていたのだろう。それに気づいたお客がいたとしても、75セントすら払おうとは思わなかったはずだ。しかしこの本が必要だった著者は、喜んで20ドル払ったし、もっと払っても良いと感じたくらいだ。[9]

エリソンらは、同じことがほかのニッチな書籍でも起きる可能性を検証するために、ネットの店舗とリアル店舗の両方から古書の詳細な価格データを集めた。そのデータを分析した結果、オンライン上で入手可能な、数百万タイトルの知名度の低い古書の中から、適切な一冊を見つけ出す能力が、消費者と書店の双方に大きな経済的価値を生み出すことが示された。簡単に言えば、消費者の大部分から評価されていないような製品であっても、適切な消費者に発見されれば、彼らを大いに喜ばせることができる（それを経済学者は経済的価値と捉える）のである。[10]

◇　◇　◇

研究を通じて判明したように、知名度の低い多くの商品の中から、消費者が自分の好みに合うものを見つけ出せるようになることが大きな経済的価値を生むのであれば、人々と商品のマッチングを行うことのできる企業に、いくつものビジネスチャンスがもたらされるだろう。しかしその価値を手にするためには、企業はまず、経済的価値を生み出しているビジネスプロセスを特定しなければならない。情報技術の力を得た市場（そこでは棚のスペースが限られているリアル店舗には在庫がなかった商品でも、発見して楽しむことができる）の特徴は何だろうか？　私たちはそれを把握するために、主要ビデオレンタルチェーンのリアル店舗およびネットの店舗からデータを収集していた、アレハンドロ・ジェントナーとジュネイド・カヤの協力を仰いだ。彼らのデータによれば、最も人気のあるＤＶＤ１００タイトルが売上全体に占める割合は、リアル店舗では85％に達したのに対し、ネットの店舗では35％にとどまった。これは一体なぜだろうか？　ネットの店舗の顧客が、バラエティの充実と検索機能によって、これまで無名だったタイトルに興味を示すようになったからか？　あるいは単に、リアル店舗ではなくネットの店舗を選ぶ消費者の性格に関係しているるだけだろうか？　この問いに答えるために、あまり知られていない商品に対する消費者の関心とは無関係な形で、彼らをリアル店舗からネットの店舗に移行させるような出来事を見つける必要があった。そしてちょうどそのような出来事が、ある小売業者が地域の店舗の多くを閉鎖し始めたときに発生したのである。

どの店舗を閉鎖するかの判断は、その地元の消費者が商品の種類の豊富さに対して抱く関心とは無関係に行われる。[11]そのため私たちは、あるビデオレンタル店が閉鎖され、在庫が限定されたリアル店舗から、選択肢が豊富なネットの店舗へと強制的に移行させられた出来事を利用して、個人の消費パターンがどのように変化したのかを切り出して捉えることができた。そこから得られたデータは、消費者が幅広い商品にアクセスできるようになると、彼らは大ヒット作を借りる傾向がずっと低くなり、リアル店舗では手に入らなかった、無名のタイトルを借りる傾向がずっと高くなることを示していた。

しかしこの変化は、供給（消費者がリアル店舗では手に入らなかった商品にアクセスできるようになる）と需要（オンラインの検索・発見ツールによって消費者が新しい商品を見つけやすくなる）の両方が原因となり得る。これら2つの効果を分けるには、供給と需要の一方を固定して、もう一方を変化させてみる必要があったが、それは私たちのデータだけではできなかった。しかし幸運なことに、ブリニョルフソン、フー、シメスターは、別のデータセットを調べることでそれに成功した。[12] 彼らは女性服の小売業者に関して、オンラインの顧客と紙のカタログの顧客の行動の違いを分析した。その小売業者は、ネットの店舗とカタログの両方で、同じ商品ラインナップを用意していた（つまり供給側は固定されていたわけだ）。彼らは分析の結果、ニッチ商品における売上増加の大部分が、需要側に起因するものであることを確認した。つまりオンライン市場の技術的特性は、供給側に変化がなくても、消費者をニッチ商品へと誘導する可能性があるのだ。

その後の研究で、ニッチ商品の売上を増加させる可能性のある、オンライン市場における特定の技術的特性がより詳細に調査された。消費者が知名度の低い商品を評価する上で、ピアレビューが果たす役割を考えてみよう。初期の流行を生み出す人が、「ひとり勝ち商品」に有利なように市場に影響を与えるため、「仲間による推薦」で特定の商品への売上がさらに集中すると主張する者もいる。しかし前述のように、ピアレビューは消費者に新たな視点をもたらし、最終的によりニッチな商品の購入を促す場合もある。それこそ、ガル・ウストレイヒャー‐ジンガーとアルン・サンダララジャンが、アマゾンの商品推薦ネットワークから集められたデータの分析を通じて発見したことだ。彼らが手にしたデータは、アマゾンの２００以上の書籍カテゴリーにおける商品の相対的な人気を分析することを可能にしていた。その結果彼らは、仲間による推薦の影響をより受けやすいカテゴリーでは、消費における多様性がずっと高くなることを発見したのである。具体的には、仲間からの影響のレベルが倍になると、最も人気の低い商品（商品全体の20%）の相対的利益が約50%増加し、最も人気の高い商品（商品全体の20%）の相対的利益は約15%減少した。[13]

「勝者総取り」という状況を変える別の要因は、オンライン市場で消費者が利用できる製品情報の量だ。消費者が商品に関する独自の情報をほとんど持っていない場合、彼らは群衆に従い、他人が消費しているのと同じものを選ぶことが多い。社会科学者が「群衆行動」と呼ぶこの現象は、多くの研究論文において論じられている。

しかしそうした研究の大部分は、消費者が自分の評価しようとする商品に関する外部の情報をほとんど持たない、人工的な環境で行われている。そこで私たちは、消費者が簡単に外部の情報を得られる現実の市場においても、群衆行動が見られるのかを調査することにした。そのために、私たちは大手ケーブルテレビ会社と提携して、彼らの販売プラットフォームを使って実験を行った。同社のビデオオンデマンドサービスに、他の消費者の最近の評価に基づいて、最も人気の映画を表示するという新しいメニューを追加したのである。デフォルトの設定では、このメニューはこれまでのユーザーから獲得した「いいね」の数に、上位から15本の映画を表示する。しかし実験の期間中、私たちはこのリスト上にある2本の映画の順番を入れ替えてみた。もしユーザーの行動が群集の意見によって強く影響されるのなら、彼らは映画が獲得した「いいね」の数に関する不正確な情報を信じて、人為的に上位に置かれた作品はそのまま上位に留まり、より視聴者や露出が増えてさらに人気を獲得するだろう。

私たちは2012年12月から、6か月間この実験を行った。この期間、設置された実験メニューから、2万2000人のユーザーが映画を購入した。その結果、長期にわたる群衆行動が存在する証拠はほとんど見られなかった。ある映画の「いいね」の数が、実際より少なく表示されても、後から投稿されるユーザーからのレビューによって、その映画の順位はすぐ元通りになった。さらに、知名度の高い映画[14]の場合は、知名度の低い場合よりも元に戻る時間が短かった。[15]簡単に言えば、消費者はいま自分が評価しようとしている商品に関する外部の情報へのアクセスを持つ場合（これはまさに、数百万もの商品に関する情報を簡単に集めることのできる、オンライン上の消費者が経験していることだ）、群衆行動に従わない傾向が強くなることを、私たちの実験は示したのである。

商品の多様化、検索ツール・推薦エンジン・ピアレビューの進化、そして商品情報の増加により、オンライン消費者はますますニッチ商品に目を向けるようになっている。しかしもうひとつ、考慮しなければならない点がある。オンライン上の購買では可能となる匿名性が、オンライン上の消費者の制約を減らして、彼らの行動を変化させるかどうかだ。

アビ・ゴールドファーブ、ライアン・マクデヴィット、サンプサ・サミラ、そしてブライアン・シルバーマンは、この効果を「アルコールの購入」と「ピザの注文」という2つの文脈で分析した[16]（確かにアルコールとピザはコンテンツではないが、以下の説明を読み進めてほしい）。彼らは消費者がコンピューターのインターフェースを通じてアルコールを購入する際、カウンター越しに人間の店員に注文する際よりも発音しにくい商品を選ぶようになることを発見した。同様に、コンピューターインターフェースを通じてピザを注文する際には、電話で注文する際よりもカロリーが高い商品や、より複雑なトッピングを求めるようになった。ゴールドファーブらは、発音が難しい商品がオンライン上で増加するのは、消費者が「注文を間違えられたり、慣れていないと思われたりすること」を恐れているからではないか、また対面で注文する際に複雑なトッピングや、高カロリー商品の注文をしたがらないのは、消費者が「食生活に対する社会的な嫌悪感」や「迷惑をかけたり普通ではない行為をすることに対する社会的な嫌悪感」を抱かれないかと不安に感じているからではないかと論じている。

アルコールやピザは、コンテンツとどのような関係があるだろうか？　アルコールとピザがお互いを補完する関係にあることは明白だが、それだけでなく、「オンライン上で社会的な制約が取り払われたときに、消費者がコンテンツの選び方をどう変化させるのか」を理解するのに、アルコールやピザの例が参考になる。キャサリン・ロスマンは、2012年にウォールストリートジャーナル紙に掲載された「カバーを見られずに済むとき、女性はどんな本を読むのか」という記事において、この点を示している。その中で彼女は、特定のジャンルに対する需要が、近年増加していることについて解説した。「アダルト系は、以前は見つけづらかった」と彼女は記している。「チェーン店や独立系の書店では数冊のタイトルを置いているかもしれないが、それは隠されており、在庫数も少ない」。アマゾンのキンドルといった、電子書籍リーダーが提供する匿名性は、この状況を一変させた。E・L・ジェイムズによる小説『フィフティ・シェイズ・オブ・グレイ』のような、ロングテール商品の成功を考えてみよう。

この文章を読んで、おやっと思ったかもしれない。結局のところ、フィフティ・シェイズ・オブ・グレイはロングテール商品ではないからだ。同書は50以上の言語に翻訳され、1億部以上が販売されており、映画化もされた。典型的な大ヒット作じゃないか！そう、その通りだが――実は正しくない。多くの点で、フィフティ・シェイズ・オブ・グレイは典型的なロングテール商品だ。この作品は伝統的な出版社によって拒否された後、自費出版の電子書籍として出版された。もしオンラインコミュニティの熱狂的なファンによる宣伝がなければ、それが世間に知られることはなかっただろう。

つまりこの点が問題なのだ。フィフティ・シェイズ・オブ・グレイをはじめとした多くの商品が、ロングテールと大ヒットの両方の要素を持っているのである。これら2つのカテゴリーを理解するためには、少なくともテクノロジーによる娯楽系コンテンツビジネスの変化をつかむ場合、商品そのものだけでなくプロセスにも焦点を当てる必要がある。

◇◇◇

2000年、私たちは消費者がオンライン市場からいかに価値を得たのかについて、独自の調査を行った。その際、研究の焦点は、売上の構成比や、売上において知名度の低い商品が占める割合には当てられていなかった。消費者がリアル店舗では見つけることのできなかったタイトルを発見し、購入することを可能にする、オンラインのプロセスによって創造された価値の量を測ることが、目的を達成するための手段だったのである。

しかしいま、議論はプロセスから商品そのものへとシフトした。アンダーソンが2004年にワイヤード誌で発表した、ロングテールに関する記事は、ある月に少なくとも1部を売り上げる商品の割合について解説することに多くの分量を費やしている。一方でアニータ・エルバースが2008年にハーバード・ビジネス・レビュー誌に掲載した論文は、エンタテインメント商品の売上の大部分が、最も人気の商品トップ10%、あるいは購入可能な商品のトップ1%に集中していることを示している。その後にハーバード・ビジネス・レビュー誌上で行われたアンダーソンとエルバースの議論では、ロングテール商品を定義する際、リアル店舗で取り扱われているタイトルの絶対数を用いるべきか、それともオンラインで購入可能なタイトルの総数に対する比率を用いるべきかどうかが論じられた[17]。

しかし本章の冒頭で述べたように、商品そのものではなくプロセスこそ、ロングテール市場の影響を評価する際に、コンテンツビジネスが注目すべきであると私たちが考えるものだ。売上の分布において末端の領域がどのくらい平坦か、あるいは売上全体においてテール、もしくはヘッドの占める割合がどの程度になるかが、本当に重要なのだろうか？　答えはノーだ。ロングテール商品かどうかを、市場の在庫能力の相対的あるいは絶対的な尺度に従って定義することが、本当に重要なのだろうか？　これもノーだ。私たちが重要だと考えているのは、消費者がそうしたロングテール商品から価値を手にすることができ、またこの価値を獲得するのに必要なプロセスは、これまで娯楽系コンテンツビジネスが大ヒット作から価値を獲得するために頼ってきたプロセスとは異なるという点だ。

第2章で議論したように、大ヒット作から利益を上げるため、この業界が活用しているこれまでのプロセスは、専門家が「どの商品が市場でヒットしそうか」を判断することからスタートする。専門家が判断を行うと、企業は稀少な資源である販促と流通の経路に対する支配力を行使して、自分たちの商品をマスマーケットに投入する。要するに、このプロセスはキュレーション（どの商品を市場に投入するかを選ぶ能力）と支配力（選んだ商品をプロモーションし、流通に乗せるために必要な資源を支配する能力）に依存しているのだ。

ロングテールのビジネスモデルでは利益を得るために、これとはまったく異なるプロセスが使用される。ロングテール商品（アマゾンやネットフリックス上でアクセスできるような）は、消費者に選択肢（消費者が幅広い商品にアクセスできるプラットフォームを構築する）と満足感（データやレコメンド・エンジン、ピアレビューなどを活用して、消費者が幅広い選択肢から、消費したいものを消費したいときに発見することを可能にする）を提供することに依存している。そこでは、市場においてどの商品が前列に並ぶのかを消費者が決め、テクノロジーが支援するプロセスが、人間のキュレーターを代替しているのだ。それが可能になったのは、商品が並ぶ棚のスペースと、販促を行う能力から稀少性が失われたためだ。このモデルにおいて稀少な資源、そして企業がそれをめぐって競争しなければならない資源は、根本的にまったく異なるものである。それは消費者の注目と、彼らの好みに関する知識だ。

注意してほしいのは、私たちは「ロングテール商品が大ヒット作を置き換える」と主張しているのではないという点だ。そうなることはない。しかしロングテールのプロセスは、ロングテール商品だけでなく、大ヒット作も生み出すことができると私たちは考えている。たとえばネットフリックスは、誰も注目しないような作品を見ることを可能にしているだけでなく、『ハウス・オブ・カード』や『オレンジ・イズ・ニュー・ブラック』といったヒット作を自ら生み出している。この組み合わせは非常に強力だ。ネットフリックスや、同じ仕組みを展開することに成功している他の企業は、多様なコンテンツを提供する統合デジタルプラットフォームを構築することで消費者の注目を獲得することができ、また自社の独自データを利用して、市場においてどのコンテンツがヒットしそうかを予測することができ、さらに自社が持つ、過去に類を見ない、消費者との直接的なつながりを利用して、コンテンツをそれに興味を持ちそうな顧客に直にプロモーションすることができる。もしあなたが出版業界、音楽業界、映画業界におけるメジャー企業に勤めているのならば、ロングテールから直面するリスクは、売れ行きの悪い商品から発生するものではない。あなたにとってのリスクは、ロングテール商品を専門とする企業がプロセス、つまりプラットフォーム、データ、顧客とのつながりを最適化し、大ヒット作が市場で価値を獲得することを困難にする可能性から生まれる。ロングテールのプロセスは、大ヒット作依存のビジネスモデルにどのような脅威をもたらすのだろうか？　テクノロジーの変化による複合的効果を、次の4つにまとめてみよう（それぞれ詳細は続く章で解説する）。

1. デジタルの海賊行為は、価格差別を利用して個々の娯楽系コンテンツを販売するビジネスモデルの収益性を低下させ、また消費者に「ひとつのサイト内で幅広い商品にアクセスできる」という期待を抱かせて（そしてそれを要求するようにさせて）しまう（たとえばストリーミングビデオにおけるネットフリックス、音楽におけるiTunesやスポティファイ、書籍におけるアマゾンのように）。
2. テクノロジーは、これまで大きな権限を持たなかったアーティストたちに、彼らのオーディエンスたちや新しい制作のチャンスとつながる新しい手段を与える。その結果、消費者が楽しむことのできる娯楽系コンテンツの数は、爆発的に増加する。
3. ロングテールのプラットフォームは洗練されたデータドリブンのプロセスを開発し、消費者の好みを把握するのを可能にするのとともに、消費者自身が自分のニーズを満たすのに最適なコンテンツを発見することを助ける。そうしたプロセスはプラットフォームに対し、大きな顧客ロイヤルティと市場支配力をつくり出す。
4. こうしたデータとプロセスは、どの商品が市場でヒットしそうかを判断することと、そうしたコンテンツを顧客に対して効果的にプロモーションすることの両方の点で、娯楽系コンテンツビジネスにとって重要な資源となっており、したがってこのデータを支配する企業に対し、大きな競争力を与えている。

第6章 レイズド・オン・ロバリー*

知っているようで知らなかった海賊版の影響

（海賊行為を）止めることはできない。だからそれと競い合わなければならないんだ。

――スティーブ・ジョブズ[1]

海賊行為がなくならないことはわかっている。それに対処する最善の方法について、常に合意できるとも限らない。しかし観客とアーティストの双方にとってプラスとなるような、デジタルの未来に関するビジョンについては合意できる。そしてそうした未来は、海賊行為をどこまで減らせるかにかかっている。

――ルース・ビテール、ティム・リーグ、"Here's How Piracy Hurts Indie Film"（海賊映画がいかにインディペンデント映画を傷つけているか）、インディーワイヤー[2]

*【泥棒をして育つ、の意。ジョニ・ミッチェルの1974年発表 *Court and Spark* 収録の *Raised on Robbery* から取ったと思われる】

あなたが1980年代にインドの小都市に住んでいたとしよう。ある映画が見たいと思っても、大都市での封切りから2～3か月は待つ必要がある。ようやく映画が自分の住む町にもやってきて、あなたは劇場へと向かう。スクリーンひとつの地味な映画館だ。しかし自分の住む町では上映されなかったり、あるいは見逃してしまったりする可能性もある。そうなれば、数年後にテレビで放送されることを祈るだけだ。

1980年代半ばのビデオデッキの登場で、この状況は一変した。ビデオが普及して、レンタルショップが当たり前の存在になり、大きなビデオライブラリーを備えた「ミニシアター」が少額の料金で上映を行うようになった。インドの消費者にとって、たとえビデオの画質が三流だったとしても、この変化は素晴らしいことだった。この時彼らは、最新の映画や、お気に入りの古い映画を、いつでも好きなときに見られるようになったのである。インドにあったほぼすべてのビデオは海賊版だったが、それに何の問題があるのだろうか？　こうしたお手軽な海賊行為は誰にも害を与えない、だろう？

◇◇◇

海賊行為は決して、西側世界における新しい問題ではない（19世紀には、欧州の本の海賊版を生み出す最大の供給源となっていたのは、米国だった）。しかし20世紀にコンテンツビジネスが発展するにつれ、海賊行為の脅威と戦うという理由もあり、先進国では著作権法が厳格化された。たいていの場合、このシステムは機能した——少なくとも、大部分の消費者が法律に従い、より高品質で入手しやすい、合法な商品に対価を支払う意思を持っていた欧州と米国においては。しかし、貧しい発展途上国においては、大部分の人々が合法に商品を発見、購入するための資源を持たず、海賊行為が市場において支配的となった。

もちろん業界は不満の声を上げていたが、先進国において著作権が確立され、大きな利益も確保されている限り、経営者たちはぐっすり眠ることができた。結局のところ、録音された音楽や映画、書籍は物理的な商品であり、コピーするにはひとつひとつ作らなければならなかったのである。このプロセスには時間とコストがかかり、そのスピードと品質には自然と上限が生まれた。さらにコピーされた品を流通させるのにも、同様の上限が存在したのである。業界の視点から見た場合、海賊行為は違法で厄介なものだったが、海賊版を見つけるのは難しく、必ずといっていいほど品質に問題があり、金銭的な損害には一定の歯止めがかかっていた。

状況が一変したのは、１９９０年代である。第4章で解説した「パーフェクト・ストーム」――デジタルメディアの急速な成長、マイクロコンピューティングとモバイル技術の大幅な進化、インターネットの登場――が到来したのだ。デジタルファイルの完璧なコピーを製造・流通させることが、突如として可能になり、しかもそれは無料かつ簡単で、ありとあらゆる場所で行われるようになった。かつて自然に存在した「限界」はすべて消え去り、一夜にして、海賊行為は互いに絡み合った世界的な現象となった。１９９９年にナップスターが驚くべき流行を見せたことは、コンテンツビジネスに待ち受ける不吉な未来を予感させた。ある推定によると、ナップスターの登場後10年で、音楽の売上は57％減少した[3]。さらにビットトレントが人気を集めた２００４年以降の5年間で、ＤＶＤの売上は43％減少した[4]。

音楽業界は、デジタル海賊行為が自らの存在まで脅かす脅威であると主張し、ナップスターの閉鎖を求める法的キャンペーンを進めた。このキャンペーンは、２００１年に成功を収める。こうした法律上の勝利に基づいて[5]、コンテンツビジネスは結束し、米国の議員たちに対する働きかけを強めた。２０１１年、テキサス州選出のラマー・スミス下院議員は、オンライン海賊行為防止法案（Stop Online Piracy Act, ＳＯＰＡ）を提出した。彼曰く、これは「悪質なウェブサイトに金が流れることを止め、米国のイノベーションから生まれた収益が、米国のイノベーターへと還元される（ことを保証する）[6]」ための、一連の規制と罰則を導入しようとするものだった。テクノロジー企業とインターネット・アクティビストから驚くほどの反対を受け、最終的にこの法案は否決される。しかし、娯楽系コンテンツビジネスはデジタル海賊行為がビジネスにとって大きな脅威であるとの考えを変えなかった。

その一方で、多くのインターネット・アクティビストやテクノロジー企業のトップが、この考え方に反対を示した。彼らは言う。確かに世界中で大勢の人々が、タダで映画を見たり、音楽を聴いたりしているかもしれない。しかしそれが誰かに害を与えたという証拠はあるのか？　売上の減少は、消費者の嗜好の変化と、娯楽における選択肢の増加によるものとも考えられる。２００５年から10年にかけて、３００億曲が海賊行為の被害にあったとアメリカレコード協会（ＲＩＡＡ）は主張しているが[7]、違法ダウンロードを行った人々の大部分は、そもそも音楽にお金を払うことなどない人だった。また海賊行為によって露出の機会が増えることで、アーティストは自分の作品を新しいファンに発見してもらえるチャンスが広がる可能性がある。主要な報道機関は、すぐにそのようなメッセージを発信するようになった。ＣＢＣニュースは、２０１３年にＥＵの将来技術調査研究所が発表し、広く引用されるようになった、海賊行為に関する研究[8]を要約する形で、次のように記している。「この業界は、映画や音楽をオンライン上で共有することが、マーケティング上の恩恵と売上の上昇をもたらし、それがコンテンツの違法共有による売上の損失を相殺する場合が多いことに気づき始めている[9]」

こうした指摘は、初期に行われたいくつかの研究によって裏付けられている。早期の理論モデルでは、海賊行為によって業界に恩恵がもたらされる可能性があることが示された。その理由は、最も価格に敏感な消費者を、海賊行為が市場から取り除いたり、最初の顧客基盤を形成したり、市場における商品の普及や認知を後押ししたりするためである。[10] 著名な学会誌である *Journal of Political Economy* に掲載された、このテーマに関する最初の実証的論文のひとつでは、音楽における海賊行為が、合法な販売行為に影響を及ぼさないことが明らかにされた[11]。

したがって、実際には海賊行為はそれほど悪いものではないかもしれない。もしそれが、これまでにはあり得ない規模での口コミを実現し、新たな顧客をコンサートや物販へと集め、そして大幅に拡大された顧客の少なくとも一部を、彼らがこれまでタダで消費してきたコンテンツの合法版の商品を購入するように促すことで、全体としての消費を拡大するとしたら。そしてもし、コンテンツを発見するメカニズムとして有益な機能を提供する一方で、コンテンツビジネスに対してコンテンツの価格を下げ、それをより利用しやすいものにするよう圧力をかけているとしたら。それは企業の売上を増やし、社会に利益をもたらすのではないか？　それこそｉＴｕｎｅｓや他のデジタルダウンロードサービスで起きたことではないか？　さらに言えば、コンテンツビジネスは、新しいテクノロジーに基づく商品のシェアが、自分たちの利益に害を与えると常に文句を言ってきたのではないか？　そしてそれは、常に誤りであったことが証明されてきたのではないか？　なぜ今回だけが違うと言えるのか？

これらの問いは、同じ問いのバリエーションと言えるだろう。それはすなわち、「海賊行為は害を与えるのか？」である。まずは、それが製作者と消費者に影響を及ぼすのかを考えてみよう。

海賊行為は製作者に害を与えるのか？

一見すると、この問いは簡単に思えるだろう。消費者が音楽や映画の海賊版をタダで手に入れられるのであれば、当然ながら、彼らがお金を出すコンテンツの量は減るだろう。ナップスターの登場後に音楽の売上が激減したのは、それが理由だからではないのか？　それでは、図６・１を見て考えてほしい。これはアレハンドロ・ジェントナーが２００６年に発表したグラフで、１９９０年から２００３年にかけての、全世界における音楽売上の増減を示している。

１９９９年頃、明らかに何かが起きている。この年から売上が4年連続で下落し、約25％も減少した（ピーク時の４００億ドルから３１０億ドルへの下落）。売上の減少と、ナップスターの大流行が１９９９年に始まったことを考えると、デジタル海賊行為には合理的な疑いがかかるだろう。

しかし、ナップスターの台頭と音楽業界の売上減少の間に相関関係があるからといって、これらの間に因果関係があるとは限らない。売上の増減にはさまざまな理由があり、今世紀が始まる頃に何があったのかについては、ほかにも多くの説明が考えられる。たとえば１９９９年から２００３年にかけて、ブロードバンド回線が普及したことにより、消費者にはいくつもの新しいエンタテインメントの選択肢が与えられることとなった。彼らは簡単に、オンライン上で何時間もウェブサイトを見たり、ゲームで遊んだり、友人や見ず知らずの他人とおしゃべりしたり、ＳＮＳで過ごしたりして時間をつぶすことができるようになったのである。それは、彼らの限りある時間を削り、音楽や本、映画に費やされていた時間が減少する結果を招いた。図６・１で示されているような売上の減少をもたらしたのは、単なる消費者の余暇時間における過ごし方の変化であり、音楽の消費の仕方が変化したわけではないのかもしれない。あるいは売上が減少したのは、消費者が曲をアルバムという形でまとめてではなく、デジタル版を個別に購入するようになったことによる自然な結果かもしれない。そして、海賊版さえなければ消費者がもっとお金を出していたはずなどと、誰が言えるだろうか？学生は特に多くの海賊行為を行っているが（彼らには時間があり、テクノロジーにも詳しいためだ）、彼らの収入は限られており、海賊行為の対象としているコンテンツに出せるお金は持っていないだろう。それが事実だとすれば、彼らの海賊行為には目をつぶり、自由にシェアさせることで世界規模でのソーシャルマーケティングを手助けしてくれているのだと考えれば良いのではないか？

もしこの主張に気分を害したとすれば、それが悩ましい問いかけをしているという証拠だ。「海賊行為は合法的な商品の売上を減少させる」という理論的な主張を行うことはできるが、「海賊行為は売上に影響を及ぼさないか、逆に増加させる可能性がある」という理論的な主張も同様に可能なのである。また海賊行為が売上に与える影響を、データから分析しようとする取り組

図6.1
世界全体における音楽売上の増減（1990年〜2003年）

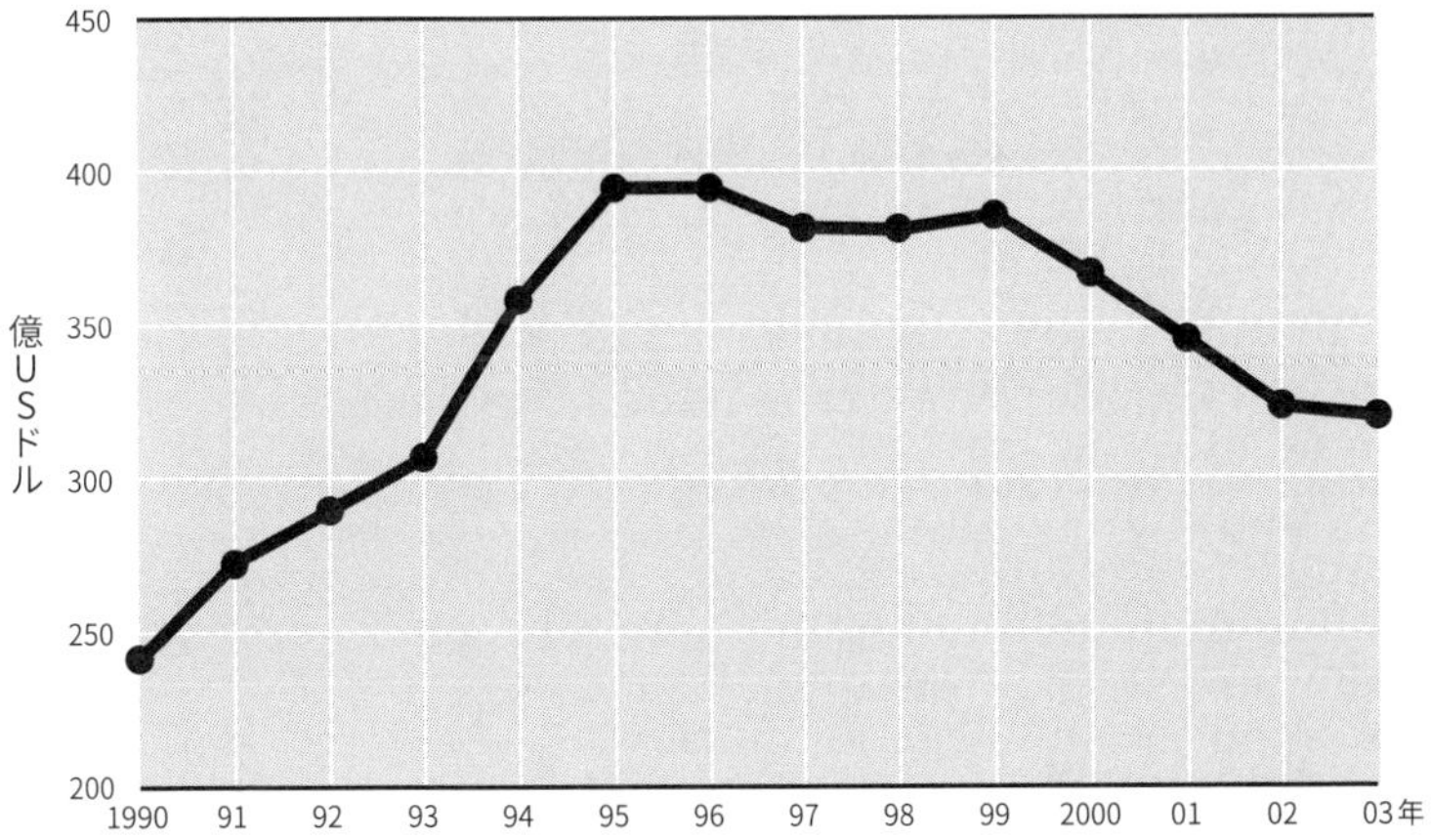

出典：Alejandro Zentner, "Measuring the Effect of File Sharing on Music Purchases," *Journal of Law and Economics* 49, no. 1 (2006): 63–90.

みも、一筋縄ではいかない。グラフを見て、ナップスター登場後に音楽の売上が落ちていることを読み取るのは簡単だが、「ナップスターが売上下落の原因となった」と主張するためには、海賊行為が行われなかった場合にどの程度の売上が見込めたのかという、信頼できる試算を行う必要がある。これは第3章で触れたような「反事実」の推測だ。これを行うにはランダム化比較試験が適しているが、実施は非常に難しい。ランダムに選ばれた商品の半分、あるいは消費者の半分に海賊品を提供するなど、考えられないだろう。

ランダム化比較試験が不可能であれば、可能なのは単なる商品や消費者の比較だ。海賊版が大量に出回っている商品は、そうでない商品より売上が少ないのか？　海賊行為を繰り返し行うような消費者は、そうでない消費者よりコンテンツに払うお金が少ないのか？　しかし、こうしたアプローチは残念ながら第3章で解説したのと同じ、内生性の問題を抱えている。売上に関して言えば、何度も海賊行為の対象になる商品は、そうでない商品とはまったく異なる存在である。そして何度も海賊行為を行う消費者も、そうでない消費者とはまったく異なる存在だ。そのため、海賊行為があまり行われない商品の売上を観察しても、それは「反事実」の推測、すなわちしばしば海賊行為の対象となる商品について、海賊行為が行われなかったと仮定した場合の売上を求められるとは限らない。消費者についても同様だ。

こうした障害を乗り越え、研究者たちはこれまで、海賊行為が合法の商品に与える影響を把握するための調査方法をなんとか編み出してきた。そうした研究の多くは、ランダム化比較試験の効果をシミュレートするために、相関関係のない出来事――計量経済学の世界で「インストゥルメント（instruments）」として知られる――を利用している。これが成立するためには、インストゥルメントによって海賊行為の容易さが十分に変化していなければならず、またそれが、合法な商品の売上と直接的な相関関係を持たない形で生じなければならない。たとえば前述の*Journal of Political Economy*に掲載された論文において、フェリックス・オーバーホルツァー・ジーとコールマン・ストランフは、ドイツの学校の休みを使って、2002年の米国において海賊行為が音楽売上に与えた影響を測定した。なぜ米国の海賊行為について調べるのに、ドイツの学校の休みを使ったのか？　彼らによれば、それはドイツの学生が休みのとき、彼らには海賊行為をする時間が増え、米国にいる人々と、より容易に音楽を共有できるからであり、またドイツの学校の休みは、米国における音楽売上とは無関係に発生するからだ。他の研究者たちも、売上とは無関係な形で海賊行為の影響を調べるために、さまざまなインストゥルメントを使っている（インターネットのブロードバンドアクセスの展開や、iTunes上でのコンテンツ配信状況、特定の国における海賊行為を防止する法律の施行など）。

過去の研究のいずれも完璧なものではなく、すべての実証研究は、使用された統計学的手法や利用可能だったデータ、またそうしたデータが他の条件を一般化できた程度による限界がある。こうした理由から、学術論文を理解する最良の方法は、公表された結果を可能な限り広い範囲で見て、同じ結果が異なる文脈でどの程度頻繁に起きているかを確認することである。それこそ、私たちとブレット・ダナハーが2つの論文、*Innovation Policy and the Economy*に寄稿した一章と[12]、2015年11月に世界知的所有権機関で発表した論文で[13]試みたことだ。これらの論文において、私たちは海賊行為について研究した査読済みの学術論文を可能な限り集め（25の論文が確認された[14]）、内容を精査した。そのうち3つの論文で、海賊行為が売上に影響を与えない事例が報告されていた。一方で、22の論文が、海賊行為が合法な商品の売上に重大な影響を与えた事例を報告していた。（25本の論文のリストは、本章の末尾に掲載している）

海賊行為が売上に与える影響のような、極めて複雑な問題において、25本のうち22本の論文で影響が出たとしているのは、非常に強力な合意が得られていると言えるだろう。[15] 事実上、研究者の間でこの論争は決着している。ほとんどの場合、海賊行為は人々が想像するようなマイナスの影響を与えるのだ。それは消費者が代金を払って手に入れるはずだったコンテンツを無料で提供することで、有料の消費を減らしてしまうのである。

そして、海賊行為が売上に与える影響は物語全体の一部でしかない。少なくとも娯楽系コンテンツビジネスの観点からは、海賊行為の問題は売上が減少することだけでなく、海賊行為をしない消費者から利益を得るのも難しくなることにある。それは海賊行為によって、消費者に新たな選択肢がもたらされるためだ。この新たな選択肢は、価格の面で競争するだけでなく、タイムリー性や品質、ユーザビリティといった面でも合法な商品と競うようになる。そしてこれらの要素は、この業界がそのビジネスモデルを機能させる際に依拠しているものだ。第3章で議論したように、この業界が利益を生み出すためには、商品をいつ、どのようにリリースするかを統制する力を持つことが不可欠だ。そこに海賊版が選択肢として加わってしまうと、通常であれば、映画の公開終了後からその映画をiTunes上で手に入れられるようになる（標準版10～15ドル、高画質版15～20ドルで）までに数か月待っていた消費者、あるいはレンタルできるようになる（3～5ドルで）までさらに数週間待っていた消費者も、高画質な海賊版を無料で、あらゆる端末上で、しかも合法版が入手可能になるのとほぼ同時に（場合によってはそれより1～2週前に）手に入れられるようになる。その結果、製作者は自分たちの商品の価格を下げ、リリース戦略を変えるのを余儀なくされてしまう。

もちろん、消費者の観点からすれば、これらは素晴らしいことのように感じられるだろう。もはや彼らは、自分たちが望む形式でコンテンツを得るために、何か月も待つ必要はない。コストをかけずに入手できるものに、高い代金を払う必要もない。海賊行為は製作者にとっては害かもしれないが、消費者にとっては利益となる、という結論で良いのだろうか？

海賊行為は消費者に害を与えるのか？

いや、話はそう簡単ではない。実は多くの点で、海賊行為が売上に影響するか否かという問いより難しい話だ。海賊行為は売上に影響を与えるかもしれないが、失われた売上は単に、製作者から消費者へと移っただけであり、売上の損失だけに目を向けていると、海賊行為がもたらす可能性のある潜在的な利益（特に消費者に対して、彼らがそもそも購入しなかったであろうコンテンツへのアクセスを与えることから得られるもの）を無視することになるという研究者もいる。確かに、もし海賊行為が新しいコンテンツの製作に影響を与えないのであれば、消費者が海賊行為によって得られるものは、それによって失うものより大きいと示すのは容易だ。[16]

しかしそれは、重大な「もし」だ。コンテンツの販売によって製作者が得られるはずだった売上が、海賊行為によって損なわれることで、一部のコンテンツが利益の出ないものになってしまったとしたら？　それは消費者にも害を与えるのではないか？　国際レコード・ビデオ製作者連盟（ＩＦＰＩ）は、まさにそのような主張をしており、音楽は「資本集約型ビジネス」であって、海賊行為は「業界が人材発掘のための投資を維持するのをより難しくする」と訴えている。[17]　たしかに、もしレーベルや映画会社、出版社が、海賊行為によって期待しているほどのリターンが投資から得られないとわかっていたら、最初から投資しようという気が起きなくなるだろう。そして仮に娯楽系のコンテンツビジネスが新しいコンテンツへの投資を控えるようになれば、長期的には消費者にとってマイナスになるだろう。

直感的に、この議論は理にかなっているように感じられる。しかしいくつかの理由により、それを判断するのは非常に難しい。第1に、投資への影響の中から海賊行為によるものだけを切り出すことは難しい。それは海賊行為を促したのと同じ技術発展が、コンテンツの制作費の削減も可能にし、個人で活動するアーティストに新たな創造活動の機会を与えているからである。これら2つの点は、業界全体としての投資を増加させ、生み出すコンテンツの量も増やす可能性がある。エンタテインメントにおける「投資」を測る、信頼できる尺度を設けるのも難しい。医薬品業界やバイオ業界など、年間に登録される特許の数でイノベーションを測定できる業界もあるが、コンテンツビジネスは異なる。一般的には、出版された本や上映された映画、発表されたアルバムの数を調べることで、イノベーションの近似値を得ることができるだろう。しかしロングテールの重要性の高まりを考えると、量だけでは完璧な尺度にはならない（ロングテール自体が新たな尺度の問題を生み出している）。したがってひとつのオプションとして、この業界がこれまで生み出してきたような、メジャーで質の高いコンテンツの数の変化を測定してみることが考えられる。

残念ながら、そうした変化の測定も容易ではない。生産量を特定の品質レベルに調整しなければならないためで、それは本質的に困難だからだ。しかし2012年、ジョエル・ウォルドフォーゲルはこの問題を乗り越え、ナップスターが発表された1999年以降、インターネット上の海賊行為がいかに音楽コンテンツの流通、制作、品質に影響を与えたかを研究した[18]。ウォルドフォーゲルの研究は示唆に富むため、ここで少し解説してみたい。

主観的な要素である「品質」を測るため、ウォルドフォーゲルは集合知を頼った。具体的に言うと、彼はプロの音楽批評家による評価に着目したのである。そして「ローリングストーン誌が選ぶアルバムベスト５００」のようなランキング記事、88件を分析した。リストは米国、英国、カナダ、アイルランドから集められ、１万６０００曲を対象とし、そこから得られた品質の指数は、１９６０年から２００７年にかけての推移を追うものになった。図６・２は、その指数の推移を示したものである。１９６０年から１９７０年にかけて品質は上昇しており、１９７０年から80年にかけては下落、１９９０年代前半に再び上昇、そして90年代後半に下落、２０００年以降は横ばいとなっている。彼の指数は、１９９９年のナップスター登場以前から品質の下降が始まっており、その後すぐに品質が安定したことを示している。そのためウォルドフォーゲルは、このデータからは「ナップスター登場以降、リリースされる音楽の品質が低下したという証拠は見られない」との結論を下した[19]。さらに彼は、

図6.2
批評家による評価に基づく品質指数

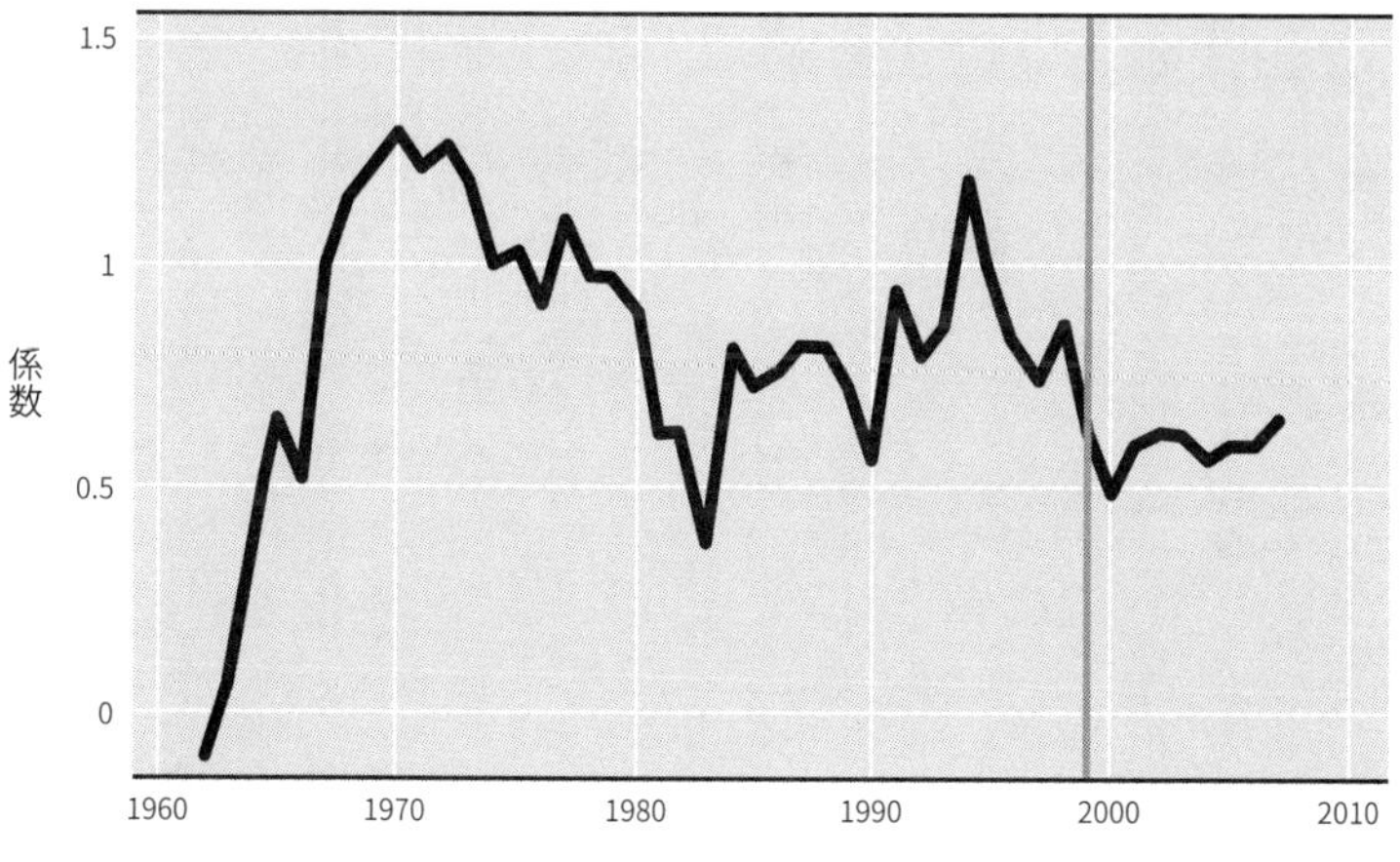

出　典：Joel Waldfogel, "Copyright Protection, Technological Change, and the Quality of New Products: Evidence from Recorded Music since Napster," Journal of Law and Economics 55 (2012), no. 4: 715–740, figure 3, page 722.

音楽のラジオ放送と売上を使って同様の品質指標をつくり、同様の結論に達した。

この結果をもたらした原因は何だろうか？　なぜ業界の売上が下落したのに、制作された音楽の品質は一定に保たれたのだろうか？　売上が減れば、投資も減り、音楽の質も下がるのではないのか？

音楽における海賊行為の拡大だけが、1999年から2008年にかけて音楽業界に及んだ唯一の力ではないから、というのがひとつの説明だ。1990年代の終わりに技術革命が起き、音楽の制作、プロモーション、流通にかかるコストが劇的に下落することで、音楽ビジネスは根底から変化した。いまやアーティストは、簡単に購入できるソフトウェアを使い、かつては高い使用料を請求されるスタジオでしか不可能だった品質のレコーディングを、自分たちで行えるようになっている。テクノロジーの進化は制作だけでなく、プロモーションの民主化も促している。パンドラやラスト．fmといったサイトが、あらゆる種類のアーティストたちに、低コストのプロモーション手段を提供しているのだ。さらには、流通についても同じことが言える。第2章で解説したように、CDの時代には、少数の大手レーベルと小売業者が市場を支配し、アーティストは自分たちの音楽を流通させるために、彼らに頼らなければならなかった。しかし現在、アーティストはiTunesなどの手段を通じて、ほとんどコストをかけずに音楽を配信できるのである。

まとめると、ナップスター登場後にリリースされた音楽の品質の変化を研究し、人々が海賊版を手にできるようになるのと同時に、コンテンツの制作・販促・流通にかかるコストを削減する技術イノベーションが生まれた場合に、何が起きるのかを把握することができた。制作・販促・流通にかかるコストが変化しなかった場合に、海賊行為がコンテンツの供給に害を与えていたかどうかはわからない。この問いに答えるために、映画業界を詳しく見てみよう。映画を製作するには、音楽よりもずっと大きなコストがかかる。そのため売上が減少すれば、製作・供給される映画もより大幅に減少すると考えられるだろう。したがって、海賊行為の影響もより把握しやすいはずだ。しかしここでも、１９９９年以降の音楽売上に海賊行為が与えた影響を調査した際と同じ問題が残る。音楽業界を揺るがした市場の急成長とテクノロジーの衝撃が映画業界も揺るがしており、そうした衝撃が海賊行為の増加と同時に起きているのである。

私たちに求められているのは、新しいテクノロジーが海賊行為を可能にするが、ビジネスの他の側面を大きく変えないという状況を研究することだ。そこで１９８０年代半ば、インドにビデオデッキが登場した頃に注目してみよう。

１９００年代の初めから、インドは世界における映画の主要な製作拠点のひとつになっている。利益を生み出すことは映画製作の大きな目的であり、製作者は長い間、自由に市場に参入・撤退していた。ビデオデッキ登場前、映画の海賊行為は非常に難しく、ほとんど行われていなかった。したがって、１９８０年代から90年代初めにかけての、ビデオデッキを通じた海賊行為が需要と供給に与えた影響を観測することができるだろう。特にこの期間のインドにおいて、テクノロジーの変化が映画の製作と流通のコスト構造を著しく変化させていない限り。

この期間のデータから、何がわかるだろうか？　２０１４年、私たちはジョエル・ウォルドフォーゲルと共同で、１９８５年以前のインドの映画産業に関するデータと、同じく１９８５年から２０００年にかけてのデータを比較した。研究ではまず、ビデオデッキを通じた海賊行為により、業界の売上が急速に減少したことが示された。前述の通り、海賊行為が売上に害を与えるというコンセンサスが研究者の間にあることを考えれば、これは驚くべきことではないだろう。ただ私たちの研究では、同じ期間にインドの映

図6.3

インドの年間映画製作本数　Source: IMDb, 1970–2010.

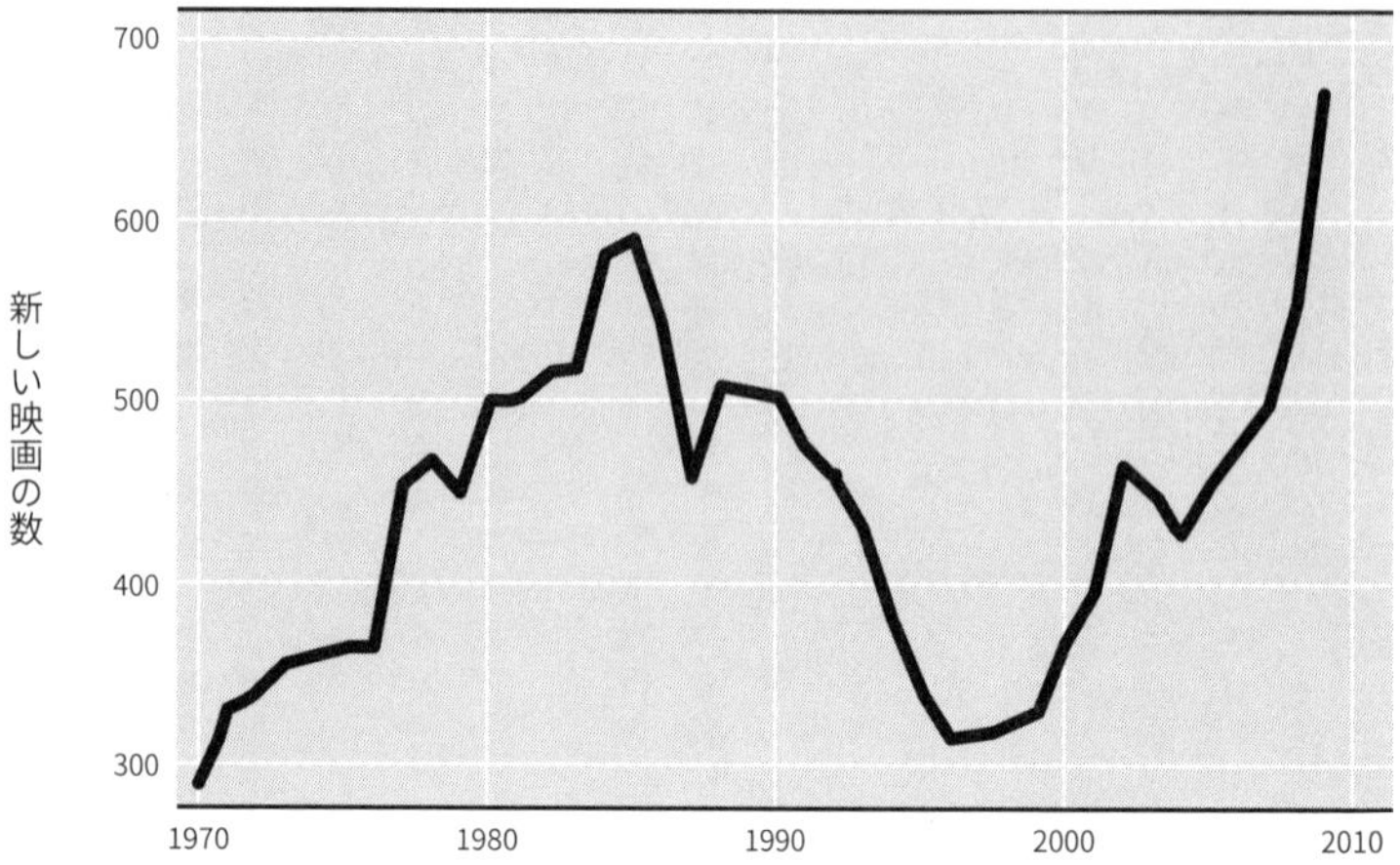

図6.4

IMDｂ上における、インド映画に対するユーザーによる評価の平均値

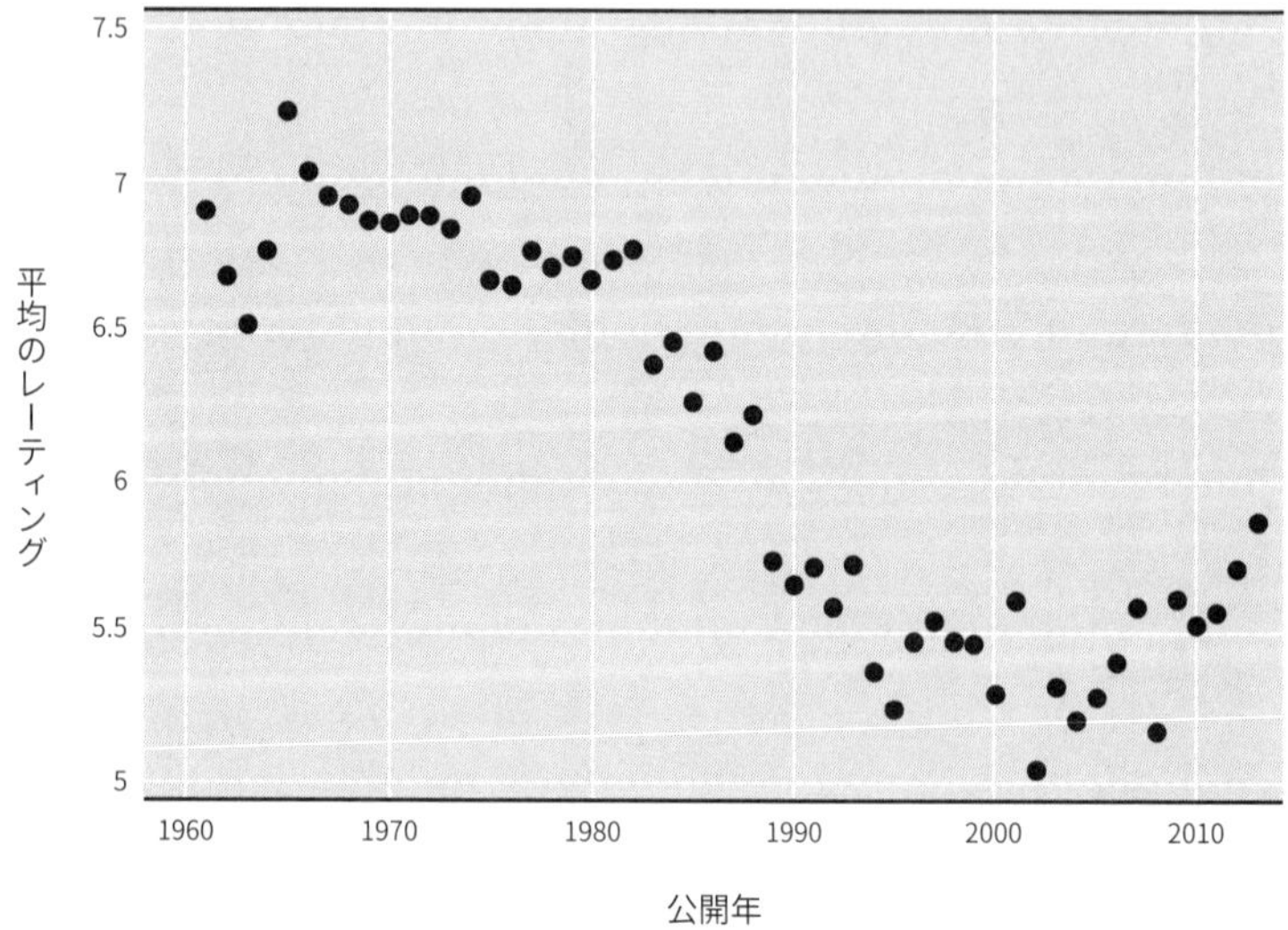

画業界における製作プロセスがどう変化したかの分析も行った。その結果は、海賊行為を被害者のいない犯罪だと考えている人々にとって、驚くべきものだろう。1985年以降、インドにおける映画の製作本数は、著しく減少していたのである（図6・3）。さらにIMDb上の評価に基づく品質の比較においても、急速に品質が低下していることが示された（図6・4）[20]。

これらの下落の原因となったのが、ビデオデッキを通じた海賊行為であると私たちは結論付けた。この結論は、もうひとつの重要な発見へとつながる。少なくとも1985年から2000年にかけてのインドでは、海賊行為はまさに、新しいコンテンツを製作するインセンティブを減少させた、という点だ。

◇◇◇

このことは、本章の冒頭へと私たちを連れ戻す。1980年代にインドで育った人、あるいはワシントンの郊外で育った人も、「カジュアルな海賊行為は誰にも害を与えない」という考え方は受け入れやすいものだろう。しかしそれから何年も経って、データを慎重に分析した結果、私たちは逆の結論にたどり着いた。海賊行為はコンテンツの製作者に害を及ぼすだけでなく、いくつかの種類のコンテンツを利益の出ないものにすることで、消費者にも害を及ぼすのである。

解決策はあるだろうか？　それは「解決策」の定義による。あらゆるデジタル海賊行為を撲滅する解決策を探しているなら、その願いはかなわないだろう。コンテンツがデジタル化されてしまえば、人々はそれをコピーして、オンライン上で友人や見知らぬ人とシェアする方法を見つけ出す。そしてデジタル海賊行為を防ぐ完璧な方法はないため、政策立案者はそうしようとするのを諦め、ある業界から別の業界へと利益を再分配する方法を考えるべきだという主張まである。ニューヨークタイムズ紙のテクノロジー担当記者であるニック・ビルトンは、2012年にこの論争をさらに進めている。[21] 彼は「インターネットの海賊は常に勝利する」と題された論説記事において、海賊行為と争おうとするのはピントのずれた対応だと訴えた。「オンライン上の海賊行為を撲滅しようとするのは、世界最大のモグラたたきゲームに挑むようなものだ」と彼は記している。「ひとつを叩いても、すぐ次が現れる。しかもすぐに。さらにそれを叩くための手段は、重くてゆっくりとしか動かせない」。これは説得力のある喩えであり、うまく特徴を捉えている。違法コンテンツを発見するシステムを騙すことは可能で、違法サイトを閉鎖させても別のサイトが開設されるだけであり、次々に登場する新しいファイル共有プロトコルは、以前よりも海賊行為の発見を困難にさせる。しかし、議論の中でビルトンは、オンライン上での価格競争の歴史を考慮に入れていなかった。ここで、1998年に行われていた議論に戻ってみよう。この頃、消費者はインターネットによって、オンライン上で最安値を見つけることが簡単にできるようになるという考え方が一般的だった。これについて、ロバート・カットナーがビジネスウィーク誌の1998年5月11日号で次のようにまとめている。「インターネットはほぼ完璧な市場だ。瞬時に情報がもたらされ、買い手は世界中の売り手の商品を比較できるからである。その結果、価格競争が激しくなり、製品の差別化が弱まり、ブランド・ロイヤルティが消えうせることになる」[22]

カットナーの議論は、当時は十分に説得力のあるものだった。容易に安い商品が見つけられるのに、わざわざ高い商品を買うだろうか？　しかしこの議論は、ある重要な点を無視している。それは製品の差別化だ。もし自分の製品を信頼性や利便性、サービス、品質、タイムリー性といった点で差別化できれば、消費者は他で安く手に入る製品に対して、喜んでよりお金を払うようになる。

　たとえばエリック・ブリニョルフソンとの共同研究において、私たちは「ショップボット」として知られるネットの価格比較サイト上での消費者の行動を分析した[23]。データに基づいて、ショップボットのユーザー（間違いなくオンライン上で最も価格に敏感な消費者だろう）がいくつかの価格を提案された際、いかに行動するかを研究したのである。その結果、消費者は知名度の低いオンライン書店で書籍が安く買える場合でも、アマゾンで同じ書籍を買うために、数ドル余分に払うことになるのを厭《いと》わないことが明らかになった。アマゾンより安く買えるオンライン書店が、同じ検索結果画面に表示され、1クリックするだけでそこに到達できるにもかかわらず、である。

　これは海賊行為の規制と何か関係しているのだろうか？　おそらく非常に大きな関係があるだろう。まずはデジタルメディアの領域を考えてみよう。次に、コンテンツビジネスと彼らの合法的な流通パートナーが、この例で言うところのアマゾンの役割を演じていると考えてほしい。そして、知名度の低い他のオンライン書店の位置に、海賊版サイトがいると考えてみよう。適切な差別化が行われていれば、たとえばコンテンツの製作者がｉＴｕｎｅｓやＨｕｌｕを通じて、コンテンツ配信の利便性や品質、信頼性を担保していたとしたら、たとえ消費者が海賊版をタダで手に入れられると知っていたとしても、コンテンツビジネスは合法的なチャネルを通じて、より高い価格をコンテンツに支払ってもらえるよう彼らを説得できるだろう。

　しかし「だろう」と言うだけでは証明にはならない。ｉＴｕｎｅｓやＨｕｌｕなどのサイト上でコンテンツを利用できるようにすることで、一部の消費者が違法なコピーから合法的な商品に乗り換えたという実際の証拠はあるのだろうか？　これについて2つの状況を研究したところ、答えは「イエス」だった。

ｉＴｕｎｅｓによる配信について、私たちは主要な映画会社と共同で、過去に公開した古い映画をｉＴｕｎｅｓ上で配信するようにした場合、それに対する海賊行為がどう変化するかを分析した。私たちが集めたデータには、２０１１年２月から２０１２年５月にかけて、48の国々でｉＴｕｎｅｓ上で利用可能になった１０００以上のタイトルが含まれていた。その結果、ｉＴｕｎｅｓ上でこれらの映画を公開した際、海賊版に対する需要は６・３％減少していた。一方で、対照群における海賊版への需要は変化しなかった。

同じような結果が、Ｈｕｌｕを対象とした研究でも得られている。ＡＢＣが同局の番組をＨｕｌｕに追加した際（２００９年７月６日）、私たちは海賊行為がどのように変化したかを調査した。分析の中で、ＡＢＣがコンテンツに追加した９つのテレビシリーズに対する海賊行為の程度と、対照群として選んだ62のシリーズ（Ｈｕｌｕ上で視聴

図6.5
ABCがコンテンツをHuluで公開する前後の海賊行為の程度

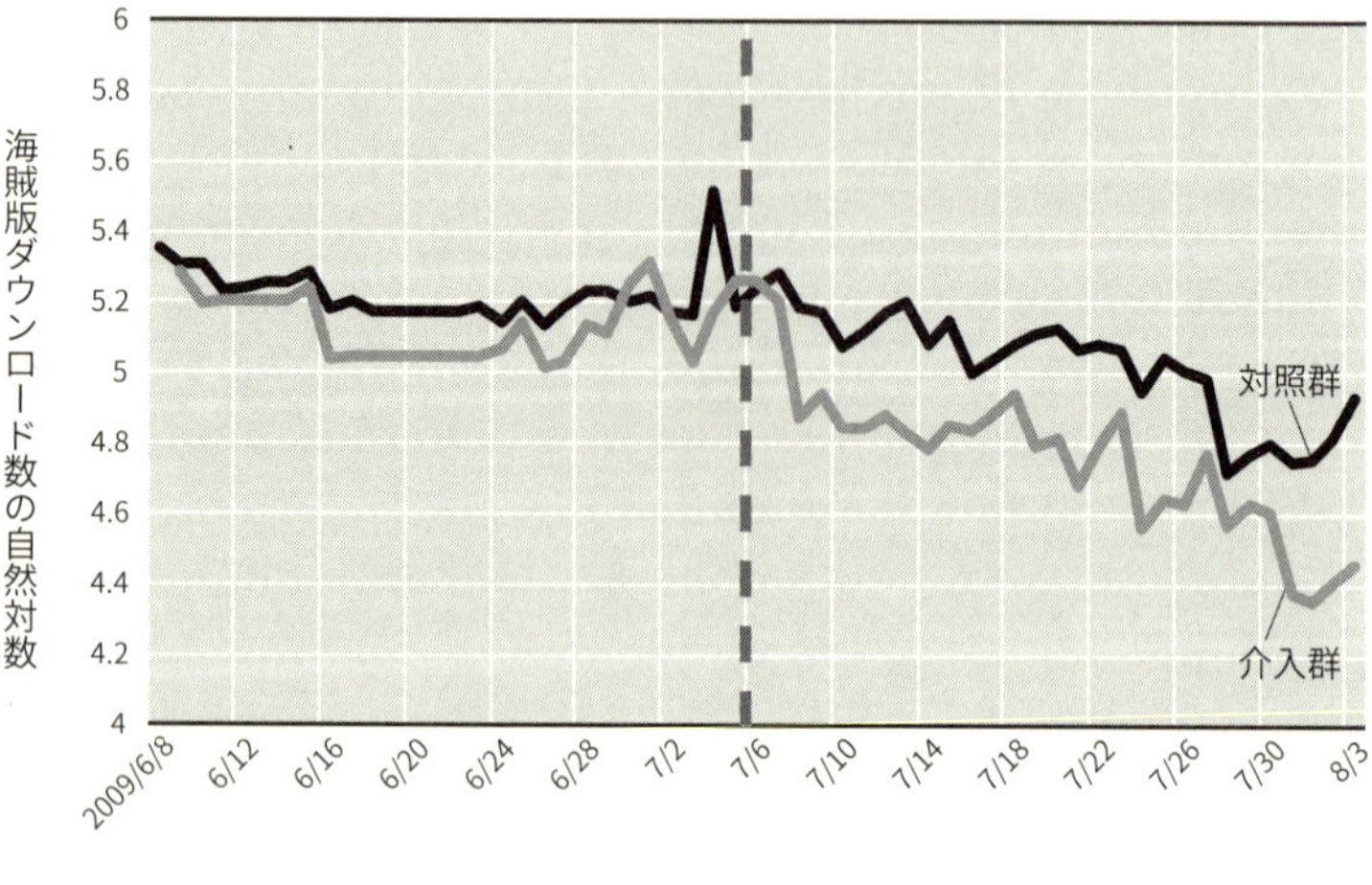

可能かどうかに変化がなかったもの）に対する海賊行為の程度を比較した。その結果をまとめたのが図6・5で、このグラフでは、ABCがコンテンツをHuluに追加する前後の4週間に、介入群（新たに追加されたコンテンツ）に対する海賊行為の程度と、対照群に対する海賊行為の程度が比較されている。[24] グラフが示しているように、介入群も対照群も、7月6日以前の4週間における海賊行為の程度は同じ動きを示している。しかしABCがHuluにコンテンツを追加するとすぐに、対照群に比べて介入群の方が著しく海賊行為の減少が見られるようになり、割合で言うと、海賊行為の16％を減少させるまでに至っている。

つまりアマゾンが優れたサービスや利便性、信頼性に対する期待を利用して、価格で勝負する競合サービスとの差別化を図っているのと同様に、娯楽系コンテンツビジネスを営む企業は信頼性や利便性、そして「違法行為を行っていない」という個人的な満足感を利用して、自社の合法なコンテンツを海賊版コンテンツと区別することができるのである。

◇　◇　◇

しかし娯楽系コンテンツビジネスを営む企業には、海賊行為に対抗する、もうひとつ重要な戦略がある。彼らは自社の商品を差別化できるだけでなく（アマゾンが他のオンライン書店に対してしているように）、政府と協力して海賊版の利用をより難しくしたり、あるいは法律上のリスクがある行為にしたりするなどして、その利便性や品質、信頼性を下げることができる。

海賊版との戦いに際して法的手段に訴えられることは、最後の重要な質問を提起する。そうした海賊行為への対抗措置は、人々を海賊版から合法版へとシフトさせるのだろうか？　私たちはこの問いについて、海賊行為への3つの異なる対抗策について調べた。海賊行為の需要側をターゲットにした通知プログラム、および供給側をターゲットにしたサイトの閉鎖とブロックである。その結果、いずれのケースについても、答えは「イエス」であることが判明した。

たとえば2012年、私たちはフランスで2009年に施行された、HADOPIと呼ばれる通知型の反海賊行為法を研究した。この法律はフランスの消費者だけに影響を与えるため、私たちはこの法律がフランスにおけるiTunesの売上に与える影響を、統計的に似た傾向を見せる他の国々での売上と比較することで分析できた。こうした介入群と対照群を使うアプローチによって、この法律がフランスの消費者に与える影響を、それと関係を持たず、またフランスの消費者と対照群に含まれる他国の消費者の双方に影響を与える他の変化（季節性やアップル製品の発表など）から分離させて研究することができたのである。その結果、フランスの反海賊行為法は、対照群と比べて音楽売上の20～25％の上昇をフランス国内にもたらしたことが明らかになった。[25]　また海賊行為が頻繁に行われるジャンル（ラップやヒップホップ、ロックなど）の方が、そうでないジャンル（クラシックやジャズ、フォーク、キリスト教音楽など）よりも売上の増加が大きいことも判明した。これはラップ、ヒップホップ、ロックの消費者の方が、海賊行為の少ないジャンルの消費者よりも反海賊行為法からの影響を強く受けるだろう、という予想とも一致していた。明らかに、違法なコピーを行うのを法的にリスクのある行為にすることで、一部の消費者は海賊版から合法版に乗り換えたのである。

2014年、私たちは海賊行為への別の対抗手段について研究した。海賊サイトの閉鎖である。私たちが注目したのは、メガアップロードと名付けられたオンラインストレージサービスの閉鎖である。その閉鎖前、メガアップロードは25ペタバイト【ギガバイトの約100万倍】ものコンテンツ（その大部分が著作権を侵害しているもの）を保管し、インターネット上のトラフィックの4％を占めていた[26]。米司法省による複雑な法的措置が行われた結果、2012年1月、同サイトは閉鎖された。私たちの研究の視点から見た場合、この出来事は海賊版のコンテンツにオンライン上でアクセスすることの容易さに大きな変化を与えるものだった。

しかしメガアップロードの閉鎖は世界全体で行われたため、HADOPI法の場合のように、影響が出た国と出なかった国を比較することはできなかった。しかしメガアップロードの知名度は国によって大きな差があったため、ある仮説を置くことができた。それは「メガアップロードの閉鎖がユーザーの行動に影響した場合、その影響はメガアップロードの知名度が高かった国ほど大きい」というものである。そしてこの仮説こそ、私たちが実際に観測できたものである。

調査のため、私たちはメガアップロードが閉鎖される前後の12か国における映画のデジタル販売を分析した。その結果、メガアップロードのヘビーユーザーが多かった国々では、そうでない国々に比べ、過去を基準とした売上の増加がはるかに大きいことが判明した[27]。この結果から、私たちはメガアップロードの閉鎖により、研究データに含まれていた映画会社の映画のデジタル版売上が6・5〜8・5％増加したと結論した。明らかに、主要な海賊サイトが閉鎖されると、一部の消費者は海賊版から合法版に切り替えるのである。

しかし海賊サイトの閉鎖は複雑な問題であり、特にそれが海外でホスティングされている場合はそうだ。たとえばメガアップロードの閉鎖には、9つの国々の法執行機関が密接に連携し、20の捜査令状が同時に実施されなければならなかった[28]。そのために、多くの国々ではよりシンプルなアプローチが取られている

——海賊サイトへのアクセスの遮断だ。アクセス遮断法は、それが施行されている国のインターネットサービスプロバイダーに対し、裁判手続きを通じて特定された、海賊サイトへのユーザーのアクセスを遮断することを要請する。しかしテクノロジーに詳しいユーザーは、そうしたブロックを回避する方法を見つけ出してしまう。それは次のような質問を提起する——サイトの遮断が不完全なものなら、それは消費者の行動に影響を与えるのだろうか？　私たちはこの疑問を2015年の研究で取り上げ、英国におけるサイト遮断規制の効果を調査した。そのため、私たちはブロックされたサイトと合法サイト、両方へのアクセスに関するデータを集めた。そして、メガアップロードを研究した際と同じアプローチを使った。アクセスの遮断が消費者の行動に影響するなら、対象となったサイトのヘビーユーザーに対する影響が、そうでないユーザーよりも強く表れるだろうと考えたのである。[29]そして再び、それこそまさに私たちが確認できたことだったが、今回は少し事情が違っていた。2012年5月に起きた、海賊サイト「パイレート・ベイ」の閉鎖は、合法サイトのアクセス数に何の影響も与えなかったのだ。同サイトのユーザーは単に、他の海賊サイトへと移動しただけだったのである。しかし2013年後半に19のサイトが同時にブロックされたときは、合法の映画配信サイトへのアクセス数が12％上昇したことが確認できた。予想された通り、ブロックされたサイトのヘビーユーザーの方が、上昇の幅がずっと大きく（23・6％）、ライトユーザーでは小さかった（3・5％）。この結果が示唆するのは、アクセスの遮断は完璧でなくても効果があるということだ。これまで海賊サイトを利用していたユーザーたちは、海賊版コンテンツを見つけるのがある程度難しくなると、合法サイトに移行するのである。

要するに、スティーブ・ジョブズは正しかったということだ。海賊行為を止めることはできない。それと競い合うしかないのだ。しかし私たちのデータが示したのは、この競争には2つの形態があり得るということである。有料コンテンツを使いやすく、利便性が高く、信頼性の高いものにすることで、違法の無料コピーに対抗できる。もしくは海賊版コンテンツを使いにくく、利便性が低く、信頼性の低いものにしても良い。これはコンテンツの製作者にとって良いニュースであり、海賊行為がコンテンツビジネスの直面する唯一の脅威ならば、反海賊行為・有料版促進施策は、メジャー企業の既存のビジネスモデルを健全にし、今後も維持していく道になるかもしれない。しかしすでにロングテールにおける議論で触れたように、娯楽系コンテンツビジネスは海賊行為以外の脅威にも苦しんでいる。次章では、もうひとつの脅威について考えてみよう。それはアーティスト自身がコンテンツを制作・配布するという新しい機会と、その結果としての「自己制作」コンテンツの爆発である。

付録

表6・1は海賊行為が何の影響も与えないという結論の論文のリスト、表6・2は海賊行為が売上に悪影響を与えるという結論の論文のリストである。

表6.1
海賊行為により統計上の影響が見られなかったとする論文

	主なデータ	結果
Oberholzer-Gee and Strumpf (2007, *J. of Political Economy*)	2002年のOpenNapにおける音楽のダウンロード数、2002年の米国におけるポピュラーアルバムの売上	「ファイル共有は、サンプルに含まれるアルバムの売上に対して、統計的に有意な影響を及ぼさなかった」
Smith and Telang (2009, *MIS Quarterly*)	2005〜06年のAmazonにおけるDVDセールスランキング、およびBitTorrentにおける映画ファイルのダウンロード数	「（テレビ放送の）海賊版コンテンツが手に入るか否かは、テレビ放送後のDVD売上には影響を及ぼさなかった」
Andersen and Frenz (2010, *J. of Evolutionary Economics*)	カナダにおける消費者のファイル共有とCD購買に関するアンケート	「P2Pのファイルダウンロード数とCDアルバム売上の間には、統計的に有意な関係性」は見出せなかった

表6.2
海賊行為により売上に対する悪影響が見られたとする論文

	主なデータ	結果
Hui and Png (2003, *Contrib. to Economic Analysis & Policy*)	1994〜98年のIFPI世界CD売上データと物理的な海賊行為の率	「音楽CDに対する需要は海賊行為によって減少しており、海賊行為の影響は『ポジティブ』よりも『ネガティブ』が上回る」
Peitz and Waelbroeck (2004, *Rev. of Econ. Res. on Copyright*)	1998〜2002年の世界CD売上と、海賊版コンテンツダウンロードに関するIPSOSアンケートデータ	「MP3ダウンロードによるCD売上の損失は、1998〜2002年の期間でマイナス20%だった」
Zentner (2005, *Topics in Economic Analysis and Policy*)	1997〜2002年の国別の音楽売上データと、ブロードバンド利用に関するデータ	「インターネット利用率とブロードバンド普及率の高い国ほど音楽売上の落ち込みが著しかった」
Stevens and Sessions (2005, *J. of Consumer Policy*)	1990〜2004年にかけての消費者のカセットテープ、LP、CD購入額	「2000年以降のP2Pファイル共有ネットワークの普及により、音楽売上に著しい減少が見られた」
Bounie et al. (2006, *Rev. of Econ. Res. on Copyright*)	映画コンテンツの海賊行為と購入に関する、フランスの大学を対象にしたアンケート	「（海賊行為は）強い（マイナスの）影響を（VHSおよびDVDの）ビデオ購入とレンタルに対して与えた」が、興行収入には統計的に有意な影響は認められなかった

表6.2（続き）

	主なデータ	結果
Michel (2006, *Topics in Economic Analysis and Policy*)	1995〜2003年の米労働局によるConsumer Expenditure Surveys	海賊行為によって、「コンピューター所有と音楽購入の間にある関係性は弱くなっている」ために、CD売上が13%減少した可能性がある
Rob and Waldfogel (2006, *J. of Law and Economics*)	2003年の米大学生に対する海賊行為と購買行動のアンケート	「私たちのサンプルでは、アルバムのダウンロード1回につき、購買が0.2%減少しているが、より減少している可能性がある」
Zentner (2006, *J. of Law and Economics*)	2001年の欧州における音楽購入と海賊行為に関するアンケート	「（海賊行為は）音楽購入の見込みが30%減少した理由である可能性がある」
Bhattacharjee et al. (2007, *Management Science*)	1995〜2002年のビルボード100ランキングと、WinMXのファイル共有投稿	P2Pファイル共有技術は、「ランキングにランクインする期間の減少（初登場時からランキング上位に登場した曲を除く）」をもたらした
DeVany and Walls (2007, *Rev. of Industrial Organization*)	映画の興行収入と海賊版コンテンツの供給に関するデータ	「大手映画会社による映画（に対する海賊行為）は、興行収入の減少を加速させ、映画の売上を1本あたり約4000万ドル減少させた
Hennig-Thurau, Henning, Sattler (2007, *Marketing Science*)	2006年のドイツにおける映画購入と海賊行為の意識に関するアンケート	海賊行為は「劇場での映画鑑賞と、DVDレンタルおよび購入の間に著しいカニバリゼーション」を引き起こし、「ドイツにおける年間売上の3億ドルの減少」の原因となっている
Rob and Waldfogel (2007, *J. of Industrial Economics*)	2005年のペンシルバニア大学生に対する映画購入と海賊行為のアンケート	「最初の（海賊版コンテンツの）消費は、有料コンテンツ約1本分の消費を減少させる」
Liebowitz (2008, *Management Science*)	1998〜2003年のブロードバンド利用と音楽購入に関する世論調査データ	「ファイル共有は（1998年から2003年にかけての）レコード売上全体の減少を引き起こしたと考えられる」
Bender and Wang (2009, *International Social Science Rev.*)	1999〜2007年の国別の年間音楽売上	「海賊行為の率が1%上がると、音楽売上は約0.6%下落する」
Danaher et al. (2010, *Marketing Science*)	2007〜08年のBitTorrent上でのテレビ番組のダウンロード	「NBCのコンテンツがiTunes上から撤去された結果、同コンテンツに対する海賊行為が11.4%上昇した」

表6.2（続き）

	主なデータ	結果
Waldfogel (2010, *Information Economics and Policy*)	2009～10年のペンシルバニア大学ウォートン校学生に対する音楽コンテンツの海賊行為と購買のアンケート	「海賊行為の対象となる曲が1曲増えるごとに、1曲分の有料コンテンツ消費が、3分の1から6分の1減少する」
Bai and Waldfogel (2012, *Information Economics and Policy*)	2008～09年の中国の大学生に対する映画消費行動のアンケート	「（中国の大学生による）映画消費の4分の3には対価が支払われておらず……1回の海賊行為は、1回の有料コンテンツ消費の14%を減少させる」
Danaher et al. (2013, *J. of Industrial Economics*)	2008～11年のiTunes上での音楽売上（フランスなど欧州諸国における）	HADOPI反海賊行為法は「（フランスにおける）iTunes上での音楽売上を、対照群と比較して、22～25%上昇させた」
Hong (2013, *J. of Applied Econometrics*)	1996～2002年の米労働局によるConsumer Expenditure Surveys	「ファイル共有は、6～17歳の子供がいる家庭におけるダウンロード行為を促進させることによって、ナップスターが存在した期間における20%の売上減少の原因となった可能性がある」
Danaher and Smith (2014, *International J. of Industrial Organization*)	2011～13年の映画（主要3映画会社の作品）レンタルおよび購入データ（欧州12か国における）	「Megauploadとその関連サイトの閉鎖は、3つの主要映画会社が製作したデジタルコンテンツの売上を、6.5-8.5%上昇させた」
Ma et al. (2014, *Information Systems Research*)	2006年2月から2008年12月にかけて公開された映画の興行収入	「映画公開前の海賊行為は、公開後の海賊行為に比べ、売上を19.1%減少させた」
Adermon and Liang (2014, *J. of Economic Behavior & Organization*)	2004～09年のスウェーデン、ノルウェー、フィンランドにおける音楽売上（デジタルおよび物理媒体）	スウェーデンにおけるIPRED著作権法改正は「（施行後）最初の6か月間で、音楽売上を36%上昇させた。したがって海賊版の音楽コンテンツは、合法版の有力な代替品になっている可能性がある」

第7章

パワー・トゥ・ザ・ピープル*

デジタル時代のクリエイターたち

テレビ・映画業界にいた私たちは、これまで才能ある人から業界にやって来るのを待つことができた。業界という王国へのカギを持つのは私たちであり、誰かが観客を得たいと思ったら、その人物は私たちのところに自分のストーリーを持ち込む必要があった。しかしいま、事態は変化している。それも急速に。

――ケヴィン・スペイシー、２０１３年のエディンバラ国際テレビフェスティバル、ジェームズ・マクタガート記念講演における発言

＊【『パワー・トゥ・ザ・ピープル』*Power to the People* は直訳すると「人民に力を」であり、ジョン・レノンが１９７１年にリリースした】

第2章で議論したように、かつて作家やミュージシャン、俳優が「メジャー企業」に依存しなければならない時代があった。大手出版社やレーベル、映画会社と契約することが、コンテンツを生み出すための資金や制作スタッフ、そしてそのコンテンツを観客へと届ける、貴重な販促・流通チャネルへのアクセスを得る唯一の手段だったのである。しかしさまざまな理由から、事態は急速に変化している。

第1に、コンテンツを制作するコストが下がり、いまやプロ並みの品質のコンテンツを生み出すことが誰にでもできるようになった。多くの種類のコンテンツにおいて、アーティストはもはや高価な機器を必要としていない。たとえば撮影監督のキーラン・クリリーは、アカデミー賞を受賞したドキュメンタリー『ザ・レディ・イン・ナンバー6』をキヤノンのカメラ「EOS 5D Mark III」で撮影した。これはアマゾン上で数千ドル払えば手に入るカメラだ。[1] そして映画における多くのメジャー作品（それには2010年と2011年のアカデミー編集賞受賞作品が含まれる）[2] が、300ドルで販売されているソフトウェア「ファイナルカット・プロ」で編集されている。

第2に、制作のための施設を使用するのにかかるコストも下落しており、プロが使うような施設も多くのアーティストが利用可能になった。5000人以上のチャンネル登録者がいるユーチューブ配信者は誰でも、「ユーチューブ・パートナー・プログラム」に参加し、「ユーチューブ・スペース」を利用できる。これはロサンゼルス、ニューヨーク、東京、ロンドン、ベルリン、ムンバイ、サンパウロ【サンパウロについては2017年に閉館され、現在リオデジャネイロに移っている】にあるコンテンツ制作用の施設で、プロ並みの制作・編集設備が用意されており、メーキャップやデザイン、撮影術などを教えるクラスも開催される。

第3に、フリーランスの人々を雇い、何らかのプロジェクトを進めるということがいまや現実的な選択肢になっている。これは恋愛小説家のバーバラ・フリーシーが、自身の絶版になった著作を海外で出版しようと考えたときに行ったことだ。彼女は出版社のスタッフを頼るのではなく、イーランスを使った。これはオンライン上のマーケットプレイスで、フリーランスのプロを探すことができ、彼女はそこで雇った翻訳家の力を得て、著作のドイツ語版・スペイン語版・フランス語版を制作した。[3]

クリエイターの中には、こうしたクラウドソーシング技術をコンテンツの制作だけでなく、その開発に利用している者もいる。それこそニーリシュ・ミスラ（「インドラジオ業界の笛吹き」として知られる人物だ）が、彼がホスト役を務めるラジオ番組『想い出のテレビ（The Idiot Box of Memories）』で行ったことだ。この番組にはインド国内に4200万人のリスナーがいて、最近はフェイスブックやユーチューブ上でもコンテンツを展開している。[4]放送は平日に行われ、インドの日常生活について10〜15分間のストーリーを伝えるという内容である。1年間に200以上ものストーリーを見つけるというのは、それだけで大変な作業だ。ミスラはどこで話のタネを見つけてくるのか？　もちろんリスナーからだ。彼はインド中で作家組合のスポンサーとなっており、そこに所属する作家たちが、番組のためにストーリーを書き上げる。その中からベストな1本を選ぶというわけだ。

新しい技術が開発されたことで、誰もが販売プラットフォームへのアクセスを手に入れた。たとえば書籍ではアップルのiBookstore【現在はApple Books】やアマゾンのキンドル・ダイレクト・パブリッシング、音楽ではバンドキャンプ、プレッジミュージック、アマゾンのアーティスト・セントラルなどが挙げられる。またデジタル配信による柔軟性の向上により、クリエイターはこれまでのアルバムや映画、テレビ番組、書籍といった、従来のフォーマットにとらわれず制作を行うことが可能になった。たとえばオリバー・ブラウディによる旅行記『ザ・セイント』は、ボリュームが2万8000語と雑誌用には長く、紙の書籍用には短かったのだが、アマゾンの短編作品用プラットフォーム「キンドル・シングルズ」上でヒット作となった。[5]

またアーティストたちには、資金調達の機会も増えている。2012年、セス・ゴーディンは新著となる*The Icarus Deception*（『イカロスの欺瞞』、未邦訳）を書く予算を、クラウドファンディングサイトのキックスターターを通じて集めることにした。そして4時間足らずで4万ドルを手にし、[6]最終的に28万ドルを調達することに成功した[7]。その1年後、テレビドラマ『ヴェロニカ・マーズ』の制作者らは、キックスターターにおいて10時間足らずで200万ドルを集め[8]、合計で570万ドルを調達した[9]。これは同番組のシーズン4が制作されないことが決定した後で、映画版をつくるためだった[10]。

娯楽系コンテンツビジネスにとって、これは何を意味するのだろうか？　まずはそれが意味しないことを考えてみよう。それは映画会社や出版社、レーベルがもはやその役割を果たしていないという意味ではない。メジャー企業はコンテンツ制作の施設や知見、販促予算、流通チャネルへのアクセスといったサポートを、アーティストに対して引き続き提供していくだろう。しかし私たちは前述のような変化が、長期的に見てメジャー企業の力や収益性に対して脅威になると考えている。それはアーティスト自らがコンテンツ制作や配信を行うという潮流の高まりによって、メジャー企業が「アーティスト」「消費者」「ビジネスパートナー」「流通業者」４つの重要な要素に対して持つ影響力に変化が生じるからだ。彼らとメジャー企業との関係について、それぞれ詳しく見ていこう。まずはアーティストだが、彼らはいま、業界の「ゲートキーパー」の助けを借りることなく、コンテンツを創造して配信するという新しいチャンスを手にしている。

アーティスト

あなたが友人と一緒に、それぞれの趣味である作曲と即興喜劇を合体させ、歴史上の有名人の間で仮想音楽バトルをさせるというシリーズをつくろうとしたら、どうするだろうか？　あるいはあなたが、ロマンチックな吸血鬼のヤングアダルト小説を書き、発表したいと熱望していたら？　ダンスとヒップホップ・バイオリンを大勢の人々に披露したいと考えていたら？　つい最近まで、名の知られたアーティストでもなければ、自身の奇妙な創造的活動に賭けてもらうよう業界の有力者を説得できる望みなどなかった。しかし現在であれば、自分の夢をかなえられる可能性は大きくなっている。事実、ここで挙げたのはすべて実在の事例だ。

まずはピーター・シューコフとロイド・アルクイストを紹介しよう。彼らはミュージシャンをバトルさせるというアイデアを現実のものにし、ネット上で一躍有名になった。1990年代後半、アルクイストが自身の即興喜劇グループ「ミッション・インプロバブル」へとシューコフを誘い、彼らはそれ以来チームを組んでいる。このグループは大学のキャンパスや小さなコメディクラブをめぐるツアーを行っていて、そこで定番の出し物だったのが、観客からリクエストされた歴史上の人物によるラップバトルだった。2009年までに、シューコフはこのラップバトルがあらかじめ録画されたフォーマットでのコンテンツに最適ではないかと考えるようになり、ユーチューブ上に自身のチャンネルを開設した。その形式であれば、2人は登場させる人物のリサーチにより時間を割くことができ、掛け合いを編集したり、音声や画像にエフェクトをかけたりすることもできる。シューコフとアルクイストは、このアイデアを現実のものにしようと決めた。

それからどうしたか？　彼らはまず、予算について話し合った。1990年代後半には、プロ級の動画を制作するには特別な機器と高額の設備が必要だったが、2009年までには、スマートフォンがあれば高解像度の映像を撮影でき、さらに洗練されたビデオ・オーディオ編集を行えるソフトが数百ドルで手に入るようになっていた。その結果、シューコフとアルクイストはこのシリーズ『エピック・ラップバトル・オブ・ヒストリー（ERB）』の最初の3本を、たった50ドルの予算で制作することができた。[11]

同様に、2009年までには新しいコンテンツ配信方法が登場しており、シューコフとアルクイストは自分たちの作品を、従来の映像フォーマット（たとえばテレビの30分番組）に合わせて修正し、このニッチなコンテンツに賭けてみるようテレビ局の重役を説得するなどという必要はなかった。2005年にスタートしたユーチューブが、どんな長さの映像でもアップロードして公開することを可能にしていたのである。

制作に関する専門知識やサポートについてはどうだろうか？　シューコフはさまざまな関連動画を見ることで自身の制作スキルを磨いたが、そうした動画は彼がユーチューブ上で見つけたものだ。[12]　クリエイティブ面でのサポートはというと、シューコフは作家のチームを雇う代わりに、ユーチューブのチャンネル登録者にアイデア提供を呼び掛けるということを行っている。彼のファンがジョン・レノンとビル・オライリーの対決を提案したとき、シリーズ2本目のラップバトルの内容が決まった。

レノンに扮したシューコフ（またの名をナイスピーター）とオライリーに扮したアルクイスト（またの名をエピックロイド）が登場するこの動画は、シューコフのユーチューブチャンネル上で2010年9月26日に公開され、最初の2週間で視聴回数が15万回に達した。動画はこんなメッセージで終わっていた。「勝ったのはどちらか？　次に登場するのは誰か？　決めるのはあなただ！」そして大量のコメントが流れ込んできた。そして生まれた第2の動画では、ダース・ベイダーとアドルフ・ヒトラーが登場し、2010年11月に公開されると、5日間で視聴回数は100万回に達した。[13]

シューコフとアルクイストのチャンネルは大きな人気を集め、2015年までに『エピック・ラップバトル・オブ・ヒストリー』は第4シーズンまで制作され、バトル数は50戦、合計再生回数は17億回に達した。ERBチャンネルの登録者数は1220万人で、ユーチューブ上で16番目に人気のあるチャンネルとなっている。[14]　さらにユーチューブだけでなく、『エピック・ラップバトル・オブ・ヒストリー』全エピソードをiTunes上で購入することもできる。事実、10件のエピソード（ダース・ベイダー対ヒトラー、マリオブラザーズ対ライト兄弟、スティーブ・ジョブズ対ビル・ゲイツ、バラク・オバマ対ミット・ロムニーなど）は、アメリカレコード協会（RIAA）から金賞を受賞している。[15][16]

次にアマンダ・ホッキングの例を考えてみよう。彼女はロマンチックな吸血鬼の小説を自己出版し、富と名声を手にした。米ミネソタ州オースティンで育ったホッキングは、10代の頃から、超常現象が登場するヤングアダルト小説を何本も書いていた。しかし25歳になるまで、彼女の努力はほとんど実を結ばず、手元にあるのは17本の出版に至らなかった小説と、伝統的な出版社から送られてきた、原稿の不採用を知らせる通知書の山だけという状況だった。彼女は吸血鬼の物語が好きで、さらにジム・ヘンソン【『セサミストリート』などを手掛けた著名な操り人形師で、「マペット」という言葉も彼が創作した】やマペットも愛していた。ここからが面白いところだ。2010年4月、彼女はマペットに関するコンベンションが11月に開催される予定であることを知る。残念ながら、ホッキングの年収1万8000ドルの仕事（彼女は身体障碍者のためのグループホームで働いていた）では、各種の請求書を支払った後で、ミネアポリスからシカゴへ旅行してコンベンションに参加する予算を捻出することなど不可能だった。しかしあきらめ切れなかった彼女は、旅費と宿泊費の300ドルを手にするため、自分の小説の1本をアマゾン上で売ってみることにした。6か月あれば、アマゾンの自己出版プラットフォームを通じて、300ドルの売上が得られるのではないか――彼女のこの予想は正しかった。アマゾンで作品を公開してから最初の6か月間で、ホッキングは2万ドルを手にした。そして続く14か月間で、250万ドルもの売上が得られたのである。[17]

リンジー・スターリングの物語も同様だ。彼女はオンライン上で、自らを「ダンシング・ヒップホップ・バイオリニスト」と呼んだ。

ヒップホップ・バイオリニストだって？　しかも踊る（ダンシング）ヒップホップ・バイオリニスト？　本当に？「私は芸能プロダクションのオーディションを受けたりしましたが、誰にも私の頭の中にあったビジョンを理解してもらえませんでした」と、スターリングはワシントンポスト紙のインタビューに答えている。また別のインタビューでも、「そんなの市場では受けないよ、と言われ続けました。そんなもの求められていないんだって」と語っている。[18]２００７年、大学の学費を稼ぐために働いていて、さらに（彼女によれば）音楽業界で自分のアイデアを試すだけでも「数十万ドルの費用[19]」がかかることを知って打ちひしがれたスターリングは、自分の動画をユーチューブ上で公開してみることを決めた。そしていまでは、彼女のチャンネルには７００万人近い登録者がおり、動画の合計再生回数は10億回を突破している。[20]彼女は2枚のアルバムを発表しているが、これらは合計でビルボード２００チャートに１２７週間ランクインしており、それぞれ最高で23位と2位を記録している。さらに２０１５年、彼女は55の都市をめぐるワールドツアーを行い、レッドロックスやセントラルパーク・サマーステージなど主要な会場でソールドアウトが起きた。

ここで起きている変化は明白で、そして重要なものだ。ますます多くのアーティストが、メジャー企業を迂回しつつ観客を惹きつけられるようになっており、中には自分で自分を売り出すことに成功し、メジャー企業と契約する際に良い条件を引き出すアーティストも登場している。こうした新しい選択肢が生まれた結果、多くの独立系アーティストたちが独立のままでいる道を選び、映画会社やレーベル、出版社から提供されてきたパッケージ化されたサービスのセットを、彼らが個々に抱える特定のニーズに合う、アラカルト型のサービスに置き換えていくようになると考えられる。

たとえばピーター・シューコフとロイド・アルクイストは、短いデジタルコンテンツの制作に特化している制作会社のメーカースタジオと提携しているが、大手映画会社ではなく彼らと契約したのは芸術的な理由からだと話している。アルクイストは言う。「いまこの時代、ユーチューブ市場において、個々のビジョンを純粋でユニークなものにする必要があるというのが彼らの哲学です。……彼らはさまざまな組織やリソース、サポートを提供しますが、コンテンツの編集はほとんどしません」[21]

リンジー・スターリングは大手音楽レーベルと契約する代わりに、レディ・ガガのエージェントであるトロイ・カーターと契約した。彼はスターリングに、ユーチューブ上で独立したアーティストのままでいることを勧めている。「ラジオやテレビでパフォーマンスするより、ユーチューブ上でコンテンツを公開する方が、より多くの人々に彼女を視聴してもらえます」とカーターは言う。「私たちは彼女を独立系のままにすることで、他のアーティストと同様に、彼女も成功へ導いていきたいと考えています」[22]またカーターは、スターリングが「グッズの取り扱いのために」、独自の流通業者を利用することを計画していると述べている。これは私たちにとって非常に興味深い点だ。流通を支配する力は、これまでレーベルの力を構成する大きな要素と考えられてきたが、カーターを始めとした人々は、それを独自に入手できるコモディティだと捉えるようになっていることを、彼の言葉が示唆しているからである。

もちろん、すべてのアーティストが独立系という道を選べるわけではない。多くの独立系アーティストは、大手レーベル、映画会社、出版社と契約できるのであれば、独立という立場を「卒業」することを選ぶだろう。しかし、メジャー企業にとっての問題は、実際に独立系アーティストたちが卒業しようとした際、彼らがこれまでより多くの選択肢を持つことだ。つまりアーティストたちは、これまでより大きな交渉力を手にしているのである。そうした交渉力が可能にしたのが、アマンダ・ホッキングの2011年4月の大手出版社間の入札競争である。この競争の結果、ホッキングが執筆した小説4篇の英語版版権への入札額は、200万ドルを超えたと報じられている。[23] これは非常に大きな額だ。特にその1年前まで1冊の小説も出版したことがなく、出版社からは断りの手紙が山のように送られてきていた人物に対するものとしては（入札に参加した出版社の中には、そうした断りを以前ホッキングに送っていたところも含まれていた）。

これまでは、ヒットを狙う新しいアーティストたちが獲得した、新たな選択肢についてしか話してこなかったが、テクノロジーの進歩によって、既に成功を収めているアーティストたちも、メジャー企業に対する新たな交渉力と、さらにメジャー企業を完全に迂回してしまうという新たなチャンスを手にしている。たとえばロックバンドのレディオヘッドは、彼らとEMIとの契約が2003年に期限を迎えたとき、この契約を更新しないことを決めた。リードシンガーを務めるトム・ヨークは、「私はEMIの人々を気に入っています。しかしなぜレコード会社が必要なのか、問われなければならないときが来ているのです」と述べている。[24] 2007年、レディオヘッドは新しいアルバム『イン・レインボー』をレコード会社を頼らずに発表した。彼らのウェブサイトRadiohead.comを通じ、コンテンツをファンに直接配信したのである。通常のアルバムの価格である10～15ドルを請求する代わりに、レディオヘッドはファンに対し、いくら払うか自ら決めるように求めた。ファンたちは無料でダウンロードすることも、価値があると思った分だけ支払うこともできた。レディオヘッドはファンの寛大さ（そして中間業者を切り捨てることの利点）について何を学んだのだろうか？　ヨークはワイヤード誌上に掲載されたデビッド・バーンとの対談において、「デジタル版の収益という点で言えば、このアルバムから得られた売上は、レディオヘッドの他のアルバムすべてを合わせた売上より大きかった」と語っている。[25]

2011年、コメディアンのルイ・C・Kは実験を行い、コンテンツの直接配信が持つ力について同じような発見をしている。彼はその実験について、ブログ上で次のように解説している。「私が新作のコメディに極めて安い価格（5ドル）を設定し、購入とダウンロードを可能な限り容易にして、一切の制約を設けないとしたら、いったいいくら稼げるのだろうか？」[26] その答えは、最初の12日間で100万ドルだった。ここから動画制作とウェブサイト開発にかかったコスト（25万ドル）を引いた75万ドルが、彼の手に利益として残った。彼はそのうちの25万ドルを、スタッフに対して「気前の良いボーナス」として配布し、28万ドルをさまざまな慈善団体に寄付して、22万ドルを自分のために残した。[27] それ以来、彼は他に3つのコメディショーをサイト上で公開するようになっている。2015年1月の『ライブ・アット・コメディ・ストア』は、2011年のときよりもメディアによる注目はずっと低かったが、それでもルイ・C・Kによれば、たった4日間で「これまでのどんな作品の売上よりも上回る額を売り上げた」そうである。[28]

だが何といっても、セルフ配信の代表はJ・K・ローリングだろう。彼女は出版社との契約交渉の際、ハリー・ポッター・シリーズに関する電子版の権利を、自らの手元に残すことを認めさせた。さらにその契約では、彼女がウェブサイトPottermore.comを開設し、そこをハリー・ポッター・シリーズの電子版を販売する独占的なチャネルとすることも認められた。オンライン上での電子書籍の売上を90％支配しているアマゾンですら、ローリングの力の前に屈服している。顧客が電子版のハリー・ポッターを購入したいと思った場合、アマゾンは彼らをPottermore.comへと案内し、売上の一部を手数料として得ることしかできない。この取り決めにより、ローリングは顧客との直接のつながりを維持することができ、さらにファンとの関係や顧客ロイヤルティを構築することができる。Pottermore.comの開設時には、1万8000語以上の未発表のコンテンツが公開され、ローリングの言葉によれば、ハリー・ポッターとその世界が「私がこの本を書き始めた頃には存在していなかったメディアの上で生き続ける」ことが可能になった[29]（この点はあまりに皮肉だ。大手出版社を屈服させて、出版業界を変えようとしているアマゾンが、たったひとりの作家が突き付けた「自分の顧客に対する直接的な支配力を維持したい」という要求に従うことを余儀なくされているのである。フィリップ・ジョーンズはこの状況に対して、ガーディアン紙上で「ざまあみろ、なんてもんじゃない」と喜びを示している[30]。

すべてのアーティストが、消費者と直接やり取りするアプローチを取れるわけではない。しかし、そうしなかったとしても、この新しい選択肢は彼らに対し、メジャー企業との交渉時により大きな力を与えてくれるだろう。そうなると大手企業にとっては、利益率の低い契約が増えることになる。これは彼らにとって非常に問題だ。第2章で解説したように、娯楽系コンテンツビジネスは知名度の低いアーティストを抱えるというリスクを補完するために、少数の成功したアーティストが生み出す大きな利益に依存しているからである。

消費者

アーティストとメジャー企業の関係（そしてその関係の収益性）だけでなく、技術の進歩は、メジャー企業とその顧客の関係も変えた。いまや消費者は、さまざまな新しい種類のコンテンツを手にしている。

新しく、アーティスト自らが生み出すコンテンツを、業界が「劣っているもの」として一蹴するという話はいくつも存在する。業界にしてみれば、それはアマチュアレベルで、「自費出版の出版社からしか出版できない作家」や「カバー曲しか歌えないミュージシャン」が手掛けるものであり、プロの作品には太刀打ちできない、というわけである。私たちはこの姿勢を、競争の本質を根本的に誤解したものだと考えている。市場経済において、どの製品とどの製品が競争しているのかを決めるのは、売り手ではなく買い手だ。その製品の品質がどれほど優れているのか、あるいは業界標準に達しているのかどうかは問題ではない。消費者があなたの製品ではなく別の製品を選んだのなら、あなたは競争に負けたのである。そしてまさにそれが、いま起きていることなのだ。ニールセン・サウンドスキャンのデータによれば、音楽ビジネスにおけるインディペンデント系アーティストのシェアは、2007年から14年の間に25・8％から34・5％へと増加しており、いまやインディペンデント系アーティストは、個々の大手レーベルよりも大きなシェアを獲得している。[31] 出版業界も同様の変化に見舞われている。ジョエル・ウォルドフォーゲルとイムケ・ライマースによれば、自費出版のタイトル数は2006年から2012年にかけて300％増加し、伝統的な出版物のタイトル数を上回った。[32] 同様に、アマゾンが販売する350万タイトルの電子書籍のうち、200万タイトルがキンドル・ダイレクト・パブリッシングを通じて販売される独立系の作家によるものである。

しかし消費における最大の変化は、映画業界で生まれている。特にミレニアル世代【米国の若者世代に関する区分で、1980年代半ばから2000年代初頭に生まれた人々を指す】が、メジャー企業による「プロ品質の」コンテンツではなく、自己制作型のコンテンツをよく消費していることを、ワシントン・ポスト紙はこのことを、「古い世代には理解しがたいもの」と報じた。次の統計データについて考えてみてほしい。2013～14年シーズンのテレビ視聴者年齢の中央値は44・4歳だった。さらに主要ネットワークに限定すると、この値は53・9歳となった。いずれも4年前と比べ、それぞれ6％と7％増加している。[33] 若者の映画館利用率は、2002年から12年にかけて40％下落している。[34] 18～49歳の人々のプライムタイムにおけるテレビ番組のリアルタイム視聴率は、2002年から11年にかけて50％下落した。[35] ミレニアル世代の4人に1人が「コードカッター」（ケーブルテレビの契約を打ち切った人）であり、8人に1人が「コードネバー」（過去にケーブルテレビと契約したことのない人）である。[36] 18〜24歳の人々のテレビ視聴は、２０１０年から15年にかけて32％減少した（ただし50〜64歳の人々ではわずか1％の減少）。[37] ２０１４年には、「テレビなしでは生きられない」と回答したのは全世代で57％だったのに対し、18〜24歳では21％のみだった。[38]

若い視聴者たちはどこへ行ったのだろうか？　答えは「オンライン」だ。２０１４年には史上初めて、18〜34歳の人々においてユーチューブがケーブルネットワーク以上の視聴者を獲得し、[39]「スマートフォンなしでは生きられない」と回答した18〜24歳の人々の割合は、２０１１年の22％から50％へと急上昇した。[40]

ビジネスパートナー

ここまで解説したような変化は、メジャー企業にとって危険をはらむのと同時に、チャンスも提供するものである。詳しくは第10章と第11章で触れるが、私たちはメジャー企業が自らのコンテンツを配信するのにオンラインチャネルを活用したり、顧客との新しいつながりを構築したり、コストの下落や新しいテクノロジーを既存のビジネスで活用したりするなど、多くの機会が存在していると考えている。しかし多くの場合、こうした新しい機会を最大限利用することは、既存のビジネスモデルやパートナーにプレッシャーをかけることを意味し、それに対処することは難しいだろう。

そうしたプレッシャーの最も顕著な例は、サプライチェーンの下流における配信テクノロジー自体から生まれる。アーティストが業界のゲートキーパーを迂回して、観客に直接リーチすることを可能にするのと同じ技術を使って、既存のテレビネットワークが消費者の望む場所、望むときにコンテンツを配信することも可能にするのである。これはテレビネットワークにとって素晴らしい話のように思えるかもしれないが、新しい配信チャネルの人気が既存チャネルの収益性を脅かすようになると、そうも言っていられなくなる。そうなった場合に経営陣は、既存のビジネスモデル（それが彼らの手にする報酬と結びついている場合が多い）を取るか、新しい方を取るかという非常に難しい判断を迫られることになる。

新しいビジネスチャンスが、サプライチェーンの上流にいるビジネスパートナーとメジャー企業との関係を複雑にすることも考えられる。たとえば、ユーザーが制作するコンテンツを既存のビジネスに統合しようとすると、想像以上の困難に直面することになる。多くの場合、オンラインのファンは、既存の企業が現状のビジネス構造の中で提供するのは難しいレベルまで、アクセスや参加が可能になることを期待する。ABCは2008年にそれに直面した。この年、同社は成功を収めたオンライン番組『イン・ザ・マザーフッド』の権利を購入した。この番組は2007年に、育児コミュニティおよび「母親によって、母親のために、母親についての」ウェブシリーズとしてスタートしたものだった。『イン・ザ・マザーフッド』が掲げた思想は単純なものだった。同番組のウェブサイトでは、「あらゆる母親が体験する普遍的な経験について何かを言いたい」母親が、ログオンしてリアルな体験を投稿できたのである。投稿された体験談はその後、「オンライン母親コミュニティ」によって選考が行われ、「ウェブ番組のエピソードとして構成される」ことになった[41]。

オンライン上のファーストシーズンでは、スアーブ【ユニリーバのヘアケア製品中心の米国ブランド】とスプリント【米国の携帯電話通信会社】がスポンサーとなり、多くの実力者たちが参加した。その中には、ピーター・ラウアー監督（『アレステッド・ディベロプメント』『マルコム in the Middle』『シャペルズ・ショー』など）や、「常に忙しい、けどいつも楽しい3人のママ友」を演じるジェニー・マッカーシー、チェルシー・ハンドラー、リア・レミニも含まれている。各エピソードはMSNのサイトinthemotherhood.comで独占配信され、ファーストシーズンの合計視聴回数は550万回に達した[42]。MSN上のファンコミュニティは、育児系サイトにおいて5番目にアクセス数の多いサイトとなり[43]、ファンによる投稿は3000件、投票は6万票に達した[44]。

この成功を見て、ABCは『イン・ザ・マザーフッド』の権利を2008年9月に購入し[45]、最初に13回のエピソードを放送した。2009年3月11日、クリエイティブな面でのオンラインコミュニティとの関係を維持したかったABCは、母親たちに自分の最高のストーリーを投稿するよう呼びかけた[46]。そこに割って入ったのが、全米脚本家組合（WGA）だった。彼らはABCの行為が、実質的にファンに無料でストーリーを書くことを要請するものであり、一方でABCとWGAの間の契約では、WGAのメンバーはその仕事に対して対価を得ることになっていると訴えたのである。WGAのスポークスマンであるニール・サシャローは、「この種の要求は契約では認められていません」と指摘した。「実験をさせないことが私たちの目的ではありませんが、仕事をすれば、それに対する対価が支払われるべきです」。これはつまり、WGAの最低報酬である7千ドルを、1件の投稿に対して支払うことを意味していた。

2週間後、ABCは視聴者への呼びかけをウェブサイト上から取り下げ、自社で契約している脚本家に頼ることとなった。しかしそうした脚本家が現実のストーリーと現実の観客が持つエネルギーに対抗することはできず、最初のテレビ放送は期待ほどの視聴者を集めることができなかった。テレビ放送におけるファーストシーズンの途中で、ABCは番組の打ち切りを決めた。

流通業者

新しく登場してきたコンテンツの量だけでも、コンテンツプロバイダーとそのオンライン流通業者との関係に変化をもたらしていると、私たちは考えている。今世紀に入ってから、アーティストが自分自身でコンテンツを生み出すことを可能にしたテクノロジーのおかげで、制作されるコンテンツの量が爆発的に増加した。たとえば新しい本のタイトルは、2000年の12万2000点[47]から2010年の310万点[48]へと急上昇している。同じ期間で、新しいアルバムの数は4倍に増えており[49]、いまやユーチューブ上に1分間にアップロードされる動画の量は、300時間分にまで達している[50]。しかしこうした膨大なコンテンツを、消費者はどうやって選別し、その中から自分の好みに合うものを見つければよいのだろうか？

従来であれば、消費者がコンテンツを消費しようとする前にメジャー企業自らがふるい分けを行い、消費者が気に入ると考えられるものを選ぶ。しかしこのトップダウン型モデルは変わりつつある。コンテンツの「発見」プロセスは、配信プラットフォームを通じて下流に移るようになっているのだ。そうした配信プラットフォームは、大量のコンテンツを集め、消費者の嗜好を学習し、個々の消費者に合うマテリアルを彼らに直接推薦するようになっている。レーベルや映画会社、出版社は、既存のビジネスモデルのままではこの機会を十分に活かすことができない。彼らはそうする代わりに、アマゾンやネットフリックス、ユーチューブ、iTunesといった新しいオンライン流通業者に機会を譲り渡している。それが脅威になっている状況を、次章で解説しよう。

第8章
ナーズの逆襲*
既存コンテンツ産業VSプラットフォーマー

*【映画『ナーズの逆襲』より＊6】

2007年8月31日アップルは、iTunes上でのテレビ番組配信契約の更新をNBCユニバーサルが拒否したと発表した。何が争点だったのか、詳細は明かされていないが、このときアップルは、NBCが提示した3つの要求を受け入れなかったと言われている。その要求とは、iTunes上での価格の柔軟性の向上[1]、ユーザーが海賊版コンテンツをiPodにダウンロードすることを難しくするという海賊行為対策[2]、アップルがiPod販売から得る利益のシェア[3]である。しかしそうした個別の要求の下には、より根本的な問題が潜んでいた。iTunesを通じた映画・テレビ番組販売は、急速に市場支配力を持つようになっており、そのことに業界が危機感を覚えていたのである。この年の秋、NBCユニバーサルのジェフ・ザッカーCEOは、シラキュース大学ニューハウス・スクール・オブ・コミュニケーションの学生に対して、「アップルは価格付けで、音楽ビジネスを破壊しました」と語っている。「そして私たちが適切に管理しなければ、同じことが映像ビジネスにおいても起きるでしょう[4]」。

NBCは3つの理由から、アップルとの契約更新を拒否した。第1に、NBCはこの争いにおいて、自らの方が優位に立っていると考えていた。彼らはアップルのiTunesストアにおいて、映像コンテンツのサプライヤーとしてトップの座に君臨しており、アップルの映像コンテンツ売上の40%を占めると報じられていた[5]。

第2に、タイミングも最適だった。アップルはちょうどipod touchの第1世代を発表しようとしていたところだった。映像再生機能を備えたこの製品のメディア向け発表イベントが、2007年9月5日に予定されていていたのである[6]。消費者がiTunes上でNBCのテレビ番組が購入できないと知ったら、アップルは新製品の販売が難しくなるだろう。フォレスター・リサーチのジェームス・マキヴェイ（McQuivey、P220）は、この状況についてコメントを求められ、「アップルは彼らの映像再生デバイスを価値のあるものとする上で、NBCを始めとしたコンテンツのクリエイターに依存しています」と答えている[7]。

第3に、NBCの視聴者は、NBCの番組をオンライン上で見るにあたって、iTunesに頼る必要はなくなっていた。iTunesがなくても、さまざまなサービスからNBCの番組をセットで購入することができ、NBC.comやHuluなどでストリーミング放送を利用することもできた。また9月4日からは、アマゾンが開設したデジタルコンテンツのダウンロードサービスを通じて、NBCの番組コンテンツを購入することもできる予定だったのである。さらに新しい選択肢の登場が控えていた。11月に、NBCは自社の独自プラットフォーム「NBCダイレクト」を立ち上げる予定で、これはiTunesで提供されているサービスのいくつかを代替するものだった。NBCダイレクトでは、利用者が一部の番組を無料でダウンロードし、ウィンドウズPCで楽しむ（コマーシャル入りで）ことが可能で、またすぐに（2008年初頭を予定していた）マッキントッシュのコンピューターでも利用可能になるとされていたのである。2008年半ばには、iTunesと同様に、ユーザーはコマーシャルの入っていない有料版を購入可能になることが予定されていた。[8]

NBCの見込みでは、これは安全な賭けだった。消費者がNBCのコンテンツをiTunes上で利用できなくなっても、他の多くの合法的なプラットフォーム上でそれを手に入れられる。そしてアップルは、iTunesとiPodのビジネスを守りたければ、すぐに折れてくるはずだ。さらに小売業者たちを手《て》懐《なず》けるために、コンテンツを撤去するという策には前例があった。ちょうど1年前に、ウォルト・ディズニー・カンパニーが小売店チェーンのターゲット（同社の最大のDVD販売チャネルのひとつだった）との争いに際して、同様の戦術を使っていたのである。[9] ディズニーが映画コンテンツをiTunes上でも販売する決定を下したことに不満を持ったターゲットは、ディズニーのタイトルの多くについて、在庫を置かないと宣言した。[10] そして実際にDVDの在庫をディズニーに返却し、店頭から販促用のディスプレイも撤去した。しかしこの策は裏目に出る。同年の11月下旬、ディズニーはターゲットが販売したがっていた、ホリデーシーズン向けのビッグタイトル（『パイレーツ・オブ・カリビアン／デッドマンズ・チェスト』である）のDVDを同社に提供しないとの脅しをかけたのである。[11] ターゲットは彼らの主張を撤回した。

ディズニーがたった1本の映画を出荷しないと脅すことで、ターゲットを引き下がらせることができたのなら、NBCはiTunesの売上の40％を人質に取ることで、アップルの目を覚ませるはずだ。しかしアップルも、自分たちの勝利に自信を持っていた。USAトゥデイ紙から、NBCの離脱がアップルとiTunesに与える影響について尋ねられたスティーブ・ジョブズは、「全体としてはゼロだ」と一蹴した。

正しかったのはどちらか？　相手をより必要としていたのは、アップルか、それともNBCか？

NBCの視聴者がiTunes上でコンテンツを購入できなくなったとき、彼らはどこに向かったのだろうか？　私たちは最後の論点について、NBCがiTunesからコンテンツを引き上げた直後に調査した。その結果判明した事実は、デジタルコマースの世界が急速に進化する中にあっても、自分たちがオンラインの小売業者に対して強い影響力を持っていると信じていた業界の幹部たちを驚かせるものだった。NBCは、自分たちが思っていたほど力を持っていなかった。それまでiTunesを利用していた人々は、HuluやアマゾンといったNBCの合法チャネルに移行するのではなく、海賊サイトに大挙して押しかけ、そしてほとんど戻ってこなかった。私たちはビットトレント上における海賊行為と、NBC番組のDVD売上、さらに対照群（NBCの競合であるABC、CBS、Foxを選択した）の変化に関するデータを調べることで、この結論に至った。私たちはまず、NBCがiTunes上からコンテンツを引き上げた2007年12月1日の後に、海賊行為がどのように変化したかを確認した。その結果は、図8・1（次頁）にまとめている。これを見ると、12月1日以前、NBCコンテンツに対する海賊行為のパターンはABC、CBS、フォックスのコンテンツに対する海賊行為のパターンとほぼ一致していることがわかる。しかしNBCコンテンツがiTunesから撤去されるとすぐに、それに対する海賊行為が急増する。対照群と比較した場合、NBCコンテンツの海賊行為は11・4％増加した。[12]

海賊行為の変化の割合も際立っているが、絶対数で見た場合も、その結果は衝撃的だ。12月1日以降に、ビットトレント上でダウンロードされているNBCコンテンツの1週間あたりの量を調べたところ、12月1日以前にiTunes上で販売されていたNBCコンテンツの、1週間あたりの販売量の2倍に達することがわかったのである。なぜか？　最も説得力のある説明として考えられるのは、私たちがマーケティング・サイエンス誌に掲載された論文で解説したように[13]、かつてのiTunes利用者がひとたびビットトレントの使い方を学んでしまうと、彼らはiTunes上でしていたように、お金を払って数話のエピソードを見るというのはなく、NBCコンテンツの1シーズンの全エピソードを無料で手に入れられるようになってしまうのである。

かつての顧客の多くが、海賊版コンテンツを利用する側に回ってしまっていたという事実は、アップルを交渉の席に戻させるというNBCの戦略にとって、悪いニュースとなった。さらに悪いニュースは続く。かつてのiTunes利用者が大量に海賊サイトに移行

図8.1

2007年12月1日前後の期間におけるNBCコンテンツと
非NBCコンテンツに対する海賊行為の推移

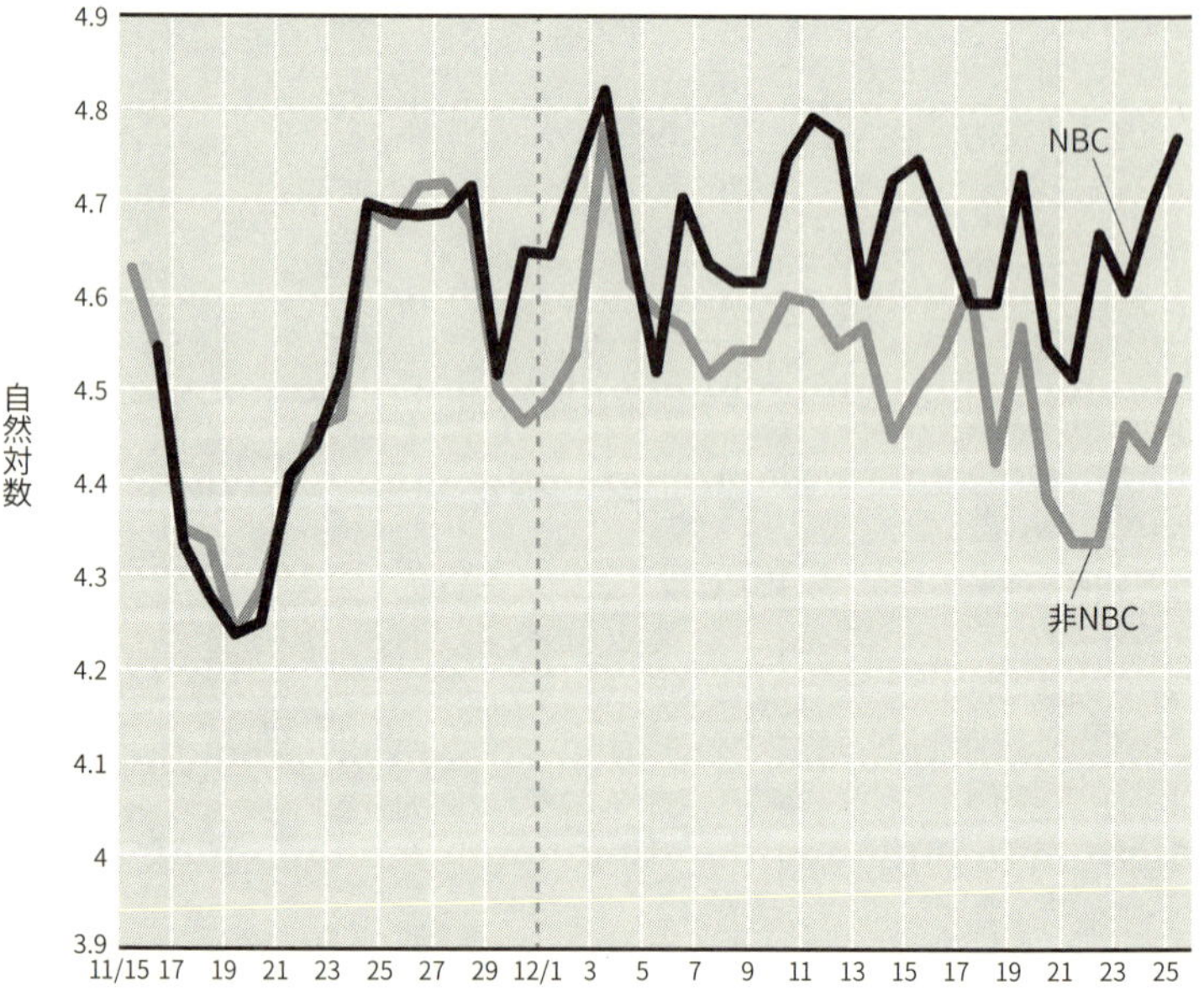

したたけでなく、この移行により、他の海賊サイト利用者がビットトレント上でＮＢＣコンテンツを手に入れやすくなったのである。

なぜ海賊版コンテンツの需要が高まると、それに対する供給も増えるのだろうか？　この問いに答えるためには、ビットトレントのプロトコルが最も効率的に機能するのは、大勢のユーザー（昆虫の群れという意味の「スウォーム」という名前で呼ばれている）が同じコンテンツをアップロード／ダウンロードする場合であることを理解する必要がある。この特徴は、なぜ古いＮＢＣコンテンツの多くが12月１日以前にビットトレント上で入手できなかったのかを説明する。ｉＴｕｎｅｓ上でコンテンツが購入できると、人々はそれをビットトレント上でダウンロードする必要がないため、ＮＢＣのそれほど人気でないコンテンツについて、ビットトレントの「スウォーム」を支援するのに十分な需要が生まれない。しかし12月１日以降、新しいスウォームが登場し、古いＮＢＣ番組の１４７エピソードがビットトレント上で利用可能になった。これには「セイヴド・バイ・ザ・ベル」や「ジーナ」も含まれていた[14]。

それで、なぜＮＢＣがｉＴｕｎｅｓを離脱して以降、そのコンテンツに対する海賊行為が増加したのかを理解できる。しかし、合法コンテンツの消費についてはどうだろうか？　それについて、さらに悪いニュースがある。売上に関するデータを調べたところ、ＮＢＣ番組のＤＶＤボックスの売上に増加は見られなかったのである。またNBC.com、Ｈｕｌｕ、アマゾンの「アンボックス」デジタルダウンロードサービスにおいてストリーミング／ダウンロード売上が上昇したものの、その増加分はｉＴｕｎｅｓ上で得ていた売上のごく一部にしか相当しないことも判明した。要するに、消費者がｉＴｕｎｅｓ上でＮＢＣのコンテンツを購入できなくなったとき、彼らの大部分は合法的なサイトではなく海賊サイトに流れたのである。

これは明らかに、NBCにとってアップルとの交渉における問題となった。しかしNBCが下した、iTunesを離れるという決断は、競合他社にとっても問題をもたらした。データによれば、ABCおよびCBS、Foxのコンテンツに対する海賊行為も、12月1日の直後から5・8％増加しているのである。NBCがiTunes上に留まるという決断を下していたら、非NBCコンテンツがどうなっていたかという仮説を検討することは難しい。しかし、この非NBCコンテンツに対する海賊行為増加の理由として最も可能性が高いのは、かつてのiTunes利用者がビットトレント上でNBCのコンテンツを手に入れる方法を学んだことで、彼らの多くがABC、CBS、フォックスのコンテンツについてもビットトレントで海賊行為を行うようになったという説明だ。この推測は、以前私たちが競合するテレビネットワークの幹部に言われたことと一致している。その幹部によれば、NBCがiTunes上でのコンテンツ販売を取りやめた直後、同社のiTunes上でのコンテンツ売上が急激に減少したそうである。

つまり私たちのデータによれば、NBCがコンテンツをiTunes上から引き上げると決定したことは、アップル以上にNBCにとってマイナスとなった。NBCの顧客は大挙して海賊サイトに移行し、かつてのiTunes利用者は、他の合法サイトを利用するようには、ほとんどならなかった。この事実は、2008年の秋シーズンが始まるやいなや、NBCが同社のコンテンツをiTunes上に戻し、およそ1年前に拒否したのとほとんど変わらない契約条件を受け入れることに合意した理由を説明している。[15] 当然ながらこの決断は、新たな疑問を生み出す。NBCのコンテンツが再びiTunes上で利用可能になったとき、消費者はどう反応したのだろうか？

データによれば、2008年9月8日にNBCがiTunesに戻ってくると、同社のコンテンツに対する海賊行為は減少したが、たった7・7％だけであった。この下げ幅は、絶対的にも相対的にも、

2007年12月の海賊行為増加分よりはるかに小さかった。明らかに、NBCの戦略は裏目に出たようだ。コンテンツの撤去は、かつてのiTunes利用者の大半を海賊行為に向かわせることとなった。そしてひとたび彼らがビットトレントの使い方を学ぶと、彼らをiTunesに呼び戻すことは非常に困難だったのである。

しかし、それはなぜなのだろうか？　ディズニーのような映画会社が、ターゲットのような従来型の大手小売業者を手懐けるのに有効だった戦略が、アップルに対しては機能しなかったのだろうか？　なぜ映画会社、レーベル、出版社から、小売業者へと力がシフトしたのだろうか？

◇◇◇

これまでの私たちの研究で、ロングテールと海賊行為、アーティストの力の強化が組み合わさった場合に、インターネットが娯楽系コンテンツビジネスを脅かすことが確認された。また、インターネットは小売プラットフォームを生み出し、少数の支配的プレイヤーに力を集中させがちなことでも、この業界の脅威となる。

もちろんある程度においては、そうした新しい小売プレイヤーはこの業界を支えてきた。アマゾンは多くの本を販売し、いろいろなやり方で電子書籍ビジネスを確立させた。また多くの研究者が、iTunesが音楽ビジネスを救い、ネットフリックスがテレビ番組制作の新たな黄金時代を拓いたことに合意している。しかしそれぞれの市場におけるアマゾン、iTunes、ネットフリックスの支配は、もはや映画会社、レーベル、出版社が、交渉を通じて小売業者間で競わせるという従来の戦略には頼れなくなったことを意味している。事実、多くの点において、この状況は完全に逆転しているのである。

出版社（特に小規模な会社）のアマゾンとの交渉を例に挙げよう。中小の出版社は当初、アマゾンが提供するサービスの最大の受益者だった。アマゾンは彼らが大手書店チェーンでは手に入れられなかった、自社の書籍の陳列という価値を提供したからである。しかし同社への依存は、コストを伴うものだった。中小出版社はアマゾンのサービスに頼り切りになるようになり、２００４年までに、アマゾンはその力を行使する準備を整えた。ブラッド・ストーンが著書 *The Everything Store*（邦訳『ジェフ・ベゾス 果てなき野望』）で解説しているように、アマゾンの中小出版社に対する交渉戦略は、内部的には「ガゼル・プロジェクト」として知られていた。この名が付けられたのは、ジェフ・ベゾスがアマゾンは「こうした中小出版社に対して、チーターが弱ったガゼルを追いかけるのと同じやり方でアプローチすべき」と提案したためである[16]。アマゾンの弁護士がのちに、この名前をそれほど挑発的でない「中小出版社交渉プログラム」と変更しているが、中身は一緒だった。逃げ場のなくなった出版社から搾り取るという姿勢である。アマゾンがそうした出版社を搾取するのに使った方法のひとつが、協力広告料の支払いを要求するというものだった。従来の書店ビジネスでは、出版社や他の業界の企業が「協力費」を小売業者に支払い、見返りとして店頭に特別な棚を用意してもらったり、他の販促施策に協力してもらったりするという行為が一般的に行われていた。アマゾンはこれを一歩進め、出版社に対し、さまざまな特権を与える代わりに売上の２～５％を協力費として支払うことを要求したのである[17]。そうした特権の中で特に重要だったのは、アマゾン内での商品検索結果に、自社の商品を表示させる権利だった。

この要求は中小出版社にとって過酷なものだった。メルヴィル・ハウスのデニス・ジョンソンは、このいじめに立ち向かうことを決めた。「『ふざけるな』というのが私の答えです」と、彼は２０１４年のニューヨーカー誌の記事で述べている。「どうせはったりです。やれるものならやってみろ、ですよ」[18]

残念ながら、アマゾンは本気だった。2004年4月1日、ジョンソンがパブリッシャーズ・ウィークリー誌に彼の主張を掲載し、アマゾンの「いじめ」戦略を公に非難した翌日、アマゾンはメルヴィル・ハウスの商品が表示される画面から「購入」ボタンを取り除いた。競争の激しいビジネスにおいて、すでに利益率の低さに苦しんでおり、アマゾン上で失った売上を他のチャネルで補塡することもできなかったメルヴィル・ハウスは、協力費の支払いに合意した。「購入」ボタンは再び表示されるようになった[19]。ジョンソンはのちに、「これは暴力以外の何物でもありません」と、ニューヨークタイムズ紙のインタビューで訴えた。「マフィアが同じことをしたら、違法になる行為ですよ」

生死を握られるほど依存しているパートナーから、拒否できないリクエストを受け取ることになったのは、メルヴィル・ハウスだけではなかった。アマゾンは相手の大小を問わず、出版社との交渉において協力費の支払いを要求の一部にしていたと報じられている。さらにその要求は、次第に高額になっていった。2004年には売上総額の2〜5%だったものが[20]、2014年には大手出版社に対して5〜7%を、さらには小規模な「ガゼル」に対しては14%もの要求を行っていたといわれている[21]。業界誌ザ・ブックセラーの編集者であるフィリップ・ジョーンズは、出版業界においてアマゾンが果たしていた諸刃の剣の役割について、印象的な解説を行っている。彼はBBCに対し、「（出版社にとって）起こり得る最悪の事態は、アマゾンがなくなってしまうこと。そして2番目に悪い事態は、彼らがより支配的な存在になることです」と語った[22]。

支配的なオンライン小売業者が恩恵であると同時に災厄であるという状況は、当然ながら出版業界に限った話ではない。音楽業界では、iTunesがナップスターの脅威から音楽ビジネスを救い、レーベルがCD売上に依存せずに済むようにしたと広く信じられている。アメリカレコード協会のキャリー・シャーマン会長は、「アップルはiTunesとその他のプラットフォームを立ち上げることで、音楽にお金を払うことを、再び簡単で受け入れられるものにした」との見解を示している。[23] しかし同時に、アップルは力を得て、大手レーベルに対してさえ自由に契約条件を設定できるほどになった。著書 *Appetite for Self-Destruction: The Spectacular Crash of the Record Industry*（『自壊の欲求：レコード業界の歴史的崩壊』、未邦訳）において、スティーブ・ノッパーは、アップルが英国のバンドであるコールドプレイのアルバム『静寂の世界』を、12ドル99セント（合意された販売金額）ではなく11ドル88セントで販売していることを、EMIが発見した後に何が起きたかを解説している。EMIがアップルに抗議の電話をかけると、アップルの代表者は価格の訂正を申し出るのではなく、「わかりました、それで？　商品の取り下げをお望みでしょうか？」と答えたそうである。

また娯楽系コンテンツビジネスは、アマゾン、ネットフリックス、その他同様のサービスがいま、コンテンツの露出を高め、そして誰がそのコンテンツを購入しているのかという市場データを得る上で果たしている役割について考えなくてはならない。たとえば2009年、NBCユニバーサル・テレビジョン・スタジオのアンジェラ・ブロムスタッド社長は、同社の番組『ジ・オフィス』の成功において、iTunesが重要な役割を果たしたと説明した。彼女によれば、iTunesからもたらされたデータによって、NBCは「（同番組の）本当の潜在力を把握する、ニールセン・メディア・リサーチ（から提供されるデータ）以外の手段」を手に入れた。iTunesのデータがなかったら、「この番組のオンエアが続いていたかどうかわからない」と彼女は付け加えた。[24] 同様に、AMCのジョッシュ・サパン社長兼CEOは、テレビドラマ『ブレイキング・バッド』の最初の4シーズンをネットフリックス上で公開したことで、同

表8.1
従来型店舗とオンライン店舗のシェア比較（書籍・音楽・映画市場）

	市場シェア	
	従来型店舗	オンライン店舗
書籍	紙版（2013年）[(a)]：バーンズ＆ノーブルとボーダーズ（合計）23%	紙版（2013年）[(b)]：アマゾン 64% 電子版（2014-15年）[(c)]：アマゾン 64～67%
音楽	CD（2000年）[(d)]：ベストバイ 18%、ウォルマート 16%	デジタルダウンロード（2015年）[(e)]：iTunes 80～85% 音楽ストリーミング（米国）：スポティファイ 86%
映画	DVD売上（2005～06）：ウォルマート 30～40%[(f)]、ターゲット 15%[(g)]	映画ストリーミング合計（2012年）[(h)]：YouTube 63% 映画ストリーミングおよびダウンロード合計（2010年）[(i)]：ネットフリックス 61% DVD売上（2005年）[(j)]：アマゾン 90% デジタル映画ダウンロード（2012年）[(k)]：iTunes 65%（映画）、67%（テレビ番組） デジタル映画レンタル（2012年）[(l)]：iTunes 45%

(a)　次の書籍を参照。The Book Publishing Industry, third edition, ed. A. Greco, J. Milliot, and R. Wharton (Routledge, 2013), p. 221; also see *http://www.publishersweekly.com/pw/by-topic/industry-news/bea/article/62520-bea-2014-can-anyone-compete-with-amazon.html.

(b)　次の記事を参照。http://www.publishersweekly.com/pw/by-topic/industry-news/bea/article/62520-bea-2014-can-anyone-compete-with-amazon.html. このレポートでは、オンライン店舗での売上が、紙版書籍の売上全体の41%を占めていることも報告されている。また次の記事では、電子書籍が書籍売上全体の30%を占めていることが報じられている。http://www.forbes.com/sites/jeffbercovici/2014/02/10/amazon-vs-book-publishers-by-the-numbers/.

(c)　次の記事を参照。http://www.wsj.com/articles/e-book-sales-weaken-amid-higher-prices-1441307826.
他のレポートでは、アマゾンの電子書籍市場におけるシェアが65% (http://www.forbes.com/sites/jeffbercovici/2014/02/10/amazon-vs-book-publishers-by-the-numbers/) から67% (http://www.publishersweekly.com/pw/by-topic/industry-news/bea/article/62520-bea-2014-can-anyone-compete-with-amazon.html, http://www.thewire.com/business/2014/05/amazon-has-basically-no-competition-among-online-booksellers/371917/) と見積もられている。

(d)　Ed Christman, "Best Buy Acquires Musicland Chain," Billboard , December 2000, pp. 1 and 82.

(e)　http://www.wsj.com/articles/apple-to-announce-new-music-services-1433183201

(f) 2005年、エドワード・ジェイ・エプスタインがウォルマートのDVD市場におけるシェアを30%と推定し（http://www.slate.com/articles/arts/the_hollywood_economist/2005/12/hollywoods_new_year.html）、NPDグループはそれを37%と推定した（http://variety.com/2005/biz/features/store-wars-1117932851/）。2006年、ニューヨークポスト紙は、ウォルマートのDVD市場におけるシェアを40%と報じている。(T. Arango, "Retail-iation: Wal-Mart Warns Studios over DVD Downloads," September 22).

(g) 2006年、ウォールストリートジャーナル紙は、ターゲットの従来型店舗でのDVD市場におけるシェアを15%と報じている。(S. McBride and M. Marr, "Target, a Big DVD Seller, Warns Studios Over Download Pricing," October 9, 2006 http://www.wsj.com/articles/SB116035902475586468).

(h) ニールセンは、2012年5月におけるビデオストリーミングの視聴回数が262億回であり、その中でYouTube上での視聴が165億回であったと報じている（http://www.nielsen.com/us/en/insights/news/2012/may-2012-top-u-s-online-video-sites.html）。

(i) ハリウッド・リポーター誌は、NPDグループによる調査結果を引用する形で、オンライン上でダウンロードもしくはストリーミングされた映画全体のうち、ネットフリックスによる配信が61%でトップ、コムキャストが第2位で8%を占め、iTunesは4%だけだったと報じている。

(j) J. Netherby, Amazon.com Dominates in Online DVD sales, Reed Business Information, Gale Group, Farmington Hills, Michigan.

(k) *https://www.npd.com/wps/portal/npd/us/news/press-releases/the-npd-group/

(l) https://www.npd.com/wps/portal/npd/us/news/press-releases/the-npd-group-apple-itunes-dominates-internet-video-market/, *https://www.npd.com/wps/portal/npd/us/news/press-releases/the-npd-group-as-digital-video-gets-increasing-attention-dvd-and-blu-ray-earn-the-lions-share-of-revenue/

番組の第5シーズンの視聴率が200％上昇したと解説した[25]。

この問題の規模について理解するためには、表8・1にまとめられた統計を参照してほしい。一般公開されているデータを検証したところ、現在の米国では、書籍、音楽、映画のそれぞれの市場における最大のオンライン小売業者は、従来型の小売業者の中で1位と2位の企業が持つ市場シェアを合わせたよりも、大きなシェアを占めていることがわかった。

各市場で最大のオンライン流通業者は、従来型の競合他社よりも力を持っている。それは各地域の市場で圧倒的なシェアを占めているという点だけでなく、世界的な規模でビジネスを拡大しているという点においてもそうだ。物理的な店舗の世界では、ある国において市場をリードする存在になっても、それが他の国にまで影響することはほとんどない。たとえばウォルマートは米国において、従来型小売業者として市場を支配する存在だが、他の国々ではほとんど力がない。それとは対照的に、米国市場を支配するデジタル流通業者は、世界中の国々で同じような支配的地位を築いている。

売上全体の中でインターネットを通じたものがわずかな割合しか占めていなかった時代には、そこにおける市場支配力は、それよりずっと大きな利益を生み出す物理的な流通チャネルからすれば、多少不快に感じるといった程度のものに過ぎなかった。しかし映画市場では2008年[26]、書籍市場では2012年[27]、音楽市場では2014年[28]にそれぞれ、デジタルチャネルでの売上が物理チャネルでの売上を上回るようになり、それ以来強力なオンライン小売業者は、すべての娯楽系コンテンツビジネスにおける大きな頭痛の種となっている。

つまり何か非常に興味深いことが起きたのだ。第2章で解説したように、何十年もの間、大手出版社、レーベル、映画会社は、業界に対する支配力を維持するために、参入障壁や規模の経済に頼ってきた。しかし現在では力のバランスが変化し、大手オンライン小売業者が支配するゲームをプレイし、そして勝利しようとしている。

◇◇◇

オンライン小売業者が利用している、新しい参入障壁と規模の経済とは何だろうか？　そしてそれらは、娯楽系コンテンツビジネスにおけるこれまでの権力構造にとって、長期的な脅威となるのだろうか？　こうした質問に答えるため、本章の残りの部分では、オンライン上での競争の重要な要素がもたらす参入障壁と規模の経済に焦点を当てる。その要素とは、消費者の検索コストとスイッチングコスト、プラットフォームへの囲い込み、情報のバンドル、オンラインプラットフォームの開発の4つである。

消費者の検索コストとスイッチングコスト

ロバート・カットナーが1998年に、インターネットを「ほぼ完璧な市場」と表現していたのを覚えているだろうか？　それから1年も経たないうちに、デビッド・ショー（ジェフ・ベゾスがアマゾンを立ち上げる前に働いていたヘッジファンド、D・E・ショーのトップだ）が、それとはまったく異なる見解をインターネットに対して示した。彼はニューヨークタイムズ紙に対して、「あなたのしたいことが、単に何かを売りに出すことであれば、インターネット上の参入障壁は非常に低い」と語った。「しかし何かを大量に売りたいのであれば、参入障壁は高くなり、しかもかつてないほどの高さになるのだ[29]」

ショーが示した見解は、このテーマに関する学会のコンセンサスと一致している。それがどのようなものかについては、2000年に出版された書籍の中で、エリック・ブリニョルフソン、ジョー・ベイリーと著した章において解説している。私たちが確認した学術論文では、ほとんどの消費者市場について、研究者たちは2つの理由から、インターネットがほぼ完璧な市場であるという考え方を否定していた[30]。第1の理由は、消費者がオンライン上で検索を行う際に直面する、時間と認知的努力のコストと関係している。通常、オンライン上で何らかの情報を見つけるのは簡単だが、情報があまりに多いと、簡単に消費者は圧倒されてしまう。彼らの多くは（他に良い言葉がないのでこう表現してしまうが）、怠け者なのだ。全体として、彼らは価格を比較したり、競合するオファーを複数吟味したり、不慣れなウェブサイトの使い方を覚えたりということをしたがらない[31]。事実、彼らはこうした作業を回避できる小売業者から購入できるのであれば、数ドル余分に払う意思があることもわかっている[32]。

2番目の理由は、不確実性に関係がある。物理的な店舗の世界では、書店の質についてあまり心配する必要はない。あなたは店員にお金を渡し、店員はあなたに本を渡す。しかしオンライン上では、信頼性が重要になる。素性の知れないこの小売業者は、時間通りに本を届けてくれるのだろうか、それとも発送すらしてくれないのではないか？　返品の条件は合理的だろうか？　あなたの情報を広告主に売ったり、スパムメールを送り付けてきたりしないだろうか？　これらを判断するのは難しく、そこがまさにポイントとなる。小売業者の質を構成する要素の一部は、オンライン上では物理的な店舗の場合よりも重要になり、加えて、より評価しづらくなる。そして小売業者の質が重要で、かつそれが評価しづらい場合、消費者はすでに馴染みのある業者を利用したり、他の消費者が利用している人気の業者を利用したりする傾向がある。

パーソナライズされたお勧めの提供も、消費者に対してスイッチングコストをもたらすことになる。オンライン店舗がある利用者の好みについて学べば学ぶほど、その利用者の趣味嗜好に基づいて、より正確に商品をお勧めできるようになる。するとそれが、そうしたパーソナライズされたお勧めの実現に必要な顧客データを持たない新規参入者にとって、大きな参入障壁となる。

ここで最も重要な点は、消費者の検索コストとスイッチングコストは、確立されたオンライン市場への参入障壁を形成するということだ。そして消費者の注意を引き、信頼を勝ち取ることに対するハードルは、常に上がり続けている。

プラットフォームへの囲い込み

第2の障壁は第1のものに関係しているのだが、それはコンテンツがデジタルの場合、特に重要になる。その内容は、消費者はデジタルコンテンツをあちこちのプラットフォームに分散させて所有するよりも、すべてをひとつのプラットフォームにまとめるというシンプルさを重視する、というものだ。映画を見ようとしたときに、さまざまなプラットフォームの使い方を覚えて、さらにどのコンテンツがどのプラットフォームにあるかを記憶したり、各サービスの権利や利用条件を把握したりといった面倒を厭わない消費者などいるだろうか?[33]

前述の検索コストとスイッチングコストだけでなく、テクノロジーそのものがデジタルコンテンツを特定のデジタルプラットフォームに集中させるという効果をもたらし、新たな参入障壁をつくり出すのである。DRMソフトごとに異なるエンコード方法を採用していることが、特定の小売業者のエコシステムにコンテンツの購入を集中させる結果をもたらすことも多い。裁判所や法学者は、これが重大な反トラスト法問題を引き起こしていると訴えている。消費者がひとたびiTunes上で複数の映画を購入したり、キンドル上で複数の書籍を購入したりすると、新規参入者（たとえばアップルのiBookstore、バーンズ&ノーブルの電子書籍サービス「ヌック」、アマゾン・インスタント・ビデオ【現：プライム・ビデオ】、グーグル・プレイなど）が市場での足場を確保することが難しくなるからだ[34]。

情報のバンドル

デジタル化によって、製作者がエンタテインメント商品を大きなセットにして売ることは、物理的な商品で同じことをする場合より容易で、さらに利益の出るものになった。そしてこうした形で情報をバンドルすることは、大きな規模の経済を生み出す。極端な例になると、バンドルを最大の規模で行った企業が、「勝者総取り」の結果を手にする場合すらある[35]。

バンドルの実施を正当化する経済的根拠は、第3章で解説した価格差別化戦略の根拠に似ている。商品が個別に販売され、異なる消費者がそれぞれの商品に根本的に異なる価値を認めた場合（たとえば『ティファニーで朝食を』『スクリーム』『キューティ・ブロンド』『フープ・ドリームス』はそれぞれ異なるタイプの作品だ）、経済理論の上では、製作者は価格差別化戦略を採用して利益を最大化すべきであるとされている。しかし商品が単体で販売されている場合に、価格差別化戦略が最も効果を発揮するためには、売り手は各商品に対して消費者が認める価値を正確に予測し、それぞれの消費者に対して、彼らが認めた価値に合った価格を設定する必要がある。

複数の商品をバンドルして販売することで、売り手はこれを非常に効率的に行うことができる。売り手がバンドルしている商品が多ければ多いほど（たとえばネットフリックス上には1万以上のタイトルが用意されている）、彼らは消費者全体で考えた場合のバンドルの平均価値を正確に予測できる。誰もが同じ作品に同じ価値を認めるわけではないが、大規模なバンドルでは、個々の価値の間にある差異は平均化される。そしてその商品のバンドルに対して消費者が払おうとする平均価値を正確に把握することができれば、売り手に残された作業は、その平均価値よりわずかに低い価格を設定するだけだ。

消費者の側から見た場合、ロジックはさらに単純になる。ひとつのバンドルの中に含まれる商品が増えれば増えるほど、そのバンドルは消費者により大きな利便性を提供してくれることになり、消費者が支払おうとする額は上昇する。そして競合するバンドルに移ろうとする消費者の数も減ることになる。

しかしこれは、同じ消費者を巡って争う2つのバンドルが存在した場合、より多くの商品が含まれるバンドルを用意できた企業の方が、個々の消費者がバンドルに対して行う評価を正確に予測できるようになり、したがって少ない商品から成るバンドルを提供する企業よりも、利益を生み出せるようになることを意味する。同様の利点は、バリューチェーンの上流における競争でも生まれる。ヤニス・バコシュとエリック・ブリニョルフソンによれば、コンテンツのライセンスに関する交渉において、「より大きなバンドルを提供している企業は、小さいバンドルを提供している企業よりも高い値を付けることができる」が、その理由は大きなバンドルを提供する企業が、自分たちが小さなバンドルを提供する企業よりも「コンテンツから大きな価値を引き出せる」ことを知っているからである[36]。

オンラインプラットフォームの開発

物理的な小売店のビジネスを拡大し、より多くの消費者を相手にする場合、追加の土地や建物をリースし、新たな在庫を購入して、より多くの従業員を雇うことになるのが一般的だ。これはお金のかかる選択肢となる。しかしオンライン上では、いちどフロントエンドとバックエンドのシステムが整備されると、より多くの顧客に対応するためそうしたシステムの規模を拡大するのは、比較的容易な作業である。そして実際の参入障壁となるのは、信頼性が高く効率的なシステムを開発するための初期投資であることがわかっている。

本章の冒頭で解説したように、NBCは自社のプラットフォーム「NBCダイレクト」を立ち上げようとしたが、その際にフロントエンドシステム／バックエンドシステムを開発するコストと複雑さがどれほどのものかを実感した。開発されたプラットフォームは、ベータ版を抜け出すことができず、常に酷評を受けていた。ワイアード誌はそれを使った経験を「かなりフラストレーションがたまる」と表現し、テクノロジー系ニュースサイトのアルス・テクニカは「NBCの新しい戦略である『NBCダイレクト』は、番組コンテンツをオフラインで視聴することを不快なものにしており、ユーザーをHuluへと追いやっている。あるいはビットトレントかもしれない」と疑問を呈した[37]。

プラットフォームの技術的な立ち上げの難しさを経験した企業は、NBCだけではない。娯楽系コンテンツビジネスには、プラットフォームの立ち上げに失敗した例がいくつも存在する。プレスプレイとミュージックネットを覚えているだろうか？　いずれも音楽業界がiTunesへの対抗として立ち上げたものだ。もっと最近で言えば、ＨＢＯが自社のストリーミングプラットフォーム「ＨＢＯゴー」のバックエンド用システムを立ち上げようとした例が挙げられる。フォーチュン誌の記事によれば、ＨＢＯはシアトルに55名の開発チームを設置し、１年間で１億ドル以上を投じた。[38] しかしそこから得られたのは、バグだらけのシステムだけで、同社のテレビドラマ『ＴＲＵＥ ＤＥＴＥＣＴＩＶＥ／二人の刑事』のシーズン最終話（２０１４年３月）の途中でダウンし、さらに『ゲーム・オブ・スローンズ』の初回（同年４月）にもダウンするという有様だった。２０１４年12月、ＨＢＯはバックエンド用システムの内製を諦め、それを外部ベンダーであるメジャーリーグ・ベースボール・アドバンスト・メディアにアウトソースすることを決定した。[39]

コンテンツ配信の重要な部分を他のエンタテインメント企業にアウトソースするというのは、大きな戦略的リスクになるのではないかと感じるかもしれないが、ＨＢＯの場合はそうはならなかった。なぜか？　その理由は、ＨＢＯとメジャーリーグが非常に異なる市場でビジネスを行っているためだ。しかしそうでない場合はどうなるのか？　サプライチェーンの下流におけるテクノロジーパートナーが、既存の娯楽系コンテンツビジネスの流通戦略において重要な役割を演じるようになり、独自のコンテンツを制作することでこれらの企業と対決する姿勢を見せるようになったら？　この業界では、こうしたケースが増えてきている。次章でその意味について考えてみよう。

第9章

マネーボール

プラットフォーマーの力の源泉

人間は……信念と偏見に基づいて行動する。それらを拭い去り、データで置き換えることができれば、明らかな優位性が得られる。

——ジョン・ヘンリー、球団オーナー、マイケル・ルイス『マネー・ボール』より

私たちはあらゆるものの視聴データを持っている。

——テッド・サランドス、ネットフリックス、コンテンツ最高責任者

1990年代の終わり、米国のプロ野球のスカウトたちは、チャド・ブラッドフォードという名の若いマイナーリーグのピッチャーに注目していた。彼はミシシッピーの田舎町出身で、一風変わった投球フォームの右投げ投手だった。ブラッドフォードは優れた成績を残していたものの、普通の選手とは異なる、変わった存在だった。いわゆる「サブマリナー」（アンダースローの投手）だったのである。彼の速球は、平均で時速81～84マイル（約130～135キロメートル）しかなかった。メジャーリーグの標準からすると、

これはかなり遅い部類に入り、そしてどんな標準から見ても、彼の投球は奇妙というしかなかった。マイケル・ルイスは2003年の著書*Moneyball*（邦訳『マネー・ボール』）において、マウンド上でのブラッドフォードを次のように描写している。

彼は折り畳み式のナイフのように、腰のところで大きく体を曲げる。まるでジルバを踊るダンサーが、パートナーにもたれかかるかのようだ。そして球を握った手を、プレートめがけて、地面すれすれまで急降下させる。そして地面まで1インチもないというところで、ボールを指から離す。スローモーションでリプレイされると、彼の投球はピッチングというより、鳩に餌をやるか、サイコロを投げているかのようだった。[1]

スカウトたちは、このような投球フォームを信じることができなかった。マイナーリーグでの成績が良いことは確かだったのだが、メジャーリーグでは食い物にされるに違いないと、ただそう感じられたのである。

しかし実際には、ブラッドフォードの成績と、メジャーに昇格した別のピッチャーの成績を比較すれば、彼にチャンスを与えるべきであることは明らかだった。彼は四球数も少なく、1イニングに平均で1回の三振を奪っていた。彼はオーバーハンドのピッチャーよりもプレートに近い位置でボールを放すため、それがバッターまで届くまでの時間は、オーバーハンドの速球投手が投げるボールと同じだった。バッターは経験的に、ボールがそんなに速く届くはずがないと感じているため、彼の投球に混乱した。さらにブラッドフォードの放つボールは、いちど浮いてからプレート近くで沈むため、打たれてもゴロになり、フライにはならなかった。その結果、ホームランを打たれることがほとんどなく、二塁打や三塁打の数も少なかった。

『マネー・ボール』を読んだことがあるか、それに基づく映画『マネーボール』を見たことがあれば、それから何が起きたか知っているだろう。自身が「変わり者」だった1人のスカウトが、ブラッドフォードに興味を持った。彼はブラッドフォードの投球フォームが変わっていることなど、意に介さなかった。単に彼の成績に興味を持ったのである。彼はブラッドフォードにチャンスを与えるよう、シカゴ・ホワイトソックスを説得した。１９９８年、ホワイトソックスはドラフトを通じて、彼をファームの選手として迎えた。

ブラッドフォードは前途有望とは言い難いスタートを切った。ピッチングコーチたちは彼を見て、ブラッドフォードは「望み薄」だとぶっきらぼうに言い放った。しかしそこからブラッドフォードの活躍が始まる。カルガリーに拠点を置くホワイトソックス傘下のトリプルAチームでプレイした彼は、相手チームを手玉に取り、メジャーに昇格させてもおかしくない成績を残した。ホワイトソックスがその通りにすると、彼の輝きはさらに増した。リリーフ投手として起用されると、彼は対戦した最初の7人のバッターからアウトを取った。12回連続無失点という記録を残し、1本のホームランも許さず、そのシーズンは防御率3・23という素晴らしい成績を残した。

こうして過小評価されていたピッチャーは、ついにその実力にふさわしい、巨額の年俸を手に入れたのでした――めでたしめでたし、でしょう？

残念ながら、そうはならなかった。「ホワイトソックスはチャド・ブラッドフォードの成功を信じなかった」とルイスは書いている。「ホワイトソックスのフロントは、彼が残した数字を信じなかった。数字を信じずに、主観的な評価に戻ってしまったのである。チャドはメジャーリーガーらしくない。チャドが成功したのはまぐれだろう」[2]

こうしてブラッドフォードは活躍したにもかかわらず、再びトリプルAに戻された。彼はそのまま、2000年まで惨めなシーズンを過ごすことになったが、その年オークランド・アスレチックスのゼネラルマネージャーであるビリー・ビーンが彼を見出し、23万7千ドルという破格の年俸で手に入れた。

ビーンには策があった。球界で最も予算が小さな球団のひとつを任されていた彼は、あることを決意していた。それは必要に駆られたのと同時に、強い確信があったからなのだが、過小評価されている選手を集めてチームをつくるというものだった。そしてそれを実現するために、もうひとつ決意していたのが、従前のような主観的で直感に頼った評価（ルイスはそれを「古い野球人たちの集合知[3]」と評した）を排除することだった。ビーンはそれを、野球界に蔓延《まんえん》する誤った判断や、誤ったマネジメントをもたらすものと考えたのである。彼はその代わりに、データに強い人材を集めて作ったチームの助けを借り、選手の評価を中立的な分析に基づいて行う手法を編み出し、導入した。そしてその分析手法を駆使して、優れた選手を安く契約したのである。ルイスはビーンの哲学を紹介する形で、「統計データを使うことで、野球界のさまざまなナンセンスに惑わされずにすむ」と記している。[4]ビーンにとって、これまでに誰も同じことをしようとしなかったのは、不思議で仕方なかった。たとえば伝統的な野球関係者は、ピッチャーが何本のヒットを打たれるかという点に大きな注目を置く。しかしそれには意味があるのだろうか？　打たれたヒットの数は、ピッチャーの能力だけでなく、野手の能力も大きく関係するのではないか？　ショートが位置取りを誤って、内野へのゴロが外野に届いてしまった場合、それはピッチャーの責任ではないのではないか？

ビーンは長年、何か新しい考え方を導入するべきではないかと感じていた。それを見出すために、彼はボロス・マクラッケンに注目した。彼はアマチュアの統計専門家で、熱狂的な野球ファンであり、「ＤＩＰＳ」と名付けられた手法を編み出していた。これは Defense Independent Pitching Statistics（守備に依存しない投球の統計データ）の頭文字を取ったもので、打たれたヒットの数よりはるかに正確にピッチャーの能力を把握できると彼は訴えていた。守備に依存する形での統計データでも、ブラッドフォードの成績は素晴らしいものだったが、ＤＩＰＳ分析だとそれはさらに高い評価となり、ビーンはブラッドフォードを彼のチームに加える決心をしたのだった。

ビーンと彼のデータオタクたちは、こうした分析をピッチングだけでなく、野球の試合におけるあらゆる側面に当てはめるというアプローチを数年にわたって行い、他の球団がほしがらなかった選手を集めてチームをつくった。彼らが何をしているのか、気にする者は誰もいなかったが、２００２年に状況は一変する。この年アスレチックスは、選手全員の合計年俸が最下位から2番目だったにもかかわらず、プレイオフに進出したのである。いったい彼らはどうやったんだ？　さらに過去3年間、彼らは平均で、1勝あげるのに50万ドルかけている。ところが彼らより裕福な球団は、1勝にその6倍も費やしており、しかもプレーオフには進出できていない。なぜこのようなことが起きるのか？

もちろんその答えは、ビーンとアスレチックスがデータの力を活用したからに他ならない。彼らは古い「勘頼り」の分析では見出せなかった、選手の真の価値を測るための、新しくより良い方法を発見したのだ。メジャーリーグを動かす人々の大部分がかつての選手で、コンピューターを操る人々が、自分たちが人生を捧げてきたスポーツに関する何かを教えてくれるなどという考えを受け入れなかった頃に、ビーンと彼のチームは野球をデータドリブンの時代へと導いたのである。

この話で私たちが思い起こすのは、ネットフリックスだ。アスレチックスと同じカリフォルニア州の組織である同社は、近年データの力を駆使して、市場にある隠れた価値を発見して業界を改革しようとしているのである。

◇◇◇

本書の冒頭で、ネットフリックスの事例を紹介したのを覚えているだろうか。2011年、彼らはデータ分析に基づいて、既存の放送局が見込み薄であると判断した企画『ハウス・オブ・カード　野望の階段』にゴーサインを出した。そしてネットフリックスは、パイロット版というこれまでの番組制作では欠かせなかったステップを飛ばし、1億ドルを投じて2シーズン分のエピソードを制作することを決めた。当時、多くの業界関係者は、ネットフリックスの決定を無謀だと感じていた。しかしネットフリックスのデータ分析担当者は、同社が抱える3300万人の会員の視聴パターンと嗜好を分析し、この番組には多くの潜在的視聴者が存在すると確信していた。間もなく、彼らの正しさが証明された。『ハウス・オブ・カード』は大成功を収めたのである。

しかし、ネットフリックスによる業界変革の物語は、『ハウス・オブ・カード』から始まったわけではない。1997年、ネットフリックスはDVDレンタル業界に革命を起こした。彼らはオンラインDVDレンタル市場に潜在的な可能性を感じ、郵送によるデリバリー方式のサービスを開始したのである。2000年、ネットフリックスはブロックバスターに、5000万ドルでの自らの身売りを提案するが、ブロックバスター経営陣はこの申し出を拒否する。彼らはオンライン市場が重要ではないと考えたからだった。ブロックバスターは同社の店舗ビジネスを守ることに集中しており、ネットフリックスの対抗となるサービスを立ち上げるまでに4年を無駄にした。この遅れは高くついた。２０１０年までに、ネットフリックスは１４００万人の顧客を手に入れ、米郵政公社の最も急速に成長する顧客となり、一日あたり数十万枚のＤＶＤを発送するまでにビジネスを拡大させていた。同じ年、ブロックバスターは破産申請を行った。ネットフリックスのＣＥＯ、リード・ヘイスティングスは、「もし（ブロックバスターが）2年早く（オンライン注文サービスを）立ち上げていたら、私たちが倒されていただろう」との見解を示している[5]。

しかし、ネットフリックスには成功の余韻を味わっている暇はなかった。２０１０年にはＤＶＤの衰退が始まり、ストリーミングサービスが立ち上がろうとしていたからである。ネットフリックスはこの変化を受け入れ、自らのＤＶＤレンタルサービスとのカニバリゼーションが起きるのも厭わず、オンラインストリーミングサービスサービスを立ち上げた。そしてこの新たなサービスは、短期間のうちに、北米におけるインターネットトラフィック中、最大のシェアを占めるまでに成長する。この膨大な量のトラフィックには、同じく膨大な量の情報が秘められていることに、ネットフリックスの経営陣は気づいていた。事実、彼らはそこから、個々の会員の趣味や嗜好に関する情報を手にしている。そうした情報は非常に具体的で、どのような映画や番組が好まれたかだけでなく、それを何回視聴したか、いつ視聴したか、さらにはコンテンツのどの部分が繰り返し再生されたかまで把握することができた。これまでどんな映画会社も、番組制作会社も、個々の視聴者に関するこれほどまでに詳細な情報を手にしたことはなかった。これこそが、２０１１年に、ネットフリックスだけが「ハウス・オブ・カード」の可能性を見抜けた理由である。

ただ明確にしておきたいのは、映画会社がそうしたデータを活用しようとしてこなかったわけではない、という点だ。彼らも取り組みは行ってきた。しかし彼らは、意思決定に「マネーボール型」アプローチを導入しようとした際、大きな障害にぶつかっていたのである――古い人々の存在だ。つまりデータドリブン型の意思決定に対して、マイケル・ルイスの描いた、ホワイトソックスの球団フロントと同じような態度で臨む人々である。（「かつて野球選手だったゼネラルマネージャーとマネージャーがいるんだ。コンピューターのことしかわからないような奴が、どうすれば彼らに成功するためのアドバイスなんて提供できるんだ？」という態度があったとルイスは記している）

つまり問題は、文化的なものだ。かつて大手映画会社のホームエンタテインメント部門に所属していたある人物は、「誰もデータに基づいた意思決定をしたがらなかった」と私たちに語っている。また他の人物は、「データをどう扱って良いものか、わかっていませんでした」と指摘している。さらに彼らは、制作部門のディレクター（どの映画を制作するかを決め、自分自身が流行をつくり出す立場にあると考える人々）が、根強い文化的偏見を抱いていると言う。彼らは賞や称賛を勝ち取る可能性の低い作品を、積極的に避けて通っていた。またホームエンタテインメントビジネスは、典型的な映画において利益の50％を生み出す領域であるにもかかわらず、それを見下していた。「映画製作において最も重要で魅力的な領域は、最初の劇場公開の部分なのです」とかつてのスタッフは語り、劇場版製作スタッフがホームエンタテインメント部門スタッフに対して取る態度を真似してくれた。「古い映画を売るだけなんて、恥ずかしくないの？ごみ収集業者みたいだな」

ある大手映画会社の重役のひとりは、私たちの前で、別の表現で同じような文化的偏見を示した。「私たちには創造力がある。私たちはコンテンツメーカーだ。私たちはコンテンツを生み出すが、それは（ホームエンタテインメントとしての提供とは）異なるビジネスだ。……率直に言って、あの配信サービス（ネットフリックス）は最初にサービスを立ち上げられて本当にラッキーだよ」。そうかもしれない。しかし私たちにとってこの発言は、「チャド・ブラッドフォードの成功はまぐれだ」と言ったホワイトソックスのフロントの言葉と、驚くほどそっくりに聞こえる。

◇◇◇

ここまで解説してきたことは、つまりは人間の経験とデータの対立ということだ。既存の娯楽系コンテンツビジネスと、データに基づく意思決定に偏見のない新興のコンテンツクリエイターたちが争うということが、ますます増えてきている。たとえばアマゾン・スタジオの経営陣（彼らもライバルであるネットフリックスと同様に、自社の洗練されたオンライン配信ネットワークから集められたデータを活用して、オリジナル映像コンテンツを制作している）は、どのようなコンテンツを制作するか、という意思決定をより良く行える方法を確立したと考えている。アマゾンのデジタル音楽・ビデオ担当バイスプレジデントであるビル・カーは、「私たちは顧客の前に何を並べるかを、データに基づいて決めている」と2013年にウォールストリートジャーナル誌に対して語っている。「流行を仕掛けるような人物がいて、顧客が何を読み、聞き、見るのかを決めているわけではない[6]」

アマゾンはこうした考え方を、映画だけに当てはめているわけではない。彼らはあからさまに、古いやり方に執着する出版業界に対して、軽蔑する態度を示している。アマゾン経営陣のひとりであるケン・オーレッタは、2014年のニューヨーカー誌で、「出版業界の人々を『ダイヤル式電話機と1968年に設計された在庫システム、そしてゴミでいっぱいの倉庫を抱えた時代遅れの敗者』と見なしていた」と報じられている。これは私たちが指摘している、文化的なシフトを上手く捉えたものだろう。そして出版業界の経営層は、この変化に気づきつつある。2010年、ランダムハウスの販売・運営担当プレジデントであるマデリン・マッキントッシュは、「私たちは業界全体として、多くの議論を重ねている」と語っている。「開かれた議論が行われると期待している。それは『ランチの文化』であり、アマゾンはこの文化の中で何の役割も担っていない。（アマゾンにあるのは）数学や数字、データに基づいて答えを出す脅威的な能力だ。……言葉と説得が主導するランチの文化、著者を重視する文化と、非常に大きな文化の衝突が起きている[7]」

流通の分野でも、古いプレイヤーたち（独立系の書店を含む）が目の前で起きていることを受け入れられずにいる。レイニー・デイ・ブックス（「カンザスシティのコミュニティ書店」）のビビアン・ジェニングスは、ニューヨーカー誌に対し、「私たちは自分たちの顧客を知っています」と2014年に語っている。「他の独立系書店も一緒です。（自分たちの顧客が）何を読むかを、どんなレコメンド・エンジンよりも良く理解しているのです[8]」。ローカルなレベルではそう言えるかもしれないが、グローバルにつながりあう市場においては、ローカルでのみ通用する知識を大きな規模に広げていくことは難しい。少なくとも、データやアルゴリズムと対抗することはできないだろう。あるテクノロジー企業の経営者が私たちに対して語ったように、それは「公平な戦いですらない」のである。

データドリブン型の市場に適応していくことは、コンテンツビジネスにとって決して容易ではない。過去100年間、ローカルな知識が、市場における競争優位を生み出す重要な源泉となっていた。それは歴史的に、消費者の行動に関する直接的な情報がほとんど手に入らなかったためである。出版社は特定のタイトルの販売部数に関する、集約された統計データを見ることができる。しかしそのタイトルを購入している個人に関する情報をほとんど持っていない。同様に、音楽レーベルはアービトロン【米国のラジオ聴取率調査会社で、2012年にニールセンが買収、現在はニールセン・オーディオとしてサービス展開している】から情報を購入し、自分たちの曲が特定の時間帯にラジオ上でどのくらいの人々に聴かれているかを把握できる。しかし、そうしたリスナー個人の情報、彼らが誰で、コンテンツのどこが気に入っているのか、他にどのようなコンテンツを楽しんでいるのかといったことはわからない。また映画会社も、どのような配信チャネル（映画館、ホームエンタテインメント、テレビ放送等）であれ、そこにおける顧客と直接やり取りすることはない。この点について、ソニーのCEOであったマイケル・リントンが、2014年にこう指摘している。「私たちは米国民に直接配信するインターフェースを有していません」。これはソニーが映画『ザ・インタビュー』をめぐり、2014年11月にサイバー攻撃を受けた後【同作品は北朝鮮の金正恩を揶揄する内容が含まれていたため、北朝鮮政府のウェブサイト上でこれを非難する声明が発表されており、サイバー攻撃も北朝鮮の関与が疑われている】、同作品を公開できるかどうかに関する問いに答えたものだった。「それをするには、中間業者を経由する必要があるのです[9]」

詳細な顧客データを持たない状態に置かれていたコンテンツビジネスは、どのコンテンツを制作するかという判断を下すために、小規模なサンプルのデータ（フォーカスグループなど）および集約された統計データ（アービトロンやニールセンといった企業から提供されるものなど）と、市場を理解している業界関係者の「勘」を組み合わせるということを行っていた。そうした「勘」は企業にとって非常に重要であるため、才能を評価できる人々は、企業内で大きな力を持つポジションへと上っていくのが普通だった。その結果、大部分のエンタテインメント企業では、データ分析が制度的に十分な力を持っていなかったり、政治的に弱い立場に置かれていたりする。「勘」に頼った意思決定がどれほど重視されているか比べれば、その差は歴然だ。FXネットワークスの社長兼ゼネラルマネージャーのジョン・ランドグラフは、2013年にニューヨークタイムズ紙に対して、「データは人々がこれまで気に入っていたものを語るだけで、これから気に入るものを語るわけではありません」と発言している。[10]「優れた番組制作者の仕事は、人々の心の中に、既存のテレビ番組では満たされていないホワイトスペースを見つけることです」。そしてそれは、「データが入ることのできないブラックボックス」でしか対応できない、と彼は続けている。メジャー企業は長い間、このように考え、大きな成功を収めている。この戦略がこれまで問題になってこなかったのなら、なぜいま問題になるのだろうか？　この問いに答えるために、ビリー・ビーンとオークランド・アスレチックスの話に戻ろう。

◇◇◇

オークランド・アスレチックスが、「マネーボール」型の意思決定を導入するのに成功したことはすでに説明した通りだが、この戦略で得られた成功は長続きしなかった。ビリー・ビーンのイノベーションは、選手の採用や起用の面でメジャーリーグ全体に大きなインパクトを与えたものの、それはチームの長期的な競争優位性にはほとんど影響しなかったのである。確かに「マネーボール」テクニックはアスレチックスを1～2年ほど優位に立たせたが、他のチームがすぐにアスレチックスの戦略を真似する方法を見つけ出し、戦略面で肩を並べたことで、結局は多額の予算をかけないと優勝できなくなってしまった。[11]こうした例から、娯楽系コンテンツビジネス業界でも同様の流れが見られるだろうと考える人もいる。ネットフリックス、アマゾン、グーグルは革新的なデータ活用によってアドバンテージを得ているが、それは長続きせず、メジャー企業が簡単にそうしたテクニックをコピーして市場での支配力を保つだろう、というわけだ。私たちは、この考え方には同意しない。大手エンタテインメント企業にとって、彼らの新しいライバルに追いつくのはますます難しくなるだろう、というのが私たちの考えだ。それには主に、2つの理由がある。

最初の理由は、文化的なものだ。メジャーリーグの球団は、組織としてデータをどのように使うかという点で、どれも非常に似通っている。したがって、新しい球団運営のスタイルを導入するためにその文化を変えようとしたとき、彼らはみな同じスタートラインに立っていた。しかしエンタテインメント企業とテクノロジー企業の競争の場合、状況は異なる。前述の通り、データ活用に関して、テクノロジー業界の企業は娯楽系コンテンツビジネスの企業とはまったく異なる文化を持っている。それを強く実感したのは、2009年2月、EAゲームスのチーフ・クリエイティブ・オフィサーであるリチャード・ヒルマンがカーネギーメロン大学に来て、私たちのクラスでゲーム産業における技術的変化について語ってくれたときだった。その際に誰かが、なぜ出版、音楽、映画業界はデータドリブン型の意思決定を導入するのに苦労しているのかと尋ねた。それに対して、ヒルマンは次のように答えたのである。「忘れてならないのは、そうした業界ではこれまで、市場において何が売れるかという判断を『勘』に頼って行ってきたという点です。そして勘の良い人物が、組織の中で出世していったわけです。問題は、いま彼らが競わなければならない相手が、グーグルやアマゾン、アップルといった企業であるという点です。こうした企業は勘に頼った意思決定をしておらず、データが教えてくれることに耳を傾け、計量的な意思決定を行っています」

第2の理由は、データへのアクセスに関係するものだ。メジャーリーグの野球で考えた場合、誰もが同じデータへのアクセスを有している。どのチームでも、スタッツ・インクやエリアス・スポーツ・ビューロー【いずれもメジャーリーグに関する統計データを収集・提供している企業】から、オークランド・アスレチックスが意思決定に使用しているのと同じデータを購入でき、彼らと同じ分析手法を真似することができる。

しかしこの業界では、データへのアクセスは大きく状況が異なる。

新しいオンライン配信プラットフォームが集め、扱うデータ量について考えてみてほしい。すでに指摘したように、ネットフリックスは個々の顧客がどんなコンテンツを視聴したのか、いつ視聴したのか、再生に使ったデバイスは何だったのか、どのシーンを早送りしたのか、あるいは繰り返し再生したのかを把握している。アマゾンも同様に、同社のストリーミングサービス上で顧客に関する大量のデータを集めており、それをショッピングサイト上での過去の購買履歴や検索履歴と結び付けている。ユーチューブはグーグルに同様のデータをもたらしており、グーグルはそれを他のプラットフォーム上での顧客データと統合している。

こうしたデータのやり取りは、顧客からプラットフォームへという方向でのみ行われるのではない。プラットフォームは顧客の趣味や嗜好を把握すると、それに基づいて、個々の顧客に特定の商品を売り込むことができる。そして、彼らにどの販促戦略が有効なのかを計測して、個々の顧客に合った販促手法を設計できる。さらにデータを使って新しい顧客を得るための戦略を考えたり、購入頻度が下がってきた顧客を再び活性化することを試みたりすることもできる。この双方向のプロセスは好循環を生み出し、顧客から得られるデータが顧客により良い体験をもたらすと、彼らはロイヤルティを高め、さらにプラットフォームを使うようになり、企業は彼らの好みに関するより多くのデータを手にすることになる。

もしプラットフォーム企業がこのデータをシェアし、プラットフォーム上の個々の顧客にクリエイターが直接自分たちの作品を売り込めるようになったら、クリエイターにとっても良い話だ。しかし現実は違う。表9・1に整理されているように、プラットフォーム企業はサプライチェーンの上流にいる「パートナー企業」と、顧客レベルのデータは共有していない。たとえばアップルのサプライヤー向け売上レポートでは、顧客が購入したものに関するトランザクションレベルのデータと、彼らのＩＤナンバーと郵便番号が提供されている。もちろん顧客ＩＤを教えてもらえるのは良いことであり、私たちはいくつかの大手エンタテインメント企業と、このデータを使って特定の顧客に特定のプロモーションを行うという、革新的なマーケティング戦略を構築することについて話し合ったことがある。しかし、どの顧客がどのＩＤナンバーと対応しているのかを知っているのはアップルだけであり、アップルの協力がなければ、メジャー企業でも顧客にリーチする方法はない。さらにサプライヤーが自社のコンテンツの売上データだけを見られるのに対し、アップルは全サプライヤーの全コンテンツの売上データを見ることができる。しかも映画からテレビ番組、音楽に至るまで、ｉＴｕｎｅｓ上で販売されているコンテンツのすべてに関してだ。

しかし少なくとも、アップルは顧客レベルのデータに関して、その一部をパートナーと共有している。アマゾンやグーグル、ネットフリックスのアプローチはより極端だ。彼らが業界パートナー向けに提供する売上レポートには、顧客に関するデータが含まれていない。アマゾンは２０００年代半ばまで、売上が発生した地点の郵便番号を共有していたが、最近はそうした最小限の情報までレポートから削除してしまった。

表9.1
オンラインプラットフォームとコンテンツ所有者の間のデータ共有

プラットフォーム	トランザクションレベルのデータ	顧客レベルのデータ	顧客へのダイレクトプロモーション
iTunes	提供される	限定的（IDと郵便番号）	不可能
アマゾン	提供される	提供されない	不可能
グーグルプレイ	提供されない	提供されない	不可能
ネットフリックス	提供されない	提供されない	不可能

グーグルプレイとネットフリックスはパートナーに対し、トランザクションレベルのデータすら提供していない。彼らが共有するのは、特定の市場における、売上や視聴回数等に関する集約されたデータだけだ[12]。たとえば、私たちが話したあるコンテンツ制作者は、ネットフリックスから四半期ごとのレポートを受け取っている。そこで報告されているコンテンツ視聴回数は、ラテンアメリカ諸国全体の数字をまとめたものだ。つまりメキシコやブラジルといった、特定の国単位でのデータは得られないのである。

なぜプラットフォーム企業は顧客データをシェアすることにそれほど消極的なのだろうか？　データ共有は物理的な小売店舗の市場においては一般的な行為だ。さまざまな小売業において、上流の生産者や製造者たち（P&Gやコカ・コーラ、ペプシコなど）との顧客データの共有が行われており、その結果としてこうしたメーカーが、製品を小売業の顧客に直接売り込むことが可能になっている。事実、1998年にアマゾンが自社のオンラインビデオストアを立ち上げた際、彼らは顧客に関する詳細なデータへのアクセスを提供すると約束することで映画会社各社を惹きつけ、彼らの作品をアマゾンのウェブサイト上で販売することを認めさせた。この取り組みを推進したジェイソン・キラーによれば、映画会社側は一様にアマゾンのビデオストアに協力することを拒んでいたが、アマゾンが自社のデータを使えば多くのメリットがもたらされると訴えたことで最終的に説得に応じた。アマゾンのDVDコーナーを立ち上げたアン・ハーレーは、「当時はミーティングを開いてくださいとお願いしなければなりませんでした」と語っている。「映画会社を口説き落とすのに役立ったのは、アマゾンが提示したテクノロジーでした。検索データをシェアできると言ったのです。顧客が本当に求めているものがわかるのだと――それは彼らがこれまで手にできなかった情報でした。それさえあれば映画会社側は、すでにお金を出す観客がいるとわかっているタイトルをリリースすることに集中できるわけです[13]」

しかしアマゾンは現在、データ共有にそれほど前向きではない。なぜだろうか？　ひとつの理由として、アマゾンがもはや、ハングリーなシアトルのスタートアップではなくなったことが挙げられる。いまやアマゾンは小売業界の巨人であり、契約条件を意のままにできるほどの市場支配力を持つに至った。詳細なデータと優秀なデータサイエンティストを抱える彼らは、その戦略的資産を利益に変え、さらにはパートナーとの交渉における武器として使うことができる。もし自社のコンテンツをアマゾンのサイト上でプロモーションしたいと思ったら、その対価を要求されることを覚悟しなければならない。

さらに重要なのは、アマゾンがコンテンツ制作ビジネスに参入しており、他のコンテンツ制作者はアマゾンのパートナーというよりも、競合に近い存在になったという点だ。1998年の時点では、アマゾンは単に将来有望な映画コンテンツ配信者というだけの存在であり、DVDコンテンツ購入者が本当は何を望んでいるかを映画会社に伝えるというのは、ビジネス上で理に適う行為だった。2014年の第3四半期だけで、アマゾンはオリジナルシリーズの制作に1億ドル以上を費やし、2015年の初めには年間およそ12本の映画を制作すると発表した。その制作予算は、1本あたり500万ドルから2500万ドルとのことだった。[14]グーグルのユーチューブも、オリジナルコンテンツの制作に足を踏み入れようとしている。彼らはロサンゼルス、および米国内の5大都市にコンテンツ制作者のためのスタジオスペースを開設し、2016年に少なくとも10本のオリジナル映画やシリーズを、新しいサブスクリプション型サービス「ユーチューブ レッド（YouTube Red）」でリリースすることを計画している。[15]しかし、アマゾンもグーグルも追いつこうと目指しているのはネットフリックスだ。2015年、ネットフリックスはオリジナルコンテンツの制作数を3倍に増やし、24以上の新しいシリーズと320時間分のコンテンツを生み出した。これはHBOやFX（どちらも長きにわたってケーブルテレビにおけるオリジナルコンテンツ制作のリーダーだった）のコンテンツ制作量を上回るものだ[16]。このペースは減速していない。ネットフリックスは2016年に600時間分のオリジナルコンテンツを制作する計画を発表している。

大手のプラットフォーム企業は、顧客データを独自の方法で管理することで、オリジナルコンテンツの潜在市場を把握し、さらに顧客との直接的なつながりを利用して、そのコンテンツを好みそうな顧客にターゲットを絞ったマーケティングを展開できる。これはニールセンの推定やフォーカスグループのデータでは実現できないことだ。ネットフリックスの広報担当者ジョナサン・フライドランドは、「私たちが持つ本当の優位性とは、完璧なコンテンツを選べることではなく、それをより効率的な形でマーケティングできることです[17]」と述べている。最初の章で解説したように、『ハウス・オブ・カード』の場合で言えば、彼らは9つの異なる予告編を制作することで顧客のターゲティングを行った。ケヴィン・スペイシーが登場するもの（彼の他の出演作品を見ていた人向け）、デヴィッド・フィンチャー監督の演出スタイルにフォーカスしたもの（彼の他の監督作品を見ていた人向け）、作品内の女性キャラクターを扱ったもの（強い女性が登場する作品を好む人向け）といった具合である[18]。

整理すると、サプライチェーンの下流に新しく登場したプラットフォームは、オリジナルコンテンツの制作にあたって3つの重要な優位性を持っている。

第1に、前述の通り、新しいプラットフォームはその大量の独自データとデータに基づく意思決定の文化により、「勘」に基づく意思決定を行う従来のコンテンツ制作者が過小評価していた、大ヒットするコンテンツを把握し制作することができる。

第2に、新しいプラットフォームはオンデマンド型であり、さらに彼らは個々の顧客に直接コンテンツをプロモーションできることから、従来のチャネルでは採算が合わなかった「ロングテール」コンテンツを制作して利益を生み出すことができる。映画とテレビ番組の制作会社は、それぞれのマス市場において、マスに受けるコンテンツにフォーカスしなければならない。一方で新しいプラットフォームにはその必要はない。アマゾン・スタジオのトップ、ロイ・プライスはこのアプローチをハリウッド・リポーター誌のインタビューにおいて、次のように要約した。「視聴者の80%がなかなか良いと思うようなコンテンツを持っていたとしましょう。彼らはそれを見てくれるかもしれませんが、最高だったとか、お気に入りだとか考える人はいません。一方で、30%の視聴者が良いと感じるコンテンツがあったらどうでしょうか。彼ら全員が全エピソードを見て、気に入ってくれるような作品です。オンデマンドの世界では、後者のコンテンツの方が価値があります。それが私たちのアプローチを一変させるのですが、それは、より特化することを求められるからです。一般的であることをやめ、テレビ番組制作に関する一般的なルールも忘れなければなりません。そして人々がファンになってくれるような、特定のコンテンツやアーティストを見つけるようにするのです[19]」こうしたオンデマンドプログラムの性格は、なぜネットフリックスが『ブル～ス一家は大暴走！』の新シーズンを制作する権利を取得しようとしたのかを説明するものだろう。この作品には根強いファンがいるが、従来のテレビ放送の世界では収益をあげられるほど多くはなかったのである。ゾンがウディ・アレン監督とテレビ番組の制作契約を結んだのかについても、こうした理由が背景にある。また同じく、なぜネットフリックスがアダム・サンドラーと4本の映画出演契約を結んだのか、なぜアマどちらも味のある人物で、熱烈なファンがいるが、彼らにアクセスするためには詳細なデータとつながりが必要になる。そしてネットフリックスとアマゾンはそれらを持っていたわけである。

第3に、サプライチェーンの下流に存在するプラットフォームは、コンテンツとプラットフォームのブランドとの間に強いつながりをつくり出すことができる。それにより、顧客のロイヤルティと新しく分野をまたいだプロモーションの機会を拡大する可能性が開かれる。さらに大手エンタテインメント会社が、そうしたブランドロイヤルティや分野をまたぐプロモーションの機会を真似することが難しくなる。大手エンタテインメント会社はこれまで、自分たちのコンテンツとブランドの間に強い結びつきを確立する必要がなかったため、業界の外にいる人々は、映画『ジュラシック・ワールド』をつくった映画会社はどこか、テイラー・スウィフトの最新アルバムをつくったレーベルがどこか、『ダ・ヴィンチ・コード』を発売した出版社はどこかについて何も知らない（あるいは興味もない）。

ここまでの議論では、紹介した事例のほとんどが映画ビジネスに関するものだった。しかし「ビッグデータ」は、音楽業界や出版業界でも重要になっている。いまやパンドラやシャザム、スポティファイといったサービスが、顧客の好みに関する詳細なデータを集めており、それは新しいアーティストのマーケティングに有効であることが証明されている。事実、スポティファイのダニエル・エクCEOは、自分の会社が集めたデータはすでに大きな競争優位性を生み出していると主張している。「もう数年この取り組みを行っていますが、私たちが築いたのは、音楽に関心を持つ消費者に関する世界最大のデータセットです[20]」同様にシャザム（ユーザーが耳にした曲をどこでも識別できるスマートフォンアプリ）は、毎日2000万回行われる検索行為を記録することで、競争優位性を築いている。シャザムのデータが持つ予測力によって、彼らのアプリは全米の音楽エージェンシーの間で人気を博し、2014年2月には、彼らはそのデータを使ってワーナー・ミュージック・グループのために曲をつくると発表した[21]。

最終的にこうした企業は、データの力から競争優位性を引き出し、顧客ロイヤルティと市場支配力を生み出し、垂直統合を進め、コンテンツ制作の分野へと進出している。アマゾンが書籍ビジネスに参入したとき、本を売ることが同社の主要な目的ではないことに気づいた人は少なかった。2011年にマクミランのジョン・サージェントCEOは、ジェフ・ベゾスがアマゾンで本当は何をしようとしていたのかについて、「私はそれがただの本屋だと思っていました。本当に馬鹿なことをしました」と話している。しかし書籍は、ベゾスにとってデータを得る手段でしかなかった。サージェントは最終的に、書籍がアマゾンの「顧客獲得戦略」だったことに気づいたと語っている[22]。

◇　◇　◇

娯楽系コンテンツビジネスの経営陣と、新しいデータの「反乱者」たちが生み出す脅威について話すと、次のような反応をされるのが普通だった（この並び順通りになることもあった）。

■データを使って、創造に関する決断を下すことはできない。そうしてしまうと、クリエイティブなプロセスを邪魔してしまい、ビジネスを破壊することになるだろう。
■私たちには、私たち自身のデータがある。そしてもう何年も、データを使って意思決定を行っている。新興企業が使っているデータは、私たちがふだん使っているデータと大差ない。
■新興企業は、コンテンツの面で私たちに依存している。もし彼らがあまりに力をつけるようなら、彼らに対するコンテンツの提供を止めるだけだ。
■私たちがすべきことは、自分たちのストリーミングチャンネルを立ち上げることだけだ。そうすれば、必要な顧客データはすべて手に入るだろう。

これらの主張を順番に検証していこう。

データを使って、創造に関する決断を下すことはできない。そうしてしまうと、クリエイティブなプロセスを邪魔してしまい、ビジネスを破壊することになるだろう。

この主張には、2つの誤りが含まれている。最初は、ネットフリックスがクリエイティブなプロセスに介入するためにデータを使っている、という前提に立っている点だ。テッド・サランドスは2015年の全米テレビ番組製作者連盟【NATPE】による見本市において、「私たちがクリエイティブ面に影響を与えるためにデータを使うということはない」と発言している。「私たちはデータを、『おっ、この番組は本当に注目すべきもののようだ。大ヒットする番組に必要な要素がすべて揃ってるぞ。だから手厚く予算をつけなくては』ということを言うために使っています[23]」。ここでも『マネーボール』のアナロジーを当てはめることができる。オークランド・アスレチックスは、チャド・ブラッドフォードにピッチングの方法を教えるためにデータを使っていたのではない。彼らはデータを使って、ブラッドフォードの投球方法がどの程度効果的かを教えていたのだ。

この主張の2番目の誤りは、データを駆使する新規参入者たちのもとでは、クリエイターたちがより大きな（小さいではない）自由を得ているという点である。ケヴィン・スペイシーが2014年のコンテンツ・マーケティング・ワールドで行ったキーノートスピーチは、この点を雄弁に語っている。長くなるが、彼の言葉を引用しておきたい。それだけの価値があるものだ。

近年、細かな描写がなされたキャラクターが登場し、重厚な物語が語られる、魅力的でダイナミックな番組が急激に増加しています。『ザ・ソプラノズ』や『Weeds～ママの秘密』『ホームランド』『デクスター』『シックス・フィィート・アンダー』『デッドウッド～銃とSEXとワイルドタウン』『ダメージ』『サン・オブ・アナーキー』『オズ』『ザ・ワイヤー』『トゥルーブラッド』『ボードウォーク・エンパイア　欲望の街』『マッドメン』『ゲーム・オブ・スローンズ』『ブレイキング・バッド』、そして『ハウス・オブ・カード』といった作品たちです。

率直に申し上げて、15年前であればこうした番組が制作されることはなかったでしょう。なぜなら以前は、登場するキャラクターたちがみな素晴らしい人物で、才能があり、良き家庭人であるべきだと、テレビネットワークの経営陣の多くが考えていたからです。バーニー・ファイフ【米国のコメディドラマ『メイベリー110番』に登場するキャラクター】はターゲットと恋に落ちる躁うつ病のCIAエージェントではありません。メアリー・タイラー・ムーア【米国の女優で、コメディ番組『ディック・ヴァン・ダイク・ショウ』で主演を務めるなど、コメディアンとしても活躍した】の演じる役は、違法に覚醒剤を製造する高校の化学教師ではありません。そしてこうした番組の進化――私はそれが、テレビの第3の黄金時代を象徴するものだと信じています――は、かつてないほど制作者がストーリーに対して大きな影響力を手にしているということに尽きると私は考えます。かつてそうした力は、ごくわずかな人々の手に、つまり映画会社やテレビネットワーク、経営者といった存在に集中していました。彼らは会議室に座って、何を制作するのか、どう制作するのか、そして誰がそれを見るのかを決めていたのです。

私はこの業界に入って間もない頃、テレビ番組の撮影で、スーツを着たお偉方がカメラのあたりをうろついているのを見たことを覚えています。テレビネットワークの人々です（ここにもテレビネットワークの人々がいらっしゃいますね）。創造に関するすべての意思決定に口出しして、あらゆることに意見を言い、どうして私の髪型がこうなっているのかだとか、なぜネクタイをしているのだとか、なぜこんな演技をするのかといった質問を浴びせかけてきます。それによって後味の悪い思いをさせられるのが嫌で、私は映画や劇場に集中するようになりました。しかしネットフリックスとともに行った『ハウス・オブ・カード』の制作は、私のテレビ番組での経験とは対照的なものでした。それは私がカメラの前で経験したものの中で、最も楽しく、そして最も創造面で満足のできる体験でした[24]。

ひとつ指摘しておきたいのは、データに基づいて制作されたコンテンツは、その創造性が認められてさまざまな賞を獲得するようになっているという点だ。たとえば2015年のゴールデングローブ賞では、アマゾンが制作した『トランスペアレント』がコメディ・ミュージカル部門の作品賞を獲得している。では、その際の対抗馬となった作品は何だったろうか？　それはネットフリックスの『オレンジ・イズ・ニュー・ブラック』、HBOの『シリコンバレー』と『ガールズ』、CWの『ジェーン・ザ・ヴァージン』である。そして2016年のゴールデングローブ賞では、ネットフリックスの番組のノミネート数（計8本）は他のどのテレビネットワークよりも多く、HBOが14年間続けてきた最多ノミネート数を彼らから奪った[25]。実際、2016年におけるネットフリックス作品のノミネート数は、伝統的なテレビネットワークによる作品のノミネート数合計――ABC（4本）、フォックス（4本）、CBS（2本）、NBC（ゼロ）――をわずかに下回っただけだった[26]。

データに基づくコンテンツが認められるようになってきている証拠は、従来型の映画会社ではなく、そうしたデータドリブン型コンテンツ制作との仕事を選ぶアーティストの数が増えているという点にも見ることができる。業界関係者の中には、俳優や脚本家といったクリエイティブ系の専門家たちが、新しいプラットフォームで才能を発揮しているという「才能流出」に懸念を表明している人もいる。[27]

私たちには、私たち自身のデータがある。そしてもう何年も、データを使って意思決定を行っている。新興企業が使っているデータは、私たちがふだん使っているデータと大差ない。

確かにメジャー企業は、もう何年も、データを活用した意思決定に取り組んでいる。しかしそこで使われるデータは、ほとんど独自のものではない。業界関係者は誰でも、ニールセンやアービトロンから視聴数の推定値を、レントラックやサウンドスキャン、ブックスキャンから売上の推定値を、コムスコアからオンラインの視聴者数の推定値を手に入れることができる。さらにネットフリックス、アマゾン、アップル、グーグルが収集する情報は、業界内の既存の統計情報よりもずっと詳細で、フォーカスグループ調査から得られる知見よりもはるかに包括的である。おそらく最も重要なのは、プラットフォーム企業が集めるデータは、ニールセンやブックスキャンの推定値では不可能だった、顧客への直接的なプロモーションやエンゲージメントを可能にするという点だ。

新興企業は、コンテンツの面で私たちに依存している。もし彼らがあまりに力をつけるよ

うなら、彼らに対するコンテンツの提供を止めるだけだ。

娯楽系コンテンツビジネスの経営者たちは、いざとなったら、自分たちのコンテンツを新しいプラットフォームから引き上げるまでだと主張することが多い。そうすればプラットフォーム側は事業の停止に追い込まれるか、少なくとも市場支配力を大きく失うだろうというわけである。

独自路線を歩むための戦略として、この施策は見当違いのように思える。NBCがiTunesとの争いで理解したように、合法的にコンテンツが手に入れられる代替手段が用意されないと、プラットフォームからコンテンツを取り除くことは、単に顧客をデジタル海賊行為に追いやるだけに終わる。また合法的な選択肢があっても、ネットフリックスやアマゾン、グーグルといったプラットフォームはすでに強力になり過ぎていて、このビジネスから締め出すことはできない。映画会社やレーベル、出版社は収益を得るためにそうしたプラットフォームに依存しており、[28] 消費者がデジタルプラットフォームを通じてコンテンツを発見できるようにすることで、他のチャネルでも大きく売上を伸ばせるという効果を得ることができる。

私たちがすべきことは、自分たちのストリーミングチャンネルを立ち上げることだけだ。そうすれば、必要な顧客データはすべて手に入るだろう。

これは良いスタート地点に感じるかもしれないが、新しいプラットフォームサービスとの競争という点

では、それだけでは不完全だ。オンライン消費者は利便性を高く評価する傾向があり、本章の最初の方で解説したように、コンテンツの大部分はその製作者の名前によるブランド化がされていない。したがって、仮にフォックスが映画やテレビ番組用のストリーミングチャンネルを立ち上げたとしても、自分のお気に入り作品のうちどれがそこで見られるのか消費者はわからないだろう。さらにいくつもの製作会社サイトの中から、お目当ての作品を見つけることができたとしても、消費者はいくつものウェブサイトにまたがってコンテンツを確認するという複雑さより、すべてのコンテンツに一か所でアクセスできる便利さの方を望むものだ。そうしたコンテンツの集約は、製作者側にもメリットがある。個々の企業が自社コンテンツ用のストリーミングサイトを開設し、利用者の行動データを詳しく収集したとしても、そのデータの価値はネットフリックスやアマゾンが収集するものとは比べ物にならない。そうしたプラットフォームが集めるデータは、あらゆる企業のコンテンツをまたいだものになるからだ。

◇　◇　◇

ここまでの議論を整理してみよう。第1～4章では、エンタテインメント産業の基本的な経済学について解説した。第2章で詳しく説明したように、エンタテインメント産業は歴史的に、書籍や音楽、映画の制作における大きな規模の経済と、高い参入障壁を実現してきた。そうした経済的特徴によって、一握りの強力な出版社やレーベル、映画会社は、サプライチェーンの下流におけるプロモーション活動と流通チャネル、また上流におけるアーティストたちに対して大きな支配力を行使することができた。そして第3章で企業は、自社の製品から利益が上げられるよう、顧客にいつ、どのようにしてコンテンツを利用させるかを支配する能力に依存していることを解説した。

第2部では、技術変化のパーフェクト・ストームによって、エンタテインメント産業における力と利益の源泉に変化が生じていることを解説した。ロングテール市場の実現、デジタル海賊行為の実行可能性、アーティストが利用可能な一連の新しい制作・配信手段、サプライチェーンの下流における強力な配信業者の登場、そうした配信業者が持つ詳細なデータ――こうした要因のすべてが、コンテンツを支配する企業から、顧客を支配する企業への力の移行に関係している。

本章で議論したように、主要な映画会社やレーベル、出版社は、こうした新しい競争の現実に対応する上で、次の2つの課題に直面している。(1)既存のビジネスモデルを守りたいということ、および、意思決定の上で「勘」に頼るアプローチを維持したいということ、に対する組織的偏見。(2)エンタテインメントの製作とプロモーションにおいて重要な要素となった、顧客レベルの貴重なデータへのアクセスの欠如。私たちは、娯楽系コンテンツの市場において既存の主要企業が生き残るために、彼らはこれら2つの課題に対応しなければならないと考えている。第3部では、そのために主要企業が活用できる戦略について議論する。まずは組織改革から考えてみよう。

第3部

新たなる希望*

*【『スターウォーズ エピソードⅣ新たなる希望』より*7】

第10章

高慢と偏見

デジタル時代に対応できる組織とは

私は自分が歓迎されると疑うことなく、あなたの元に来ました。あなたは、私の自負がいかに根拠のないものだったかを教えてくれました。

――ジェーン・オースティン、『高慢と偏見』

私は根っからの経験主義者です。「このビジネスはこうあるべきだ」などと、ロマンチックな考えに浸ることはありません。エビデンスが導いてくれるところに向かうだけです。

――ゲイリー・ラブマン、ハラーズ・エンターテインメントCEO[1]

娯楽系のコンテンツビジネスが、デジタル時代の、変化の速いビジネス環境の中でも繁栄したいと願うなら、顧客に関する詳細なデータの力を活用し、データドリブン型の意思決定を行うという文化を受け入れなければならない。そのためには、彼らは大きな組織変革を断行する必要がある。顧客データが有用なツールとして登場する前の数十年間、ずっと変化してこなかった業界にとって、それは至難の業と言えるだろう。そうした変化を起こすことは、事業運営上にも文化的にも簡単ではないが、データを駆使する新規参入者と競い合うために不可欠だ。データを中心に組織をつくることの利点を最もわかりやすく示してくれるのは、ハラーズ（現シーザーズ）・エンターテインメントの事例だろう。彼らは２０００年代初期に、競合他社に対する優位性を確立し、業界におけるマーケットリーダーの地位に上り詰めた。

◇◇◇

ハラーズは20世紀に成功した企業だ[2]。同社の創業者であるウィリアム・フィッシュ・ハラーは１９３７年にリノに移り、そこで小さなビンゴパーラーを始め、その後、カジノも始めた。当時のリノの賭博場はサロン形式で運営されていて、暗くて粗雑、薄汚い場所だった。もし、それとは違うものを実現できたら、多くの顧客を集められるのではないか——そうハラーは考えた。明るくて豪華、清潔で、後ろめたい行為ではなく健全な遊びが楽しめる場所だ。

こうして誕生した「ハラーのカジノ」に、人々は群がった。その後数十年間、ハラーは他の場所にも同様の施設を建設し、彼はハーバード・ビジネス・スクールのラジブ・ラル教授が言うように「ギャンブルを産業化した男」になった[3]。１９５５年、「ハラーズ」を社名とした彼は、タホ湖畔に世界最大のギャンブル施設を建設する。併設された座席数８５０席の劇場レストランには、米国中からトップクラスのエンタテイナーが集められた。こうしてますます、ハラーのカジノは人気の観光スポットとして有名になっていった。さらにハラーは、その周辺にホテルの建設も行った。彼は１９７８年に亡くなったが、彼の会社は成長を続けた。１９７０年代と80年代には多くの州がギャンブルの合法化に踏み切り、１９９０年代にハラーズは大胆な拡大戦略を立ち上げて、全米でカジノ事業を展開する最初の企業となった。ラルは次のように解説する。「２０００年までに、ハラーズ・エンターテインメントは賭博業界で名の知られた存在になり、他のあらゆるカジノ企業よりも多くの市場でカジノ運営を行うようになっていた。（中略）ハラーズは米国において伝統的にカジノが許可されてきた地域のすべて、および新しく許可された地域の大部分において、地上型、港湾型、川船型カジノ、およびインディアン・カジノを運営した[4]」

ハラーズは２０００年代に大きく躍進したが、そのビジネス環境は変化しつつあった。米国では他の州がギャンブルの合法化で続くことはなく、ハラーズの拡張戦略はもはや限界だった。市場の成長は止まっている一方、新しいきらびやかな、多くの顧客を集めることに成功した企業との競争を強いられていたのである。そうした企業は、ラスベガスでミラージュが先鞭をつけたタイプのリゾート施設（サメを入れた水槽や野生生物を集めた檻、偽の溶岩が噴き出す火山など）や、同じくルクソールが先鞭をつけたタイプの施設（壮大なガラスのピラミッド、エジプトの神殿のダミー、ファラオ像など）を建設していた。ラスベガスや他の地域において、こうした企業はカジノを中心に派手なショッピングモールや豪華なレストラン、高級スパといった、あらゆる最上級のエンタテインメントを用意し、ギャンブラー以外の顧客も集めようとしていたのである。そしてその目論見は成功した。２０１１年にラスベガスを訪問した観光客は、ギャンブルに使う分の3倍のお金を、ショッピングや食事、その他のエンタテインメントに費やした。一方でギャンブル市場は、それまでの数十年間で、確かに大幅に拡大していた。だが１９９０年代の終わり、米国における３１０億ドルのギャンブル市場のうち、40％が依然としてネバダとアトランティックシティによって占められていたのである。

過去50年間、ハラーズは収益性の高いカジノを全米に展開し、成功を収めてきた。各地のカジノは、それぞれの市場において自律的に運営されてきた。しかしハラーズの収益の大半は、小売店やレストラン、エンタテインメントからではなく、カジノからもたらされていた。彼らは新しい条件で競争するための資産を持っていなかったのである。とはいえ豪華なカジノリゾートへと一夜にして変貌することは、現実的な選択肢ではなかった。ハラーズのフィリップ・サトルCEOは、同社が競争力を保つためには、別の道を見つけなければならないことを理解した。1990年代の半ば、サトルはある計画を提示する。「顧客ロイヤルティが、私たちの本当の競争力でした」と彼はのちに回想している。「そして私たちは、それを基盤として業界リーダーを目指すことを決めたのです[5]」この目標を達成するため、サトルは1997年に、航空会社のマイレージプログラムを参考にしたロイヤルティプログラム「トータル・ゴールド」を立ち上げる。顧客はカジノでギャンブルすると、自分のカードにポイントを獲得することができ、そのポイントを使って食事やホテルへの宿泊、観劇などの特典を得ることができた。しかしハラーズの各カジノは自律的な運営を行っていたため、ロイヤルティカードはそれを発行した施設でしか有効でなく、それぞれの施設が顧客に対して独自のマーケティングプログラムを検討した。

サトルはすぐに、全米共通のロイヤルティプログラムを立ち上げる（あるハラーズ施設で得たポイントを、他の地域のハラーズ施設でも使えるようになるわけだ）ことの価値を理解し、その取り組みを開始した。さらに同じ時期の1998年、サトルはハーバード・ビジネス・スクールで教授をしていたゲイリー・ラブマンを最高執行責任者（COO）として迎え、彼に明確な指示を与えた。ラブマンは2003年に次のように記している。「サトルが私をCOOとして雇ったとき、彼はハラーズを『個々のカジノを独立した事業と考えるオペレーション志向の企業』から、『顧客ロイヤルティをすべてのハラーズ施設で構築するマーケティング志向への企業』へと変えたいと語っていた[6]」

ラブマンがハラーズにやって来たとき、彼はすぐに「トータル・ゴールド」プログラムが不十分なものであることに気づいた。その内容が各カジノによって異なり、顧客に全米各地のハラーズ施設に行こうという気にさせるものではなかったからである。同時に彼は、こうした明らかな不備があるにもかかわらず、このプログラムがハラーズを前進させる機会を提供していることにも気づいた。「トータル・ゴールドは顧客ロイヤルティを保つことにはあまり役立たなかったが、それは静かに、ハラーズにとっての将来のダイヤモンド鉱山になろうとしていた[7]」とラブマンは記している。

しかしラブマンは、データ活用をハラーズのビジネスモデルに組み込むのは楽ではないことを思い知る。ハラーズの組織は、カジノ間で情報共有するような形で成長してきたわけではないからだ。ラブマンはこの取り組みを始めた頃の状況を思い出しながら、次のように記している。「各施設は、別々の貴族が支配する領地のようなものだった。それぞれ独立した採算で運営されており、自分の顧客が他の施設でも遊ぶように促すというのは、共通に取り組まれてこなかった[8]」この組織構造は、偶然生じたものではなかった。各組織の運営を任されているマネージャーに、彼らの施設の改善に取り組むインセンティブを与えるため、他の施設と競争するようにさせていたのである。しかしこの縦割り組織は、ラブマンの掲げる「ハラーズ全体でのデータドリブン型経営」というビジョンとは相容れないものだった。

ラブマンは組織変革こそが最優先事項だと考えた。彼はサトルの支援を受けて、これまではCEOに直接報告を上げる形になっていたカジノのマネージャーや部門トップに対し、代わりにラブマンに報告するよう求めることから始めた。ラブマンの言葉を借りれば、これは「顧客はハラーズに属しているのであり、個々のカジノにではない」というシグナルだった。これは些細な変化でも、カジノのマネージャーが軽々しく受け止める変化でもなかった。そうしたマネージャーの大部分は、組織の一番下から叩き上げで出世した、ギャンブル業界のインサイダーと呼べる人物だった。自分のカジノを運営できるという自律性と権力は、そうした出世に対する報酬であり、マーケティングプログラムを業界のアウトサイダーが率いる本部にコントロールされるというのは、自らの権力に真正面から挑戦するものだったのである。またこの変更は、彼らの収入に対する挑戦でもあった。彼らのボーナスやその他のインセンティブは、自身が運営するカジノから得られた売上をベースにしており、顧客に他のカジノも（それがハラーズの系列店であったとしても）訪問するよう促すためにデータを差し出すというのは、脅威と見なされたのである。

ハラーズ社員の全員が、新しい指示系統と、権力と自律性の削減を受け入れることができたわけではなかった。ラブマンはハラーズの重要なリノとラスベガスの施設で、この方針に抵抗していたマネージャーを更迭した[9]。顧客マーケティングを一元管理するようになってから、カジノの管理者を務めていた従業員の4分の1が同社を辞めていった。これまではそうした管理者たちが、カジノの顧客が受け取る補完的（コンプリメンタリー）インセンティブ（縮めて「コンプ」と呼ばれていた）を決定する権限を持っていたのだった[10]。

組織構造を変えるのは困難な作業だったが、それによりハラーズは、すべての施設を結んだネットワークを通してデータを集約し、そこから意味のある知見を得ることを、初めて体系的に行えるようになった。ラブマンは次のように記している。「このプログラムを支える情報システムは、数百万件にも上る個々の取引を追跡することで、顧客の好みに関する膨大なデータを集めた。『トータル・ゴールド』プログラムの中核となるのは（中略）300ギガバイトのデータベースで、スロットマシンやレストランなど、ハラーズの各種施設における顧客の金を支払う行動を記録していた。こうした情報は、データベース管理者によって全社データベースに格納された。このデータベースには、顧客に関する数百万ものデータ（氏名や住所、年齢、性別など）だけでなく、ギャンブルや支出の傾向に関する詳細な情報も保管されていた。このデータベースは、豊かな顧客情報が集められた格納場所だったのである」[11]

ラブマンは指示系統を変更することと、データ分析を経営陣の役割にすることに加えて、数字に強い人物を自らの上級スタッフとして雇うことで、データ分析が新しい組織上の重要性を持つことを示した。ラブマンが「プロペラ・ヘッズ」【テクノロジーオタクを指す言葉だが、ここではデータ分析を推進する人々のニックネームとして使われている】と呼んでいたこのチームには、それぞれ顧客リレーションシップと顧客ロイヤルティを担当する、2人の有力なシニア・バイスプレジデントが参加していた。元シカゴ大学の数学者であるリチャード・マーマンと、アメリカン・エキスプレス、ハウスホールド・インターナショナル、MBNAアメリカで分析担当役員を務めたデビッド・ノートンである。

ラブマンは、すべての決断が勘ではなく、綿密な分析とテストに基づいて行われなければならないと訴え、ハラーズの組織文化にデータ分析を根付かせた。ラブマンは次のように語っている。「マーケティング担当者と会い、新しい取り組みについて話し合うときには、『まずはそれをテストしたか』を尋ねます。そしてもし、テストもせずに何かを闇雲に追い求めているようなら、彼らを叱りつけます。どんなに良いアイデアだと彼らが思っても、それはテストしなければならないのです」[12]

ラブマンと彼のチームは、統合されたデータプラットフォームと分析技術を駆使して、驚くような知見を手に入れるようになった。たとえば彼らは、各施設のマネージャーに対して、顧客管理を集中化しても彼らの売上のカニバリゼーションは起きないことを示した。「ラスベガスへ旅行したら、チュニカへは行かなくなるという思い込みに、私たちは挑戦しました」とマーマンは言う。「テストを行って、（施設のマネージャーたちに）それが事実ではないことを示したのです。いったんシステムができると、クロスマーケットで売り上げを拡大する機会が数多くあると証明することができました」[13]

また彼らは、26％の顧客がハラーズの売上の82％を生み出していることを発見した。しかしさらに重要なことが判明した。顧客を個々に見ていくと、最も収益性の高い顧客とは、伝統的に「クジラ」と呼ばれる大金を賭ける客（業界全体がこうした人々に焦点を当てていた）ではないことがわかったのである。実際には、収益性が高いのはスロットマシンを楽しむ中高年の客だった。この知見を得たラブマンは、他の企業が大金を賭ける客の後を追うのに対し、ハラーズは少額で遊ぶ客を狙う戦略を取ることを決めた。

ラブマンと彼のチームは人々がどんなゲームをプレイしたか、その際にいくら賭けたか、どのくらいの速さで遊んだかに関するわずかなデータから、新規顧客の顧客生涯価値を予測することも行った。具体的には、ハラーズを訪れた顧客の観察結果に基づいて、彼らが将来どれほどの収益をもたらすかを予測したのである。彼らはその予測と、実際に顧客がハラーズの施設で遊んだ結果を比較し、その顧客にどのような販促施策を行うべきかを決定した。たとえばある顧客がいて、予測モデルがその人物を大変なギャンブル好きだと予測する一方で、実際にはハラーズの施設にあまり訪れていない（つまり他社のカジノで遊んでいる可能性がある）場合には、ハラーズへのロイヤルティを上げる販促プログラムを適用するといった具合だ。同様に、常連客の来訪頻度が落ちていることがわかれば、彼らを引き留めるための施策を実施するのである。

新しい統合データプラットフォームは、ハラーズが新しいマーケティング戦略を立案し、そして実験を通じてどれが最も有効かを見極めることを可能にした。「私たちはハラーズのすべてを、対照群を使いながら運営しています」とラブマンは語っている。「『女性に嫌がらせをしてはならない』や『盗みを働いてはならない』などと同じレベルのルールとして、『対照群を用意せねばならない』が根付いているのです。

対照群を用意し、結果を比較するという対応をしないと、ハラーズでは仕事を失うことになります」[14]この取り組みも、いくつかの驚くべき知見をもたらした。ある実験では、ハラーズは一部の顧客に対し、ホテルへの宿泊、2回のステーキディナー、30ドル分のチップ（合計125ドル分の価値）といった典型的なロイヤルティプログラムの特典を提供した。そして別のグループには、60ドル分のチップのみを提供した。すると予想に反して、後者のプロモーションの方が、前者の2倍の利益をもたらしたのである。また、ハラーズは実験を行い、顧客がどのようにスロットマシンを選んでいるのかについて、筐体の背後の色まで検討の対象に含めるほど詳細な分析を行った。こうして得られた情報を使って、ハラーズはスロットマシンのデザインやレイアウトを変更し、顧客の好みに合わせることができた。

要するに、ハラーズのマーケティングは非常に定量的なものになったのである。彼らはマーケティング戦略を立案する際、観測された行動ではなく予測された行動に基づいて考えるようになり、比較的小さな観測結果から推測を行うようになった。この違いは極めて重要だ。観測結果だけしか見ようとしないカジノは、頻繁に訪れない客を低く評価する。しかし予測も考慮に入れるカジノは、その顧客が自社の施設にあまり来ていないだけで、他の場所で定期的にギャンブルをしている（したがって価値のある客だと評価すべき）と見抜けるかもしれない。

この定量的アプローチは、パーソナライゼーションに重きを置くことを可能にした。そしてパーソナライゼーションこそ、顧客ロイヤルティを生み出すものであるとハラーズは考えていた。リチャード・マーマンはこの点について、ハラーズは顧客に「ハラーズは私のことを理解していて見返りを与えてくれる、しかし他のカジノに行ってしまうとそうしてくれない、だから私はハラーズに行きたい」と考えてほしいと思っている、と述べている。[15]さらにハラーズは、詳細なデータと独自のアルゴリズムを活用し、顧客ロイヤルティを獲得していく際の好循環を発見した。これについてラブマンは、次のように語っている。「取り組みをさらに進めれば進めるほど、そしてテストをさらに行えば行うほど、より多くの学びが得られます。そして顧客について学べば学ぶほど、顧客にとってのハラーズから別のカジノへ乗り換えるスイッチング・コストは高くなり、私たちは競合他社の優位に立てることになります。これこそ、私たちができる限り速く進もうとしている理由です」

ハラーズのデータドリブン型経営への移行では、次の3つの原則に基づく戦略が重要な役割を果たした。

■全社を横断する形でデータを集約し、データ分析を経営陣が担当するほどの重要性を持つものとして位置づける。
■すべての意思決定がデータ（理想的には実験）に基づいて行われるべきであると訴える。
■顧客を個人として扱い、マーケティング戦略を個人の行動に基づいて設計する。

この戦略が功を奏した。２００３年までに、ハラーズは16四半期連続での売上増を達成し、２００２年には売上40億ドル、純利益２億３５００万ドルを達成した[16]。ゲイリー・ラブマンは組織を変革し、データの力を活用する企業へと生まれ変わらせるのに成功し、満足した。彼は次のように記している。「私たちはカジノ業界における競争で、トップに立つことができた。それは私たちが持つ顧客データを深く分析し、得られた情報を使って、適切なマーケティング戦略とサービス提供戦略を立案・実行し、顧客が繰り返し私たちの施設を訪れてくれるようにした結果だ」[17]ラブマンは２００３年に、サトルに代わってハラーズのCEOに就任し、２０１５年までその職務を果たした。この期間に、ハラーズはギャンブル業界において世界最大の企業へと成長し、シーザーエンタテインメントを買収した上、運営するカジノは２００３年の15施設から２０１３年の54施設へと拡大した[18]。しかし彼の最大の業績は、顧客データをハラーズにもたらしたことである。ＣＥＯを退任したとき、彼の始めたロイヤルティプログラムは４５００万人の会員を抱えるまでに成長し、10億ドル以上の価値があると推定された[19]。

◇　◇　◇

ハラーズの物語は、娯楽系コンテンツビジネスに重要な教訓を与えてくれる。データが豊富に存在する新しい市場において、消費者のニーズに応えるためには、同様の戦略を採用しなければならないからだ。本章の残りと次章において、この点について解説する。議論を簡単にするために、事例として映画ビジネスに焦点を当ててみよう。映画産業の特徴にフォーカスするものの、私たちが提案している変化は、他の産業においても必要なものだ。

まずは「データの縦割り構造」から考えてみよう。ゲイリー・ラブマンが来る前、ハラーズの顧客データは組織のあちこちに散らばり、個々のカジノが所有していた。同様の構図は、今日の映画会社にも見られる。データは企業全体に散らばって存在し、個々の事業部（映画館、テレビ、ホームエンタテインメントなど）によって所有されていることが一般的なのである。そうした部門は、かつてのハラーズのカジノのように、他部門とデータを共有したがらないことが多い。企業内での権力の源泉を失うことを恐れるからである。ある大手映画会社の従業員は、自社の事業部のことを、それぞれ独自の君主が統治する40の「領地」だと表現した。彼女は次のように述べている。「彼らはみな、自分たちがやりたいことをしたがります。その結果、組織全体としての健康が失われてしまっているのです」。この種の組織構造は、データが重要になる前の時代には有効だったかもしれない（事業部間の競争を促す管理テクニックとして）。しかしデータが主導する市場においては、生き抜くためにデータの力を利用することがますます必要になっており、もはやこの構造は意味をなさないのである。ハラーズはそれを早い段階で認識し、データ分析を経営層の管理下に置いて集中することで、競合他社の優位に立った。映画会社も同様の道を選択すべきだ。データ分析を経営層の役割として集中することで、映画会社や他のエンタテインメント企業は、4つの点でグーグルやアマゾン、ネットフリックスといった新規参入企業に対抗しやすくなるだろう。

最初の点は当たり前と思われるかもしれないが、明確にしておく価値がある。データはデータ群の間でリンクされ、全体として見られるときに最も有効になる。このことは特に、顧客データと市場データについて言うことができる。これらは縦割り型で保有されていると宝の持ち腐れになってしまうが、お互いにリンクされると、大きな競争優位を企業にもたらすのである。映画の段階的リリースについて考えてみよう。大部分の映画は、最初は映画館で、次にＤＶＤで、さらにＴＶ放送やインターネットでというように順次リリースされていく。このアプローチでは、個々のリリースにおける価格とマーケティングに関する決定が、別のリリースにおける売上に影響する。ところが現状では、映画会社はそれぞれのチャネルのマネージャーに対して、データの共有と意思決定の集約は求めていない。しかし今後は、そうしなければ成功できないだろう。

第2に、データと意思決定を集中することで、会社内でのデータ分析に関する人材を有効活用できるようになる。分析を行うには、さまざまな種類のスキルセットが必要だ（実験設計、統計的推論、計量モデルなど）。それを1人の人間がすべて身に付けていることはほとんどない。分析の機能を集中することで、異なるスキルを持つアナリストたちがコラボレーションしやすくなる。またデータをまとめて収集することも可能になり、それによって事業部間での冗長性が回避される。

第3に、データ分析を組織内の重要な役割として昇格させることで、新しい人材をより容易に獲得できるようになる。組織内の全員に、データ分析が最優先事項であると示し、分析に関するスキルを持つ人々にキャリアパスを提供できるのである。

そして第4の点が最も重要だ。分析の指示系統を集中することで、会社全体として、議論の余地のある問題に客観的な回答が得られるのである。分析人材が個々の事業部によって採用されていた場合、アナリストは上司が言いたいことをデータに言わせるように圧力をかけられるかもしれない。私たちは、有力な幹部がアナリストの出してきた結果を見て激怒した、という話を聞いたことがある。その理由は結果が間違っていたからではなく、その幹部が下した決定を肯定するものでなかったか、自分の事業部の収益を短期的に傷つけるものだったからだった。こうした行為のリスクは明らかだ。アナリストが特定の回答を出さないと自分の職を守れないと感じていたら、彼らは得られた証拠を無視して、あらかじめ決められた結果を追求する誘惑に駆られるだろう。長期的に考えると、経営陣が欠陥のある分析に依存して意思決定していては、誰も勝者になれない。

当然ながら、アナリストを事業部からあまりに遠くに引き離してしまうと、他の問題が生じる。アナリストが事業部の業務に精通していないと、その事業部で何が最も重要な疑問なのかを特定したり、それに信頼感のある答えを出したりすることができなくなる。そして事業部がアナリストの知識を信頼しないと、事業部がそれを活用することはまずない。それではどうすれば、アナリストは客観性を保ちながら、事業部のニーズに関する深い知識を得られるのだろうか？　ある大手プラットフォーム企業の幹部に話を聞いたことがあるのだが、彼の会社ではアナリストを雇用すると、彼らは集約されたデータサイエンティストのチームの指揮系統に入るとのことだった。このチームは定期的に会合を開いており、アナリストたちが自分の参加しているプロジェクトについて話をして、同僚が持つスキルを頼ることができた。一方で個々のアナリストが働くオフィスは、それぞれの事業部内に設けられていたため、各事業部のニーズを詳しく理解することができた。

娯楽系コンテンツビジネスにおけるデータドリブン型文化とは、どのようなものなのだろうか？　この質問に答えるために、マーケティングにおける古典的な理論「4つのP」──どのような商品を売るべきか、それをどこで売るべきか、その価格をいくらにすべきか、それをどう販促すべきか──への新しいアプローチを業界幹部たちが考える際、データ分析と実験がどのように役立つかを考えてみよう。

商品（Product）

コンテンツが制作されたら、次にそれを市場に提供することになる。その際、どのような形で売るのが最も有効なのかを決める上で、データが大きな役割を果たす。この意味を理解するために、次の質問を考えてみてほしい。ある楽曲を売る際に、アルバム形式だけで売るのと、アルバムとシングルの両方の形式で売るのとでは、どちらがより収益をあげられるだろうか？　これはｉＴｕｎｅｓが定着した、２０００年代の終わり頃から音楽業界が直面している疑問だ。これまでの音楽業界の常識であれば、答えは明らかだった。デジタル版のシングルはビジネスにとって悪影響で、場合によってはデジタル海賊行為よりも好ましくない、というものだ。ＭＴＶの共同創業者であるロバート・ピットマンは、「盗みが音楽を殺すのではありません」と語っている。「音楽業界の人々と話をすれば、彼らのほとんどが、アルバムではなく曲を売るようになっていることが問題だと答えるでしょう。損得を計算すればわかる話です[20]」

表面的には、その計算は非常に説得力のあるものだ。国際レコード・ビデオ製作者連盟によれば、2002年から08年にかけて、デジタル版ではない従来型の音楽の売上は、247億ドルから139億ドルに減少している[21]。一方でデジタル版のアルバムおよびシングルの売上は、この損失をわずかに埋め合わせているだけであり、2009年度の売上は40億ドルであった。総合的に見ると、物理版とデジタル版を合わせた音楽の売上は、この期間で247億ドルから179億ドルへと28%減少しているのである。何が起きたのかは一目瞭然だ。かつて15～20ドルでCD「アルバム」を購入していた消費者たちが、いまでは数曲のシングルしか買わず、それに数ドルしか費やしていない、のではないか？　確かにそうかもしれないが、そうでないかもしれない。もしアルバムをシングルに分割することが、消費者が望みの音楽を少ないコストで手に入れることを可能にするのではなく、新しい消費者を引き付けることで売上の増加につながるなら？　音楽業界はシングルの販売を止め、アルバム販売のみに戻るべきだろうか？　私たちはこれらの論点を2009年の初めに分析し、主要な音楽レーベルと提携して実験を行った[22]。具体的には、まず、あるレーベルと協力して、売上の大きいシングルの中から2000曲を選択した。次にこれらの曲の一部をランダムに選んで、デジタル販売プラットフォームのひとつで、価格を0・99ドルから1・29ドルに引き上げた。これにより、価格の変更されたシングルの売上がどう変化するか、また同じアルバムから分割された、値段の据え置かれたシングルの売上に影響があるのか、そしてアルバムの売上に変化はあるのかを確認することができた。そして分析と計量モデル構築の結果、私たちは明確な答えを得た。アーティストとレーベルの両者が、デジタル版のアルバムだけでなくデジタル版のシングルとしてコンテンツを販売することで、より大きな売上を得ることができたのである。

場所（Place）

ニールセンによると、2015年の第1四半期、米国の成人は2年前よりも1日にテレビのリアルタイム視聴を行う時間が16分短くなった[23]。業界関係者の中には、この減少の理由を、ニールセンが消費者たちの新しいコンテンツ視聴方法に対応できていないからだと考える人もいる。バイアコムのフィリップ・ドーマンCEOは、ニールセンの視聴率計測方法は「市場に追い付いていない」と発言している[24]。ニールセンのミッチ・バーンズCEOは、こうした主張に対して次のように反論し、問題はニールセンではなくテレビ番組の質の低下にあるとほのめかしている。「私たちがスケープゴートにされる場合もあります。視聴率が下がると、それは自分の番組が後退していることを示す可能性があるため、その結果を嫌がるのでしょう。そしてこの結果は、自分がこうあるべきだと考えていることを、他の誰かがちゃんとやっていないからだと考えるのです[25]」。しかしこれら以外に、第3の可能性もある。消費者がインターネット上で過ごす時間が増えたために、リアルタイム視聴率が下がっているかもしれないのである（2013年から15年にかけて、米国人が1日にインターネットに費やす時間は42分増加した）。

ネットを見る時間が増えたことが、テレビの視聴率低下を招いているのだろうか？　それこそ私の同僚である、カーネギーメロン大学のペドロ・フェレイラが2015年の研究で答えようとした問いだ。彼はインターネットサービスプロバイダーでもある大手ケーブルテレビ会社と共同で実験を行った。この実験で、フェレイラと彼の共同研究者は同社の契約者から3万人を無作為に抽出し、その半分にタイムシフト視聴が可能なプレミアムテレビチャンネルへの無料アクセスを与えた。そしてこのオファーを与えられていない残りの契約者（つまり対照群だ）と比較し、テレビとインターネットの利用がどのように変化するかを確認した。その結果、彼らはインターネット利用の増加とテレビ視聴の減少との間に強い関係があることを発見したのである。対照群の行動と比較して、プレミアムテレビチャンネルへの無料アクセスが与えられた人々は、インターネットの利用を大幅に減らしていた。[26] この実験は、インターネットを利用する人が増えれば、テレビを見る人が減ることを示唆している――テレビ業界にとっては背筋が寒くなる結果だ。

価格（Price）

データは価格に関する経営上の意思決定においても、重要な役割を果たすことができる。そうした意思決定は、これまでは「勘」のような根拠の薄い要素に基づいて決められていた。例を挙げよう。私たちは2000年に、本の価格が変化したときに出版社の売上がどれほど変わるのか（これは経済学者が「価格弾力性」と呼ぶものだ）を知ろうと、ある大手出版社のマーケティング担当幹部に電話をかけたことがある。私たちはその人物との会話を、単純な質問（だと私たちが考えていたもの）をすることから始めた――「書籍における価格弾力性とはどのようなものですか？」電話の向こうで、長い沈黙があった。もっと具体的に言った方が良いかもしれない。「ハードカバーの本ではどうでしょうか？」再び長い沈黙。経済学の専門用語が悪かったのかもしれない。「ハードカバーの本の価格を10％引き下げたら、売上はどのくらい増えると思いますか？」3回目の長い沈黙。結局のところ、電話をかけた経営幹部は、出版業界では価格を決定する前に定量分析をほとんど行っていないと語った。価格は業界の標準や競合他社の決定、そして多くの直感に基づいて設定されるのである。それは長い間、価格を設定する完全に合理的な方法だった。業界は比較的安定していて、価格を設定するための標準的な慣行に頼っても何の問題もなかった。しかし10年前にハードカバー本、CD、DVDを売る際に有効だった価格が、今日の電子書籍やデジタル版アルバム、映画ダウンロードにも有効だと言えるだろうか？　新しいデジタル市場において、コンテンツの適切な価格を決定するにはどうすれば良いのだろうか？

これは本当に難しい問題だ。それはいま、多種多様な映画やテレビ番組などが存在し、消費者の注目と財布を狙って競い合っているからである。また消費者は、DVDを買うことも借りることもできる。ケーブルテレビ会社とさまざまなタイプの契約を結ぶこともできる。デジタルコンテンツをiTunesやアマゾン、ネットフリックスといったプラットフォーム上で購入することも、レンタルすることもできるし、各種サイト上でストリーミングコンテンツとして楽しむこともできる。そうしたサイトには合法のものもあれば、違法のものもある。こうしたチャネルのいずれかに変更が生じると、他のチャネルの売上に影響する。したがってチャネル間で適切な調整がなされないと（ただし各チャネルにおける意思決定は独立して行われていることが多い）、ある事業部の価格決定が、他の事業部の業績に悪影響を及ぼすことになる。言い換えれば、マルチチャネルにおける価格決定を適切に行うのは極めて困難なのだ。このように絶え間なく進化する環境では、「勘」はもはや有効ではない。エンタテインメント企業は効果的な価格戦略を策定するために、価格決定において多くの変数を考慮に入れることを可能にする、データドリブン型アプローチを導入しなければならない。

たとえば価格は、チャネルだけでなく時間にも依存しており、それによって複雑性がさらに増すことになる。すでに議論したように、情報財を売る場合、時間をかけて売上を最大化するための最良の方法は、価格差別を活用することだ。あるコンテンツに大きな価値を認める消費者（彼らはコンテンツがリリースされた直後にそれを手に入れようとすることが一般的だ）には価格も高く設定し、小さな価値しか認めない消費者（購入するまでしばらく待つことが多い）には価格も低く設定するのである。ここでポイントになるのが、需要が小さいときに価格を下げ、大きいときに上げるという「日和見型の価格設定」を可能にするモデルの開発だ。書籍や音楽、映画に対する適切な価格は時間経過とともに変化するため、問題は急速に変化する市場の中で、いかに最大の価値を引き出すかということになる。

具体的な問題で考えてみよう。従来の消費者は、1本のDVDを買うのに15～20ドル支払う意欲があった。しかしデジタルプラットフォーム上の映画については、いくら支払うのだろうか？　この問いに答える最も良い方法は、データドリブン型の実験だ。そしてそれこそ、私たちが大手映画会社と提携して行ったことである。この研究では、映画会社が保有する多数の旧作タイトルを対象に、主要なオンラインプラットフォーム上で実験的にその価格を下げた。実験期間中、対象となったタイトルの一部を3つのグループに分け、価格を9・99ドルからそれぞれ7・99ドル・5・99ドル・4・99ドルに下げた（残ったタイトルは対照群として変更を加えなかった）。その結果、オンライン上の消費者が非常に価格に敏感であることが判明した。価格を半分に下げると、需要は3倍、あるいは4倍にまで増加することが多かったのである。こうした需要の増加の一部は、他のデジタルプラットフォームにおけるレンタルや販売を犠牲にする形で発生したが、その場合でも、オンライン価格の低下が映画会社の総売上と利益を拡大させたことは明確だった。[27]

他の業界でも、価格を最適化させて収益を生み出すことができる。デジタル版シングルはアルバムの売上にプラスとなるのか、それともマイナスとなるのかという質問に答えを出すために私たちが行った実験から、音楽レーベルが自社のシングルやアルバムに対して採用できる、最適な価格決定戦略を把握することができた。この結果によれば、一般的に、シングルの価格は最適値より約30パーセント低く、アルバムの価格は最適値より約30％高かった。これに基づいて価格の変更を進めたところ、私たちとともにこの取り組みを行った、ある音楽レーベルの経営幹部は、同社がこの修正によって「年間で数千万ポンドの利益」を実現したと語った。「業界全体が間違っていた」とこの経営幹部は述べている。「私たちは正しい価格を知っていると思っていたが、それはまったくの誤りだった」

ここで重要なのは、価格を最適化するために実験とデータ分析を活用することで、企業が収益を改善できる（場合によっては大幅に）という点である。これは、この業界にとって良いニュースだ。しかし最適な価格は、時間の経過や商品の種類によって変動するため、エンタテインメント企業は常に価格を最適化する必要に迫られる。これは私たちに悪いニュースをもたらす。現時点では、新しいプラットフォーム企業の方が、大手エンタテインメント企業よりも価格を最適化する上でずっと有利な立場にある。たとえばアマゾンは、1億ものアイテムを販売しており、価格設定にソフトウェアを活用している。このソフトウェアが実験を行い、消費者の反応をテストして、必要に応じて価格を修正するのだ。これが自動的に行われるので、アマゾン上の商品の価格は数％低下することがあるが、30～50％の割引が行われることはない。

またプラットフォーム企業は、自らの市場支配力を利用し、自社のビジネスに有利となる価格政策を強要することでも、価格の最適化を行うことができる。たとえば私たちが行った、価格設定に関する実験では、シングルの価格を一律に設定するのではなく、人気やジャンルに応じてそれぞれ価格を設定できれば、音楽レーベルはさらに利益を増やせることが明らかになった。問題は、プラットフォーム企業が価格を一律で設定する（たとえばすべて一曲0・99ドルもしくは1・29ドルのように）方を好むという点だった。そうすることで彼らは、プラットフォームの普及を後押ししたり、より多くのハードウェアを売ったりしようとしているのである。音楽レーベルは彼らに対抗できるほど強力ではないため、価格を変化させることができずにいる。

販促（Promotion）

データ分析は、エンタテインメント企業がマーケティングや広告キャンペーンの効果を改善する際にも役に立つ。こうしたキャンペーンは、エンタテインメント企業がコンテンツに対して費やす予算の中で、大きな割合を占めていることが多い（たとえば1本の映画にかけられる予算の40％を占めることもある）。しかしこの予算の大部分は、依然としてターゲットを絞ることなく使われている。企業は単に、できる限り多くの消費者にコンテンツを知ってもらうため、できる限り多くのチャネルに広告を出すという行動を取っているに過ぎない。これはある映画会社の経営幹部が「数撃ちゃ当たる」と形容した戦略だ[28]。このアプローチを批判する前に、映画会社が「数撃ちゃ当たる」アプローチを採用してきたのは彼らが無知だからではなく、それが彼らにできる唯一の方法だったからという点を理解することが重要だ。従来の広告チャネルでは、消費者の反応を測定することは極めて難しく、そして誰がどの広告に反応しているのかを測定する良い方法がなければ、映画会社は広告キャンペーンの効果を測定できなかったのである。また彼らには「反事実」、すなわち「もし広告を出さなかったら収益はどうなっていたか」を把握する手段もなかった。

しかしインターネットの普及に伴い、企業はよりターゲットを絞った、より収益性の高いキャンペーンを実行できるようになりつつある。オンライン広告の価値を調べるために、私たちが大手映画会社とグーグルとともに行った実験について解説しよう。具体的には、映画会社が所有する、旧作映画の予告編を見た消費者にターゲットを絞った場合の価値が調査された。私たちは米国を400以上の地域に分け、それぞれの地域のユーザーにどのような広告が表示されるかを、無作為に割り当てた。そして3分の1の地域において、プロモーションする映画に関連した動画が視聴されたとき、オンライン上のデジタル店舗でその映画を購入するよう促す広告を表示した。別の3分の1の地域では、同じ動画に広告を表示したが、以前の訪問時にその映画の予告編を視聴したユーザーのみに限定した。残りの3分の1の地域は対照群として、広告の表示を行わなかった。

結果は衝撃的だった。広告を表示するターゲットを、以前その映画の予告編を見たことのあるユーザーに絞ると、その場合にグーグルに支払うコストを考慮に入れても、そのような広告は、ターゲティングされていない広告に比べ、映画会社に4倍から5倍の利益をもたらしたのである。個々の消費者が過去にどのようなコンテンツに接したかを知ることは、彼らが将来どのようなコンテンツを購入するかを予測するのに大きく役立つのだ。

映画会社や、他の大手エンタテインメント企業にとっての課題は、この重要な顧客情報をコントロールする立場にないという点である。先ほどの実験で、対象となった映画の予告編を見ていたユーザーにターゲットを絞ることができたのは、グーグルから実験を行う許可を得ていたからだ。グーグルやアマゾンといったデータドリブン型企業が所有する情報がいかに膨大か、そしてそれが、消費者のターゲティングにおいて、どれほどの優位性を彼らにもたらすかを考えてみてほしい。

オンライン空間の性質は、販促におけるもうひとつの有望な機会を与えてくれる。それは従来型の販促よりもはるかに重要な存在になる可能性を秘めたものだ。iTunesやアマゾンといったサイトは、消費者が映画を購入する際、たとえばウェブサイト上で特定の動画を流す、そうした動画へ消費者を誘導する、ターゲティングされたメールを興味を持ってくれそうな顧客に送るなどして、彼らの判断に大きな影響を与えることができる。さらにデジタルコンテンツの「在庫」が持つ性質により、企業は物理的な店舗の場合と比べ、短期的な需要の急増によりダイナミックに対応することができる。たとえば13日の金曜日には、オンライン店舗では古典的ホラー映画『13日の金曜日』の売上が増えるが、物理的な店舗では変化はない。なぜだろうか？　物理的な店舗では、在庫を仕入れるためにずっと前に発注しておかなければならず、トレンドの変化に迅速に対応することができないからだ。それだけではない。物理的な店舗がそうしたタイトルの先行発注を行った場合、彼らは貴重な店舗スペースを使って短期的にその商品を保管しなければならず、さらに需要の増加が落ち着いた後には、売れ残った在庫を回収して映画会社に返品しなければならない。こうした理由から、物理的な店舗では13日の金曜日の2～3日前に在庫を準備するということはしていない。流通の仕組みや空間的制約によって、一時的な売上増進のチャンスに迅速に対応して利用することができないのである。

しかしインターネット上では、こうした短期間の需要変化に即座に対応できる。データを見たり、あるいは機械学習技術を活用したりして、需要の変化をすぐに発見する（場合によっては予測する）ことが可能だ。そして需要が増えたタイトルを、バーチャル店舗の「店頭」に表示させることができる。これは「勘」では実現できない。それを実現させる唯一の方法は、コンテンツの配信チャネルを所有する企業の許可を得ることだ。この権限により、アマゾンのようなプラットフォーム企業は非常に大きな優位性を手にしている。自社サイト上でコンテンツの販促を行う際の料金を、自由に指定できるからだ。アマゾンのトップページで販促を行う料金が10万ドルというのは、お買い得と言えるだろうか、それとも詐欺と言うべきなのだろうか？　実験してデータを精査し、顧客がどう反応するのかを把握することなく、この質問に答えることはできない。しかしアマゾンはそれが可能で、自社サイト上の広告出稿に関して、広告主との交渉において情報の面で優位に立つことができるのである。

◇　◇　◇

本章の冒頭で、ハラーズの事例を紹介した。それは彼らの姿が、企業は自らの組織を変え、データを基盤とした分析と経営手法を活用するようになれると示しているからである。これは娯楽系コンテンツビジネスのメジャー企業が耳を傾けるに値するメッセージだ。しかし組織改革は、この先に待ち受ける戦いの一部に過ぎない。この業界の多くの企業は、顧客を個人としては把握していない。ハラーズは自らのカジノを通じて、直接顧客に接することができた。しかしこれまでこの業界では、メジャー企業は顧客との最も重要な交流を、映画館やＣＤショップ、書店のようなサードパーティーの中間業者を通じて行ってきた。そうした業者は、メジャー企業のビジネスに脅威を与えない物理的な店舗だった。しかし現在は、これまで解説してきたように、顧客との交流はアマゾンやｉＴｕｎｅｓ、ネットフリックス、グーグルなど、大量のデータを持つ大手プラットフォーム上で起きるようになってきている。彼らは個々の顧客の行動を直接観察しており、すでにデータ分析とエビデンスに基づく経営を中心に組織を構築している。また彼らは、顧客行動に関する詳細データを収集したり、顧客の生涯価値を算定したり、さまざまマーケティング戦略の効果を評価するための実験を行ったり、顧客ロイヤルティを高めるために、個々の顧客に特定のプロモーションを行ったりする際に有利な立場にある。さらに彼らは、エンタテインメントのサプライチェーンにおいて、ますます強力な立場に立ちつつある。自らのプラットフォームと顧客に関するデータを活用して、独自コンテンツの制作に乗り出す場合もあるほどだ。

これは悪いニュースだが、この業界にとって良いニュースもある。それについて、次の章で詳しく解説していこう。簡単に言うと、メジャー企業はすでに、顧客と直接交流したり、エビデンスに基づく経営戦略を立案したりするために必要な、多くのツールを自由に使えるようになっているのである。彼らがそれを使いこなすようになれば、新たな競争相手の脅威に効果的に対応できるはずだ。

第11章
ショウ・マスト・ゴー・オン*
激動の時代を生き残っていくために

これまで以上に顧客に近づこう。彼ら自身が気づく前に、顧客が必要としているものを伝えられるほどに。

——カーマイン・ガロ、*The Innovation Secrets of Steve Jobs: Insanely Different Principles for Breakthrough Success* (McGraw-Hill, 2010)（邦訳『スティーブ・ジョブズ　驚異のイノベーション』）

*【「ショーを止めるな」の意味で、ショービジネスで使われるフレーズであり、1991年にはクイーンもこのタイトルで楽曲を発表している】


グーグル、アマゾン、ネットフリックスの時代に映画スタジオが成功したいのなら、彼らは顧客とのコミュニケーションを考え直さなければならない。そのためには、顧客データの収集・分析に、最も高い優先順位をつける必要がある。

スティーブ・ジョブズがアップルを復活させ、世界で最も成功した企業へと変貌させた物語の教訓について考えてみよう。この話は概ねよく知られているが、その中で、然るべき注目が集まっていない要素に焦点を当ててみたい。それは「アップルが復活を遂げるために、いかに顧客とのつながりと顧客データを活用したか」である。

1997年にジョブズがアップルに復帰したとき、同社は危機に直面していた。コンピューター市場ではシェアが4％しかなく、株価は12年ぶりの低水準で、多くの業界関係者がアップルは間もなく倒産するだろうと予想していたのである。10月6日にガートナー社が開催したシンポジウムにおいて、マイケル・デルは、自分がアップルを経営していたら「すぐに会社をたたんで株主にお金を返すでしょう」と語った[1]。

アップルが抱えていた問題のひとつは、市場においてわずかなシェアしか占めていないために、顧客に直接リーチすることができなかったという点だった。自社製品を顧客に提供するために、シアーズやベストバイ、サーキットシティ、オフィスマックスといったサードパーティーの小売業者に依存しており、そうした小売業者たちは、アップルのブランドに対する顧客ロイヤルティを醸成するインセンティブをまったく持っていなかった。彼らの販売員はアップル製品についてほとんど知識を持っておらず、アップル製品からより安いウィンドウズ製品へと顧客を誘導することがよくあった。アップル製品は、店舗の中で客の通りが少なく、手もかけられていないような場所に追いやられていた。多くの人々は、アップルのコンピューターが提供する価値を、単に知らずにいたのである。ジョブズはこのことを、大きな障害だと認識していた。彼のアップル復活計画には、顧客を喜ばせるという方針が含まれていたが、顧客にリーチする術もなければ彼らが何者なのかもわからない状態では、この方針を実現するのは容易ではなかった。

ジョブズは大胆な解決策を思いつく――アップルが独自の小売店を立ち上げれば良いのではないか。なぜそれが大胆なのか？　ひとつには、小売店という空間を維持するにはコストがかかるという理由があった。薄利多売型のビジネスにおいてデルに対抗するために、小売店舗に巨額の投資を行うよう提案するというのは、極めて馬鹿げているように思われたのである。実際このアプローチは、別のコンピューターメーカーであったゲートウェイでは上手くいかなかった。２００１年1月、アップルが最初の小売店をオープンする4か月前、デルとの競争で疲弊したゲートウェイは、自社の小売店舗のうち27店の閉鎖に追い込まれていた。[2]

驚くべきことではないが、ビジネス誌はアップルの計画をあからさまに嘲笑した。ビジネスウィーク誌に掲載された「残念ながらスティーブ、アップルストアが上手くいかない理由はこれだ」と題された記事は、「そろそろスティーブ・ジョブズは、〝シンク・ディファレント〟【「違う考え方をする」の意味で、1997年からアップルの広告内で使われたスローガン】を止める頃かもしれない」と表現している。[3] アップルでCFOを務めたジョセフ・グラジアノは、次のように述べている。「アップルの問題は、チーズとクラッカーで満足している世界に、キャビアを提供して成長できると依然として信じているところです」またチャネル・マーケティング・コーポレーションの小売コンサルタントであるデビッド・ゴールドスタインは、当時一般的だった見解を次のようにまとめている。「2年もすれば、彼らはこの非常につらく、高くつくであろう失敗を中止しているでしょう」[4]

現在、アップルは16か国で４５３の小売店を展開している。同社の２０１５年第1期の四半期決算によれば、5億人の消費者がアップルの小売店とオンラインストアを訪れ、年間に換算すると、小売店における1平方フィート当たりの売上高は４８００ドル近くに達した。これは米国内の小売店において最も高い数字だ。[5] フォーブス誌によれば、アップルは全世界で5万人の小売店従業員を抱えており、1日平均で１００万人の顧客にサービスを提供している。[6] いまやアップルの小売事業は、２００１年にアップルが全体で生み出した以上の価値をもたらしている。

アップルの小売店が成功した大きな理由として、多くのコンピューター販売店のように、消費者に製品を押し付けるのではなく、顧客エクスペリエンスに焦点を当てたことが挙げられる。特に彼らがこだわったのは、店舗を製品ラインに合わせて設計するのではなく、顧客のニーズを中心にしてデザインし、アップル製品を使って音楽を聴いたり、写真やビデオを撮ったり、映画を見たりすることができると示すことだった。重要なのは、アップルが店舗にフレンドリーな販売員を配置し、顧客の買い物をサポートしたり、購入した製品の使い方を教えたりするようにさせたことである。この点についてはよく知られているだろう。しかしあまり注目されていないのは、アップルが直営の小売店を使うことで、自社の製品がどう陳列されるのか、そして顧客にどう売られるのかを管理できるようにしたという点だ。そしてそれは、データを活用して行われたのである。

実験とデータは、アップルストアのあらゆる側面に影響を与えている。アップルは予算を惜しげもなく使い、店舗レイアウトに関するいくつものモックアップをつくって、顧客からのフィードバックを活用して店内のデザインを洗練させていった。彼らは顧客に対して、「最高の顧客サービス体験とはどのようなものか」をインタビューし、そこから得られた情報に基づいて「ジーニアスバー」を設計した。また市場データと人口統計データを分析して、アクセスしやすい場所に店舗を配置し、マックのプラットフォームを初めて使うユーザー（その大部分が既存のマイクロソフトユーザーだった）が、ジョブズ曰く「20分ではなく20歩歩けば」来られるような店舗にしたのである[7]。

アップルはデータを駆使して自らの小売店舗と、そこにおける顧客エクスペリエンスを創造した。しかし、それをつくり上げると、今度は店舗からデータを生み出し、顧客からのデータをフィードバックとして会社に戻すようにした。アップルストア――ジーニアスバーからトレーニングエリア、そして店内にいる客の位置を特定する先進的なテクノロジーに至るまで[8]――は、顧客データが収集できるように入念に設計されている。そうして得られたデータをフィードバックとして、今度は製品をいかにデザインし、市場に投入するか、そしてそれをいかに顧客に提供するかを考えるのである。顧客はどのようにアップル製品を使っているか？　一番気に入っているところは何か？　何を不満に感じているか？　どのような製品が、どのような形で、販売後どのくらいの期間で壊れているか？　人々は何を求め、何を必要としているのか？　小売店の開設は、アップルが顧客と直接向き合うことを可能にし、彼らは店舗を巧みに活用して、顧客のニーズを理解して対応するのに役立つ情報を収集したのである。

◇　◇　◇

私たちは別に、パラマウント・ピクチャーズやユニバーサル・ミュージックが世界中に洒落た小売店を展開すべきだと言いたいわけではない。しかし顧客との直接的なつながりがますます重要になろうとしている世界では、大手エンタテインメント企業が商品を顧客に提供するのにサードパーティーの流通業者だけに依存していると、彼らは戦略的に不利な立場に立たされるだろうと私たちは考えている。競争に生き残るには、彼らもアップルがしたような改革に取り組まなければならない。すなわち自社が提供する商品の価値を、中間業者を介してではなく、顧客との直接的なつながりを通じて伝えるという形へとシフトするのだ。また顧客に関するデータを集めて分析し、個々の顧客のニーズを理解して、それに対応できるようにならなければならない。それは具体的にどのように機能するのだろうか？

映画業界で考えてみよう。顧客とつながるために映画会社が必要とするデータの一部は、さまざまなSNS上で容易に入手でき、比較的簡単にアクセスできる。たとえばレジェンダリー・ピクチャーズは、分析部門に投資しており、そこではツイッターやフェイスブック、グーグル、興行成績などあらゆるソースから積極的にデータを収集して、適切な顧客に適切なプロモーションを行ってリーチするのに役立てている。レジェンダリーのトーマス・タルCEOは、こうしたターゲティングをしないと、映画『ダークナイト』の売り込みをする際に、80歳の女性に対して十代の少年に対するのと同じ予算を費やすような無駄が生まれてしまうだろうと語っている[9]。

しかし前述のように、映画会社にとって最も価値のあるデータは、アップルやアマゾン、グーグル、ネットフリックスといった企業が保有している。スタジオが採用できるシンプルなアプローチとしては、彼らがこうした流通業者と交渉する際に、顧客に関する個人レベルのデータへのアクセスを手に入れるのを最優先にすることが考えられる。事実、すでに多くの映画会社が、より詳細なデータを提供するよう流通業者たちに圧力をかけるようになっている。しかしこのアプローチを採用しようとすると、映画会社の前にハードルが立ちふさがるだろう。彼らは自分たちの顧客へのアクセスを得るために、強力なオンライン流通業者たちに対して大きな譲歩を迫られるはずだ。なんとかそうしたアクセスを手に入れられたとしても、自分たちのコンテンツに関する顧客の行動を知ることができるだけであり、一方でオンライン流通業者は、自身のプラットフォーム上におけるすべての顧客行動を把握できる。また映画会社は、前章で解説したような、直接的なテストや実験からの恩恵を受けることもできない。そして最も重要なのは、もし映画会社が顧客へのアクセスを維持するのに流通業者に頼っていると、戦略的な情報にアクセスするのにますます競争相手に頼ることになってしまうという点だ。

アマゾンやネットフリックス、グーグルは、自社のオリジナルコンテンツビジネスと、サプライチェーンの上流を垂直統合している。そのため彼らが、大手映画会社が提供するコンテンツへのアクセスを得るために映画会社側に依存する、という状態は薄れつつある。この点を認識することが重要だ。この理由だけでも、映画会社は新たなライバルに対する形勢逆転を図るべきである。つまりサプライチェーンの下流を販売に統合し、流通業者に依存しなくても顧客にアクセスできる状態をつくり上げるのである。これを行う最も簡単な方法は（少なくとも大きなブランド力を持つコンテンツの場合には）、映画会社が持つ既存のポータルサイトに顧客を引き寄せるため、投資を行うことである。J・K・ローリングがポッターモアで採用したのと同じ戦略を使って、コミュニティを創造し、クリエイターたちがファンと情報をシェアできるようにするのだ。これにより映画会社は、さまざまなコミュニティにおいて消費者の行動を把握し、その情報を使ってファンに直接コンテンツを売り込むことができるようになる。このアプローチが直面する最大の障害は、前述のように、消費者が「シンプルであること」を強く求めているという点だ。いくつものウェブサイトの使い方を学ぼうとは思わなかったり、さまざまなコンテンツ系サイトにログインするためのID／パスワードの管理を面倒に思ったりするかもしれない。同様に、各映画会社がそれぞれ独自のプラットフォームを立ち上げている場合には、自分たちのコンテンツと消費者の関係しか観察することができない。

より野心的なアプローチ、しかし最も成功する可能性が高いと私たちが考えるものは、映画会社が共有プラットフォームを構築するための戦略的パートナーシップを結ぶというものだ。そうして生まれるプラットフォーム上では、参加した各社が顧客に直接、しかもターゲティングを行った形でアクセスすることができ、さらに複数の企業のコンテンツを横断する形で、顧客の行動を把握することが可能になる。このような共有プラットフォームはすでに存在する。2007年3月、大手映画会社3社（21世紀フォックス、NBCユニバーサル、ウォルト・ディズニー・スタジオ／ABCテレビジョン）が共同で、「これまでで最大のインターネットビデオ配信ネットワーク」を設立することを発表した。[10] 現在Huluと呼ばれるこのネットワークは、米国内でアマゾンの「インスタント・ビデオ」サービスに次ぐ、4番目に人気のビデオストリーミングプラットフォームとなっている。[11]

残念ながら、Huluの成功は難しい問題を生み出している。Huluが人気になればなるほど、各映画会社が持つ既存のチャネルの収益が減少する可能性が高くなるのだ。Huluが立ち上げられるとすぐに、どの番組をこのチャネルで配信すべきか、ストリーミング中に挟むコマーシャルの長さはどの程度にすべきか、そしてコンテンツがテレビで放送されてからHulu上で配信開始するまで、どの程度の間を置くべきかかといった議論が巻き起こった。こうした問いに対する答えは、既存のテレビ放送のビジネスモデルに基づいて検討されていったが、テレビのビジネスモデルでは、テレビネットワーク側が得る売上のおよそ半分が広告収入で、残り半分は「再送信料金」（ケーブルテレビ会社がテレビネットワークのコンテンツを放送する権利を得るために支払う代金）によるものだった。その結果、番組の視聴率や再送信料金を下げるような行いは、何であれ脅威とみなされたのである。

こうした問題を解決するひとつの方法は、Huluが完全に独立して運営されるようにし、新しいビジネスモデル（それは将来的に古いビジネスモデルとのカニバリゼーションを起こしてしまうかもしれない）を追求する自由を与えることである。それこそ、2010年に起きた、Huluの株式公開を進めようという動きの背後にある発想だった。しかしテレビネットワーク側は、すぐにこの動きを否定した。ウェルズファーゴのアナリスト、マーシー・ライビッカーは、フォーチュン誌のインタビューにおいて「いったいどのくらいのお金を手にできれば彼らが主導権を手放そうとするのか、私にはわかりません」と答えている。[12]

2011年2月、Huluの成功を妨げるのをやめるようテレビネットワーク側を説得するために、Huluのジェイソン・キラーCEOは同社のブログに長文の記事を掲載し、上層部に対し彼らのビジネスの将来を説いた。[13] キラーはその中で、テレビにはあまりに多くの広告があふれていること、消費者は自分の都合に合わせてコンテンツを見ることが許されるべきであること、ケーブルテレビがいくつものチャンネルを束ねたパッケージ（その中には視聴者が関心を持たないものも含まれてしまっている）をつくり、消費者にその契約を迫るというビジネスは終わりつつあること、さらにはそうしたチャンネルで流すコンテンツを得ようとするケーブルテレビに対し、テレビネットワークが巨額の再送信料金を要求するというビジネスも同じく終わろうとしていることを訴えた。キラーはこの記事を、テレビネットワークの経営陣に対する次のような警告で締めている。「既存のプレイヤーは既存の仕組みに挑戦するトレンドに抵抗しようとするが、そうするうちに、最も重要な存在である『顧客』への焦点がずれてしまうということを、歴史は示している」

テレビネットワークはキラーの指摘を、すぐには歓迎しようとはしなかった。ある匿名のテレビネットワーク企業幹部は、ウォール・ストリート・ジャーナル誌に対し、「彼が言っていることの80〜90％は正しい」と語っている。「しかしなぜ、それを記事にする必要があったのか？　私たちが『ありがとう！その通りだ！これまで考えたこともなかった！再送信料金はあきらめよう！』と言うとでも思ったのだろうか？」[14] またほかの幹部は次のように語り、キラーの業績と、既存の仕組み内で成果を出す彼の能力を低く評価したことを、フィナンシャル・タイムズ紙が伝えている。「数十億ドルの価値がある番組を渡してもらえれば、私だって事業を立ち上げられただろう。しかし長期的に成功するビジネスを築くためには、皆が納得する形でそれを進めなければならないことを、私は理解している」[15]もっと無遠慮なコメントを残す幹部もいた。「これは明らかに、大半の米国人がどうテレビを見ているのかをわかっていない、エリートの妄想だ」[16]

多くの業界関係者は、結局のところ、目新しいストリーミング・プラットフォームと映画会社の既存のビジネスモデルは相容れないものなのだ、と感じている。メディアアナリストのジェイムズ・マキヴェイは、「彼らはそれに成功してほしくないのだ」と記している。「もし成功してしまえば、『視聴率』という、既存のテレビメディア・ビジネスにおける通貨とも言える重要な要素に悪影響を及ぼすことになる。そこで彼らは、Ｈｕｌｕがあまりにも優れた存在になったり、成功し過ぎたりすることのないよう注意しているのである」[17]

◇◇◇

既存の収益源に対するカニバリゼーションを起こさないよう、デジタルチャネルを低い位置に置きたいという感覚は、エンタテインメント・ビジネスにおける古いルールの中では、完全に合理的なものに感じられるだろう。結局のところ、デジタルコンテンツを利用できなければ、人々は物理的な製品を買うしかなくなるのではないか？

私たちは２０１２年から２０１３年にかけて収集された、デジタルコンテンツとＤＶＤの売上データを活用して、この問いについて調査を行った。２０１２年以前、映画業界においては、「ｉＴｕｎｅｓや他のデジタルチャネル上での映画のリリースを遅らせることで、重要なＤＶＤからの売上を守ることができる」というのが大半の人々の常識だった。しかし2012年から2013年にかけて、複数の映画会社が、DVDのリリースと合わせてデジタル版の配信を開始したり、場合によってはデジタル配信を先にしたりするといった実験を行った。映画会社がこうした戦略の転換を行ってくれたおかげで、消費者がDVDとiTunesからのダウンロードという選択肢を与えられた場合に、それぞれのチャネルにおいて売上にどのような影響が出るのかを分析することができた[18]。そしてデータが示していたのは、デジタル版の配信を遅らせるのは大きなマイナスでしかなく、プラスの影響はほとんど見られないという事実だった。映画のデジタル版がDVD版のリリース後に配信された場合、デジタル版の売上がおよそ半分になるだけでなく、DVD版の売上には統計学的に有意な上昇は見られなかったのである。

この結果は、デジタルコンテンツのリリースが及ぼす影響に関する、これまでの研究結果（たとえば第3章で紹介したキンドルの電子書籍や、第6章のHuluによるテレビ番組配信、そして第8章のiTunes上でのテレビ番組ダウンロードなど）とも一致している。デジタルチャネルがマクロレベルで物理版の消費を減少させることは間違いないが、個々の企業がそれぞれのコンテンツにおけるデジタル版の配信を遅らせたとしても、これを未然に防ぐための効果はほとんどない。デジタル版を利用可能にすることは、物理版の売上にはほとんど影響しないのだ。それはデジタル版の消費者が、すでに物理版の市場から立ち去っているからである。ほしいコンテンツのデジタル版が得られないと、彼らは海賊版を手に入れようとするか、ネットフリックスやiTunes、アマゾン、ユーチューブといったプラットフォーム上で別のコンテンツを消費するだけだ。

デジタル版の配信を遅らせることがリスクなのには、もうひとつ理由がある。強力なデジタルプラットフォームを保有していなければ、デジタル配信が持つ多くの重要な利点を享受できないという点である。

私たちは、特に重要であると判断したデジタル配信の利点を、5つに整理した。このうちの2つについては、すでに解説している。あるコンテンツの潜在的市場をより正確に判断する力と、そのコンテンツを、より効率的に消費者に売り込む力である。ネットフリックスはこれら2つに加えて、第3の利点も手にしている。それは消費者がコンテンツにどのように反応するかについて、詳しく実験を行い、結果から学びを得る力である。ジーナ・キーティングは著書 *Netflixed: The Epic Battle for America's Eyeballs*（『ネットフリックス化：米国の視聴者をめぐる壮絶な戦い』、未邦訳）において、ネットフリックスが自社のウェブサイトを駆使して顧客ニーズをどのように把握しているかを、次のように解説している。

（ネットフリックスは）自社のウェブサイトが、市場調査のプラットフォームとしての役割も果たすように設計した。ページのレイアウトや機能に複数のバージョンを表示できるようにして、顧客をいくつかのグループに分けて実験を行い、彼らの反応や好みに関する詳細なデータを集めたのである。典型的なA／Bテストは次のようなものだ。赤いロゴ（Aパターン）と青いロゴ（Bパターン）を用意し、それらが顧客の獲得や生涯価値【顧客が一生の間に、企業の商品やサービスを利用することで企業が得られる価値】、リテンション率【顧客が、一定の期間で継続して顧客である割合】、利用行動に対してどれほどの効果があるかを測定する。（中略）継続的に実験を行い、消費者に関する情報を収集し、サイトを調整していくことで、ネットフリックスと顧客の間での会話が続くことになり、それは実店舗を基盤としたレンタルチェーンとの競争において、決定的な優位性をもたらすことになるのである。

もちろん競合他社は、彼らのデザインを単にコピーしてしまうことができる。実際にブロックバスターが自社のウェブサイト（Blockbuster.com）で真似をして、ネットフリックスのデザインをすぐに取り入れた。しかしBlockbuster.comはネットフリックスのサイトと似たような見かけになったものの、それを支えるアルゴリズムまでは真似ることができなかった。コストやマッチングのアルゴリズム、市場調査のプラットフォームを継続的に最適化する仕組みを欠いていたブロックバスターは、ネットフリックスの全体像に近づくことすらできなかったのである。

これまでの章で解説してきたようにプラットフォーム企業は、変更と直結した実験を活用することで、マーケティングを巧みにカスタマイズしていくことができる。また個々の顧客に関するデータがなければ生み出せないような知見も、彼らは手にすることができる。それこそ第4の利点だ。長い間、ニールセンを始めとした市場調査会社が販売しているようなデモグラフィックデータ【性別や年齢、居住地、職業などのデータ】は、顧客に関する唯一の利用可能なデータだった。マーケティング担当者が効果的に活用できたのは、デモグラフィックデータだけだったからである。[19] しかしデモグラフィックデータは、人々がどんな人物であるか、あるいは彼らが何を消費したがっているかについては、ほとんど教えてくれない。顧客とのデジタル・インタラクションが行われる世界、そして膨大なコンピューティング・パワーが存在する世界では、マーケティングに関する意思決定を行う上で、デモグラフィックデータの価値は極めて低いものになっている。

顧客のデモグラフィック的特徴だけでなく、購買履歴についても知ることに、どれほどの価値があるのだろうか？　ピーター・ロッシ、ロバート・マカロック、そしてグレッグ・アレンビーは、1996年に発表した論文において、この問いについて考察した。[20] 研究が行われた当時（食料品店にバーコードリーダーとポイントカードが導入されて間もない頃だ）、マーケティング担当者は、顧客に関するデータの重要性に気づき始めたばかりだった。ポイントカードによって、食料品店は初めて顧客を個人として見ることが可能になった。ロッシ、マカロック、アレンビーはバーコードリーダーから得られたデータを使い、ターゲティングなしでクーポンをばら撒いた場合と、デモグラフィックデータに基づいて配布した場合、そして顧客の購買履歴に基づいて配布した場合の効果を比較した。その結果、顧客の人口統計データに基づいた場合には、何の区別もせず配布した場合に比べてクーポンの利益率が12％上昇していた。そして顧客の購買履歴に基づいた場合には、利益率は155％上昇していたのである。

マーケティングの効果が10倍も増加するというのは、アマゾンほどのビジネスの規模になると、とてつもない結果となって現れる。しかしアマゾンなどのプラットフォーム企業は、そこで止まらなかった。彼らはますます、マーケティングに関する意思決定を、顧客の行動をリアルタイムに把握する力に基づいて行うようになっている。アマゾンは自社のマーケティングを、ユーザーがいま何を検索しているか、何を閲覧しているか、どの程度クリックしているかなどに基づいてカスタマイズしようとしている。こうした行動のデータが、「あなたはなぜいまここにいるのか」という、マーケティング上で最も重要な質問に答えるのに役立つからだ。

顧客に関する詳細なデータを把握することの第5の利点は、顧客よりも製品に関係している。それがどういう意味かを明らかにするために、1990年代半ばの食料品店業界を例に挙げよう。食料品店がポイントカードを導入する前は、在庫管理を改善するために、扱うニッチ商品の数を少なくすべきというのがこの業界における一般常識だった（これは食品マーケティング協会が行った研究に基づいていた）[21]。しかしスーパーマーケットチェーンのH-E-Bは、食品マーケティング協会の研究が、食料品店の収益性における根本的な要素を無視していることを発見した。最も収益性の高い顧客とは、「ニッチ」商品を買う傾向が最も高い顧客だったのである。売れ行きが低調なニッチ商品を排除してしまうと、最も収益性の高い顧客を失ってしまうことを、H-E-Bは認識した。そして同社のマネージャーたちは、ニッチ商品の在庫を増やすことを決めた[22]。

オンライン上での購買行動についても、同じことが言えるのだろうか——つまり最も収益性の高い顧客とは、最も人気のない商品に興味を持つ人々なのだろうか？　この問いへの答えを得るために、私たちは大手映画会社とともに、彼らの顧客のオンライン上での購買行動を分析した。その結果、問いに対する答えは「イエス」であった。全体的に見ると、売上は大ヒット映画に大きく偏っていた。この点は驚きではない。驚きだったのは、最も収益性の高い顧客からの売上が、人気のない映画の購入に大きく偏っていた点である。最も収益性の高い顧客は他の顧客に比べて、ロングテールから映画を購入する可能性が50～200％高くなっていた。

◇◇◇

娯楽系のコンテンツビジネスにとって最も重要な教訓とは、これからの時代において成功するためには、コンテンツの制作を支配することに加えて、顧客との接点（そしてそこから生まれる顧客ニーズに関するデータ）も支配できなければならないという点である。それこそ、私たちが本書を通じて提示したかったことだ。第1章から第4章で解説したように、これまでの100年間、大手レーベルや出版社、映画会社はそれぞれの業界において、自らの規模を駆使して2つの稀少性（流通と販促のチャネルの容量における稀少性と、コンテンツを制作するために必要な金銭的・技術的資源の稀少性）を管理することで価値を創造してきた。そしてメジャー企業は、消費者がコンテンツを手に入れる方法を管理することに依存したビジネスモデルを通じて、価値を手元に置くことができた。

しかし第5章から第9章において、コンピューターやストレージ機器、世界規模のデジタルコミュニケーション・ネットワークの進化で、そうした稀少資源が逆に豊富なものとなってきたことについて解説した。コンテンツを制作する機器が低価格化したことで、誰でもコンテンツを制作できるようになり、さらにデジタルチャネルの登場により、コンテンツの流通・販促を行う新しい機会が大量に得られるようになった。その結果、消費者に対して膨大な価値が生み出されるようになっている。技術革新はまた、娯楽系コンテンツの市場において価値を獲得するために用いられるプロセスにも影響を与える。消費者がコンテンツにアクセスする手段の、人工的に生み出された稀少性をエンタテインメント企業が維持することは、デジタル海賊行為によってますます困難になっている。いちどデジタル・エコシステム上で何かをリリースすると、その拡散をコントロールすることはほぼ不可能だ。しかしデジタル化により、利便性の改善、パーソナライゼーション、そしてオンデマンド・コンテンツによる即時的な満足感の提供を通じて、オンライン上で価値を獲得できる新しい手段が生まれている。

第10章および本章では、この業界において、こうした価値を創造して獲得するための新しいツールを使う際のカギは、2つの新しい稀少資源からもたらされることを解説した。その資源とは、顧客ニーズに関する知識と、顧客の関心をコントロールする力である。第10章で解説したように、個々の顧客のニーズを理解したければ、企業はデータに基づく意思決定の実現を優先させる必要がある。そのためには、組織改革に対する本格的な投資と、組織的な新しい能力を構築する意欲がなければならない。しかし企業が顧客の関心を惹きつけておきたければ、彼らは顧客との直接的な交流を可能にする、新しい流通プラットフォームにも大胆な賭けをする必要がある。

　もちろんこうした変革を進めるのは、この業界にとって難しいものだろう。しかし私たちは、将来を楽観している。それは私たちがこれまで主張してきた内容が、この業界において、常に成功を収めてきた要素と同じものだからである。その要素とは、新たなチャンスにリスクを賭けようとする姿勢、新しい人材に投資しようという意欲、アーティストと観客をつなぐクリエイティブな方法を見つけようとする情熱、そして大きなコンセプトを現実のものにするスキルだ。いずれにしても、「ショウ・マスト・ゴー・オン」なのである——これからもエンタテインメントを続けていかなければならないし、これからも続いていくことだろう。

原注

■第1章

[1] Source: *http://bigstory.ap.org/article/netflix-shuffles-tv-deck-house-cards

[2] Source: http://www.vulture.com/2014/05/kevin-reilly-on-fox-pilot-season.html

[3] Nellie Andreeva, "Focus: 2009–2010 Pilot Season—Back on Auto Pilot," *Hollywood Reporter*, March 6, 2009, as quoted by Jeffrey Ulin in *The Business of Media Distribution* (Focal, 2010).

[4] Source: Ted Sarandos, speech to the 2013 Film Independent Forum (http://www.youtube.com/watch?v=Nz-7oWfw7fY)

[5] Ibid.

[6] Ibid.

[7] Source: http://www.nytimes.com/2013/01/20/arts/television/house-of-cards-arrives-as-a-netflix-series.html

[8] Source: *http://www.aoltv.com/2011/03/18/netflix-builds-house-of-cards-kevin-spacey/

[9] この数はネットフリックスの利用者全体の2％に相当した。Source: http://tvline.com/2014/02/21/ratings-house-of-cards-season-2-binge-watching/

[10] もちろん、CMにコンテンツを中断されることがないのはネットフリックスのユーザーだけではない。家庭用ビデオレコーダーのティーボが収集したデータによれば、ティーボを使ってテレビドラマ『ウォーキング・デッド』を視聴した人々の66％、また同じくテレビドラマ『マッドメン』を視聴した人々の73％が、録画の再生時にCMをスキップしていた。これらのドラマに30秒のコマーシャルを出すために7万～10万ドルを払った広告主たちにとっては、驚愕すべき数字だろう。

[11] Source: http://www.nytimes.com/2013/01/20/arts/television/house-of-cards-arrives-as-a-netflix-series.html

[12] Source: http://www.hollywoodreporter.com/video/full-uncensored-tv-executives-roundtable-648995
[13] Source: https://www.youtube.com/watch?v=uK2xX5VpzZ0
[14] 予告編はハウス・オブ・カードの短い宣伝で構成されていた。
[15] Source: http://www.nytimes.com/2013/02/25/business/media/for-house-of-cards-using-big-data-to-guarantee-its-popularity.html
[16] Source: http://variety.com/2014/digital/news/netflix-streaming-eats-up-35-of-downstream-internet-bandwidth-usage-study-1201360914/
[17] Source: http://stephenking.com/promo/utd_on_tv/
[18] Source: http://www.nytimes.com/2012/08/05/sunday-review/internet-pirates-will-always-win.html
[19] バンドリングの経済性については、第3章でも扱う。
[20] Source: http://www.gq.com/story/netflix-founder-reed-hastings-house-of-cards-arrested-development
[21] Source: https://www.sandvine.com/downloads/general/global-internet-phenomena/2011/1h-2011-global-internet-phenomena-report.pdf
[22] Source: http://variety.com/2015/digital/news/netflix-bandwidth-usage-internet-traffic-1201507187/

■第2章

[1] この後の歴史的背景に関する議論は、次の3つの資料を参照している。Jan W. Rivkin and Gerrit Meier, BMG Entertainment, Case 701-003, Harvard Business School, 2000; Pekka Gronow and Ilpo Saunio, *An International History of the Recording Industry* (Cassell, 1998); and Geoffrey P. Hull, *The Recording Industry* (Routledge, 2004).
[2] Source: http://historymatters.gmu.edu/d/5761/
[3] Rivkin and Meier, BMG Entertainment, p. 3.
[4] Ibid., p. 4.

[5] Gertrude Samuels, "Why They Rock 'n' Roll— And Should They?" *New York Times*, January 12, 1958.

[6] "Yeh-Heh-Heh-Hes, Baby," *Time* 67, no. 25 (1956).

[7] Samuels, "Why They Rock 'n' Roll."

[8] Ibid.

[9] R. Serge Denisoff and William D. Romanowski, *Risky Business: Rock in Film* (Transaction, 1991), p. 30.

[10] "Rock-and-Roll Called 'Communicable Disease,'" *New York Times*, March 28, 1956.

[11] たとえば次の文献を参照。 Reiland Rabaka, *The Hip Hop Movement: From R&B and the Civil Rights Movement to Rap and the Hip Hop Generation* (Lexington Books, 2013), p. 105; Glenn C. Altschuler, *All Shook Up: How Rock 'N' roll Changed America* (Oxford University Press, 2003), p. 40; Peter Blecha, *Taboo Tunes: A History of Banned Bands and Censored Songs* (Backbeat Books, 2004), p. 26; Linda Martin and Kerry Segrave, *Anti-Rock: The Opposition to Rock 'n' Roll* (Da Capo, 1993), p. 49.

[12] "Boston, New Haven Ban 'Rock' Shows," *New York Times*, May 6, 1958.

[13] Samuels, "Why They Rock 'n' Roll."

[14] Gronow and Saunio, *An International History of the Recording Industry*, pp. 193–194.

[15] William Goldman, *Adventures in the Screen Trade* (Warner Books, 1983), p. 39.

[16] BMG Entertainment, p. 8.

[17] International Federation of the Phonographic Industry, Investing in Music: How Music Companies Discover, Nurture and Promote Talent, 2014, pp. 7–9.

[18] Robert Burnett, *The Global Jukebox*, as cited in BMG Entertainment.

[19] Steve Knopper, *Appetite for Self-Destruction: The Spectacular Crash of the Record Industry in the Digital Age* (Free Press, 2009), p. 202.

[20] Michael Fink, *Inside the Music Industry: Creativity, Process, and Business* (Schirmer, 1996), p. 71.

[21] Hull, *The Recording Industry*, p. 186; quoted in “Payola 2003,” *Online Reporter*, March 15, 2003.

[22] Source: Erik Brynjolfsson, Yu Hu, and Michael Smith, “Consumer Surplus in the Digital Economy: Estimating the Value of Increased Product Variety at Online Booksellers,” *Management Science* 49, no. 11 (2003): 1580–1596.

[23] Source: our calculations, based on http://www.boxofficemojo.com/studio/?view=company&view2=yearly&yr=2000

[24] たとえば次の書籍を参照。Albert N. Greco, Clara E. Rodriguez, and Robert M. Wharton, *The Culture and Commerce of Publishing in the 21st Century* (Stanford University Press, 2006), p. 14.

■第3章

[1] Source: *http://online.wsj.com/news/articles/SB125427129354251281

[2] Source: http://shelf-life.ew.com/2009/10/23/stephen-king-ebook-delay-price-wa/

[3] Jeffrey A Trachtenberg, “Two Major Publishers to Hold Back E-Books,” *Wall Street Journal*, December 9, 2009.

[4] 出版社が抱いていたであろう仮定が、もうひとつ存在する。高価なハードカバー版は、安価な電子版よりも利益率が高くなるだろう、というものだ。しかし実際には、印刷と流通のコストを計算に入れると、ハードカバー版と電子版の利益率は非常に近くなることがわかっている。

[5] その詳細を解説することは本書の範囲を超えているが、この研究では、出来事のタイミングが本当に外因的なものかどうか、また本の出版スケジュールと売上に対する期待の間に相関関係がないかどうかを検証した。興味がある読者は、Hailiang Chen、Yu Jeffrey Hu、Michael D. Smith によるワーキングペーパー "The Impact of EBook Distribution on Print Sales: Analysis of a Natural Experiment" を参照（次のＵＲＬで閲覧可能：http://ssrn.com/abstract=1966115）。

[6] のちほど詳細に議論するように、これらの特徴は映画や音楽のコンテンツにも当てはまる。たとえば、映画の製作とプロモーションにかかるコストは、1億ドルを超える場合がある。しかし映画のＤＶＤ1枚を製造する限界費用は、約4ドル10セントしかかからない（次の書籍を参照：“The Hollywood Economist: The Hidden Financial Reality Behind the Movies,” Epstein. 2012. Melville House Publishing, Brooklyn, NY.）。またｉＴｕｎｅｓ上でデジタル版の映画を売る

場合であれば、限界費用は実質的にゼロである。

[7] より正確に言えば、顧客が支払おうとしている額より少し低い額を設定することになる。

[8] Arthur C. Pigou, *The Economics of Welfare*, fourth edition (Macmillan, 1932).

[9] 第一種価格差別戦略をめぐるもうひとつの問題は、ほとんどの顧客が、それをアンフェアだと感じるという点である。単に支払う意欲があるからというだけで、なぜ他人よりも高く買わされなければならないのか、というわけだ。

[10] ある映画を有料ケーブルテレビで放送することによる影響を、他の流通・配信経路からその作品を取り除いたことによる影響と区別する必要がある。そこで、映画会社が契約に基づいて、あるコンテンツが有料ケーブルテレビで放送される月の初日に、それを他の「競合する」流通・配信経路から取り除くことが求められるが、実際に放映が行われるのは、その月の最初の週末・2番目の週末・3番目の週末・4番目の週末になることが多いという事実を利用した。たとえば、私たちは論文（Anuj Kumar, Michael D. Smith, and Rahul Telang, "Information Discovery and the Long Tail of Motion Picture Content," *Management Information Systems Quarterly* 38, no. 4 (2014): 1057- 1078）において、「2011年3月、映画『ロビン・フッド』『ほぼ冒険野郎　マクグルーバー』『コップ・アウト～刑事した奴ら～』『恋のスラムダンク』の放送がＨＢＯで始まった。これらの映画はすべて、ｉＴｕｎｅｓや他の有料ケーブルテレビでの提供が3月1日に停止されたが、ＨＢＯでの放送が開始されたのはそれぞれ、3月5日、12日、19日、26日だった」ことを確認した。こうしたコンテンツの配信停止日と放映開始日のずれにより、ＨＢＯでの放映による影響と、ｉＴｕｎｅｓや他の有料ケーブルテレビからコンテンツを取り除くことによる影響を区別することが可能になった。

[11] なぜこの変化がＨＢＯでの放映によるものであり、映画の内容や、販促・配信方法の変化によるものではないと考えられるのかという理由は、本書の範囲を超える。興味のある方は、次の論文を参照してほしい。Anuj Kumar, Michael D. Smith, and Rahul Telang, "Information Discovery and the Long Tail of Motion Picture Content," *Management Information Systems Quarterly* 38, no. 4 (2014): 1057–1078.

[12] コンテンツのバンドリング戦略については、第8章で詳しく解説する。

[13] この恐れについては第5章において解説し、すでに一部の市場で悪影響が出ている実例を紹介する。

■第4章

[1] 本章で解説する経営コンセプトは、ヨーゼフ・シュンペーターの創造的破壊理論、クレイトン・クリステンセンの破壊的イノベーション理論、リチャード・フォスターの「攻撃者の優位」など、さまざまな経営理論に沿ったものだ。私たちはこうしたコンセプトを、複数の変化が同時に発生することで、既存プレイヤーが問題の程度を把握しづらくなり、また新規プレイヤーが大規模の経済を手にすることで、既存プレイヤーの行動が遅れた場合にリスクが拡大してしまうような環境に適用して考察を行った。

[2] Source: *http://www.prnewswire.com/news-releases/att-launches-a2b-music-with-the-verve-pipe--a-trial-for-the-delivery-of-music-over-the-internet-77352797.html

[3] このときａ２ｂのファイルをエンコードするのに使われていたのは、ＡＡＣ（Advanced Audio Coding）だった。この技術に関する特許は、ＡＴ&Ｔベル研究所、フラウンホーファーIIS、ドルビーラボラトリーズ、ソニーが保有していた。次の資料を参照。Karlheinz Brandenburg, "MP3 and AAC Explained," presented at AES 17th International Conference on High Quality Audio Encoding, 1999 (available at http://www.aes.org/e-lib/browse.cfm?elib=8079).

[4] Gronow and Saunio, *An International History of the Recording Industry*, p. 211.

[5] ここで紹介しているブリタニカ百科事典のケースは、シャイン・グリーンスタインとミシェル・デヴェルクスによる解説を踏襲している。詳しくは次の資料を参照。The Crisis at Encyclopaedia Britannica, Case Study KEL251, Kellogg School of Management, 2006 (revised 2009).

[6] Ibid., p. 2, citing Randall E. Stross, *The Microsoft Way*.

[7] Ibid., p. 5, note 21, quoting Philip Evans and Thomas S. Wurster, *Blown to Bits*.

[8] Ibid., p. 17, citing Robert McHenry, "The Building of Britannica Online" (*http://www.howtoknow.com/BOL1.html).

[9] Ibid., p. 17, citing Robert McHenry, "The Building of Britannica Online" (*http://www.howtoknow.com/BOL1.html).

[10] Ibid., p. 17, citing Stross, *The Microsoft Way*.

[11] Ibid., p. 7, citing Dorothy Auchter, "The Evolution of *Encyclopaedia Britannica*," *Reference Services Review* 27, no. 3 (1999): 291–297.

[12] Ibid.

[13] Matt Marx, Joshua S. Gans, and David H. Hsu, "Dynamic Commercialization Strategies for Disruptive Technologies: Evidence from the Speech Recognition Industry," *Management Science* 60, no. 12 (2014): 3103–3123.

■第5章

[1] ここで私たちは、「ロングテール」の標準的な定義に従っている。オックスフォードの辞書サイトによれば、それは「少数のベストセラー製品とは対照的に、少量が売れる製品が多数集まっていること」を意味する。（次のＵＲＬを参照 http://www.oxforddictionaries.com/us/definition/american_english/long-tail）

[2] Erik Brynjolfsson and Michael Smith, "Frictionless Commerce? A Comparison of Internet and Conventional Retailers," *Management Science* 46, no. 4 (2000): 563–585.

[3] この点を最初に指摘したのは、著名な経済学者のジョン・ケネス・ガルブレイスである。彼は１９９５年、ハーバード・ビジネス・レビュー誌上で、*The Winner-Take-All Society* の批評を行った。「勝者が総取りする……時には（The Winner Takes All … Sometimes）」と題されたこの批評の中で、ガルブレイスは次のように記している。「陸上競技（それは本書の著者の出発点であり、頻繁に持ち出される）は、明確な勝者が生まれるようプログラムされている。しかし他の多くの活動では、そうはなっていない」

[4] 私たちが採用した手法と結果に関する詳細については、次の論文を参照。Erik Brynjolfsson, Yu Hu, and Michael Smith, "Consumer Surplus in the Digital Economy: Estimating the Value of Increased Product Variety at Online Booksellers," *Management Science* 49, no. 11 (2003): 1580–1596.

[5] Source: Bowker, cited in Statistical Abstract of the United States: 2004–2005 (Government Printing Office, 2004), p. 721, table 1129.

[6] 紙版の書籍の増加は、多くの点で、それ自体として興味深い現象だろう。ボウカー (http://www.bowkerinfo.com/pubtrack/AnnualBookProduction2010/ISBN_Output_2002-2010.pdf) によれば、一年間に出版される紙の書籍の数は、２００８年の56万２０００点から、２０１０年の３１０万点へとさらに増加している。この増加の大部分は、「従来型ではない」タイトル（典型的なのは自費出版）によるものだ。そうした従来とは異なる形で出版されるタイトルの割合は、２００２年の13％から、２０１０年の92％へと急増している。

[7] See Luis Aguiar and Joel Waldfogel, Quality Predictability and the Welfare Benefits from New Products: Evidence from the Digitization of Recorded Music, working paper, University of Minnesota, 2014.

[8] Anita Elberse, "Should You Invest in the Long Tail?" *Harvard Business Review* 86, no. 7/8 (2008): 88–96.

[9] Glenn Ellison and Sara Fisher Ellison, Match Quality, Search, and the Internet Market for Used Books. working paper, Massachusetts Institute of Technology, 2014.

[10] マクフィーが１９６３年に発表した本は、長らく絶版状態にある。したがって、近くに大学図書館がない場合、読みたくても不運だと思ってあきらめるしかない――もしくは、アマゾンにアクセスするかだ。本書執筆時点で、アマゾン上には5冊の古本の在庫があり、最も安いものは25ドル15セントである。

[11] 元の論文は次の通り。Alejandro Zentner, Michael D. Smith, and Cuneyd Kaya, "How Video Rental Patterns Change as Consumers Move Online," *Management Science* 59, no. 11 (2013): 2622–2634.

[12] Erik Brynjolfsson, Yu (Jeffrey) Hu, and Duncan Simester, "Goodbye Pareto Principle, Hello Long Tail: The Effect of Search Costs on the Concentration of Product Sales," *Management Science* 57, no. 8 (2011): 1373–1386.

[13] 詳細については、次の論文を参照。Gal Oestreicher-Singer and Arun Sundararajan, "Recommendation Networks and the Long Tail of Electronic Commerce," *MIS Quarterly* 36, no. 1 (2012): 65–83.

[14] 各映画のＩＭＤｂ上の投票に基づいて判断した。

[15] See Miguel Godinho de Matos, Pedro Ferreira, Michael D. Smith, and Rahul Telang, "Culling the Herd: Using Real World Randomized Experiments to Measure Social Bias with Known Costly Goods," *Management Science*,

forthcoming.

[16] For more details see Avi Goldfarb, Ryan C. McDevitt, Sampsa Samila, and Brian Silverman, "The Effect of Social Interaction on Economic Transactions: Evidence from Changes in Two Retail Formats," *Management Science*, forthcoming.

[17] See https://hbr.org/2008/06/debating-the-long-tail and *https://hbr.org/2008/07/the-long-tail-debate-a-response.

■第6章

[1] Jeff Goodell, "Steve Jobs: The Rolling Stone Interview," *Rolling Stone*, December 3, 2003

[2] http://www.indiewire.com/article/guest-post-heres-how-piracy-hurts-indie-film-20140711

[3] 米国の音楽売上は、1999年の146億ドルから、2009年の630万ドルへと減少した。次の資料を参照。http://money.cnn.com/2010/02/02/news/companies/napster_music_industry/

[4] Stan Liebowitz, "The Impacts of Internet Piracy," in *Handbook on the Economics of Copyright: A Guide for Students and Teachers*, ed. R. Watt (Edward Elgar, 2014).

[5] たとえばMGMスタジオとグロックスターの間の裁判では、2005年に米国の合衆国最高裁判所が判決を下し、「著作権を侵害する目的を持つデバイスを配布する者は、(中略) 結果として生じる、第三者による侵害行為に対する責任を負う」とされた。

[6] http://en.wikipedia.org/wiki/Stop_Online_Piracy_Act#cite_note-HousePress-28

[7] https://www.riaa.com/physicalpiracy.php?content_selector=piracy-online-scope-of-the-problem

[8] http://ftp.jrc.es/EURdoc/JRC79605.pdf

[9] http://www.cbc.ca/news/business/digital-piracy-not-harming-entertainment-industries-study-1.1894729

[10] これらの点について、詳しくは次の論文を参照。Michael Smith and Rahul Telang, "Competing with Free: The Impact of Movie Broadcasts on DVD Sales and Internet Piracy," *Management Information Systems Quarterly* 33, no. 2

(2009): 312–338.

[11] Felix Oberholzer-Gee and Koleman Strumpf, "The Effect of File Sharing on Record Sales: An Empirical Analysis," *Journal of Political Economy* 115, no. 1 2007): 1–42.

[12] Brett Danaher, Michael D. Smith, and Rahul Telang, "Piracy and Copyright Enforcement Mechanisms," in *Innovation Policy and the Economy*, volume 14, ed. J. Lerner and S. Stern (National Bureau of Economic Research, 2014).

[13] Brett Danaher, Michael D. Smith, and Rahul Telang, "Copyright Enforcement in the Digital Age: Empirical Economic Evidence and Conclusions," prepared for tenth session of World Intellectual Property Organization Advisory Committee on Enforcement, Geneva.

[14] ２０１４年の論文では、19の論文について扱っている。さらに２０１５年の論文では、２０１４年の論文の発表後に発表された2本の論文を含んでいる。この２０１５年の論文発表後に私たちが発見した論文４本を含むのが、完全なリストである。

[15] そのような合意があるとして、損害が認められなかった3つの論文のケースはどうなるのだろうか？　最も自然な解釈は、海賊行為が売上を著しく損なわない条件がある、というものだ。たとえば本章の末尾にある表６・１に含まれている論文のひとつでは、海賊行為による害が認められなかった状況として、映画がテレビ放送網で放映された場合を挙げている（これは通常、映画が映画館で上映されなくなってから数年後のことだ）。しかし私たちは論文の中で、これらの結果が「映画のライフサイクルの初期段階（そこでは海賊商品の存在が売上にマイナスの影響をもたらす可能性がある）における海賊行為による影響を証明するものではない」ことも指摘している (Michael Smith and Rahul Telang, "Competing with Free: The Impact of Movie Broadcasts on DVD Sales and Internet Piracy," *Management Information Systems Quarterly* 33, no. 2, 2009: 312–338, p. 336)。また報告された事例が、特定の同じ前提や、研究者が使用した実証的アプローチとの相関関係を持っており、結果が異なったのはそうした前提や実証的アプローチの違いによる可能性もある（たとえば Rafael Rob and Joel Waldfogel, "Piracy on the High C's: Music Downloading, Sales Displacement, and Social Welfare in a Sample of College Students," *Journal of Law and Economics* 49, no. 1 (2006):

29–62; Stan Liebowitz, "How Reliable is the Oberholzer-Gee and Strumpf Paper on File-Sharing?" (http://ssrn.com/abstract=1014399); Stan Liebowitz, "The Oberholzer-Gee/Strumpf File-Sharing Instrument Fails the Laugh Test" (http://ssrn.com/abstract=1598037); George R. Barker and Tim J. Maloney, "The Impact of Free Music Downloads on the Purchase of Music CDs in Canada" (http://ssrn.com/abstract=2128054)。いずれにせよ、より大きな視点から見た場合、結論は明らかだ。大部分の場合、海賊行為は売上に悪影響を及ぼすのである。

[16] たとえば次を参照。Rob and Waldfogel, "Piracy on the High C's."

[17] See http://www.ifpi.org/content/section_news/investing_in_music.html

[18] See Joel Waldfogel, "Copyright Protection, Technological Change, and the Quality of New Products: Evidence from Recorded Music since Napster," *Journal of Law and Economics* 55, no. 4(2012): 715–740.

[19] Joel Waldfogel, "Copyright Protection, Technological Change, and the Quality of New Products: Evidence from Recorded Music since Napster," *Journal of Law and Economics* 55, no. 4 (2012): 715–740.

[20] 同様の結果は、インド映画検定中央委員会の評価など、他の観測方法によっても示されている。私たちの研究結果に関するより詳しい解説は、次を参照のこと。Rahul Telang and Joel Waldfogel, "Piracy and New Product Creation: A Bollywood Story," 2014 (http://ssrn.com/abstract=2478755).

[21] http://www.nytimes.com/2012/08/05/sunday-review/internet-pirates-will-always-win.html

[22] http://www.bloomberg.com/bw/stories/1998-05-10/the-net-a-market-too-perfect-for-profits

[23] See Michael Smith and Erik Brynjolfsson, "Consumer Decision Making at an Internet Shopbot: Brand Still Matters," *Journal of Industrial Economics* 49, no. 4 (2001): 541–558.

[24] 具体的に言うと、対照群のタイトルはＣＢＳ、ＣＷ、Ｆｏｘ、ＮＢＣが制作した53番組で構成されていた。そのうち18の番組はＨｕｌｕ上で7月6日以前から公開されており、7月6日以降の4週間も変わらず視聴可能な状態だった。また44の番組は7月6日以前にＨｕｌｕ上で公開されておらず、7月6日以降もその状態に変化はなかった。より詳しい解説については、次の論文を参照。Brett Danaher, Samita Dhanasobhon, Michael D. Smith, and Rahul Telang,

"Economics of Digitization: An Agenda," in *Understanding Media Markets in the Digital Age: Economics and Methodology*, ed. A. Goldfarb, S. Greenstein, and C. Tucker (University of Chicago Press, 2015).

[25] See Brett Danaher, Michael D. Smith, Rahul Telang, and Siwen Chen, "The Effect of Graduated Response Anti-Piracy Laws on Music Sales: Evidence from an Event Study in France," *Journal of Industrial Economics* 62, no. 3 (2014): 541–553.

[26] Roger Parloff, "Megaupload and the Twilight of Copyright," *Fortune*, July 23, 2012: 21–24.

[27] See Brett Danaher and Michael D. Smith, "Gone in 60 Seconds: The Impact of the Megaupload Shutdown on Movie Sales," *International Journal of Industrial Organization* 33 (2014), March: 1–8.

[28] https://www.fbi.gov/news/pressrel/press-releases/justice-department-charges -leaders-of-megaupload-with-widespread-online-copyright-infringement

[29] 詳細については、次の論文を参照。Brett Danaher, Michael D. Smith, and Rahul Telang, The Effect of Piracy Website Blocking on Consumer Behavior, working paper, Carnegie Mellon University (available from http://ssrn.com/abstract=2612063).

■第７章

[1] https://shotonwhat.com/cameras/canon-eos-5d-mark-iii-camera

[2] アカデミー編集賞を２０１０年に受賞した『ソーシャル・ネットワーク』と、２０１１年に受賞した『ドラゴン・タトゥーの女』。同賞の候補に選ばれた作品まで含めると、ファイナルカット・プロを使用した作品として、『コールドマウンテン』（２００３年）、『ノーカントリー』（２００７年）、『ベンジャミン・バトン 数奇な人生』（２００８年）などが挙げられる。

[3] https://gigaom.com/2012/03/22/419-the-next-self-publishing-frontier-foreign-language-editions/

[4] https://www.youtube.com/channel/UCy5mW8fB24ITiiC0etjLI6w

[5] http://www.newyorker.com/magazine/2014/02/17/cheap-words

[6] https://gigaom.com/2012/06/18/seth-godins-kickstarter-campaign-for-new-book-beats-40k-goal-in-3-5-hours/

[7] https://www.kickstarter.com/projects/297519465/the-icarus-deception-why-make-art-new-from-seth-go

[8] http://www.ew.com/article/2013/03/13/veronica-mars-movie-is-a-go-kickstarter

[9] http://www.wsj.com/news/articles/SB10001424052702303636404579397322240026950

[10] http://www.ew.com/article/2013/03/13/veronica-mars-movie-is-a-go-kickstarter/

[11] https://www.youtube.com/watch?v=CjW9I6jo7bQ

[12] *http://blogs.ocweekly.com/heardmentality/2014/05/nice_peter_epic_rap_battles_in_history.php

[13] https://www.nytimes.com/2013/10/30/arts/television/epic-rap-battles-seeks-staying-power-on-youtube.html

[14] http://www.statsheep.com/ERB

[15] http://www.riaa.com/goldandplatinumdata.php?artist=%22Epic+Rap+Battles+of+History%22

[16] ユーチューブにおけるサクセスストーリーは、ＥＲＢだけではない。ユーチューブ上で最も人気のあるチャンネルは、ケイティ・ペリーやエミネム、テイラー・スウィフトといったアーティストの公式チャンネルではない。それはフェリックス・シェルバーグ（ピューディパイ）という、スウェーデン出身の25歳の男性のチャンネルで、彼がビデオゲームをプレイしている動画などを公開している。チャンネル登録者は３８００万人で、これまでの合計再生回数は90億回に達している。また２０１４年に彼がこのチャンネルを通じて得た売上は、７００万ドルと推定されている。（次のＵＲＬを参照：http://www.bbc.com/news/technology-33425411）

[17] http://www.theguardian.com/books/2012/jan/12/amanda-hocking-self-publishing

[18] http://www.deseretnews.com/article/865578461/Hip-hop-violinist-Lindsey-Stirling-overcomes-anorexia-critics-to-find-happiness-success.html

[19] https://www.washingtonpost.com/blogs/the-switch/wp/2014/05/29/youtube-sensation-lindsey-stirling-on-how-the-internet-can-shape-the-music-industry/

[20] https://www.youtube.com/user/lindseystomp/about
[21] https://www.forbes.com/forbes/welcome/?toURL=https://www.forbes.com/sites/michaelhumphrey/2011/10/26/epic-rap-battles-of-history-talking-brash-wit-with-a-youtube-hit/3/&refURL=&referrer=
[22] http://www.billboard.com/articles/news/1559095/dubstep-violinist-lindsey-stirling-inks-deal-with-lady-gagas-manager
[23] http://mediadecoder.blogs.nytimes.com/2011/03/24/self-publisher-signs-four-book-deal-with-macmillan/
[24] http://content.time.com/time/arts/article/0,8599,1666973,00.html
[25] http://www.wired.com/2007/12/ff-yorke/
[26] https://louisck.net/news/a-statement-from-louis-c-k
[27] https://louisck.net/news/another-statement-from-louis-c-k
[28] http://recode.net/2015/01/31/louis-c-k-s-new-straight-to-fan-special-has-no-buzz-and-its-doing-better-than-his-first-one/
[29] http://www.wired.com/2011/06/pottermore-details/
[30] http://www.theguardian.com/books/booksblog/2012/mar/28/pottermore-ebook-amazon-harry-potter
[31] https://nypost.com/2014/01/02/indie-artists-are-new-no-1-in-music-industry/
[32] Joel Waldfogel and Imke Reiners, Storming the Gatekeepers: Digital Disintermediation in the Market for Books. *Information Economics and Policy*, 2015.
[33] http://www.washingtonpost.com/news/business/wp/2014/09/05/tv-is-increasingly-for-old-people/
[34] http://www.dailymail.co.uk/news/article-2178341/Hollywood-Cinema-attendance-plummets-25-year-low.html
[35] http://www.businessinsider.com/brutal-50-decline-in-tv-viewership-shows-why-your-cable-bill-is-so-high-2013-1
[36] http://www.techhive.com/article/2833829/nearly-1-in-4-millennials-have-cut-the-cord-or-never-had-cable.html より の記事は次の記事で引用されている：http://www.washingtonpost.com/news/morning-mix/wp2015/01/06/the-espn-streaming-deal-and-how-tv-is-becoming-entertainment-for-old-people/
[37] http://blogs.wsj.com/cmo/2015/07/24/this-chart-shows-why-comcast-would-be-interested-in-vice-media-and-buzzfeed/

[38] http://www.hollywoodreporter.com/news/study-5-percent-millennials-plan-732337

[39] https://www.usatoday.com/story/tech/2014/12/19/youtube-diversity-millennials/18961677/

[40] https://www.hollywoodreporter.com/news/study-5-percent-millennials-plan-732337

[41] https://www.prnewswire.com/news-releases/sprint-and-suave-partner-with-leah-remini-to-create-consumer-generated-webisodes-58432852.html

[42] http://www.nytimes.com/2009/03/25/arts/television/25moth.html?_r=1

[43] http://adage.com/article/madisonvine-case-study/sprint-suave-find-success-mindshare-s-online-series/125090/

[44] http://www.mediapost.com/publications/article/76165/suave-sprint-back-for-in-the-motherhood-webisod.html

[45] https://variety.com/2008/scene/markets-festivals/abc-orders-motherhood-episodes-1117991763/

[46] *https://ewinsidetv.wordpress.com/2009/03/11/in-the-motherho/

[47] Bowker, cited in Statistical Abstract of the United States: 2004–2005 (Government Printing Office), table 1129.

[48] *http://www.bowkerinfo.com/pubtrack/AnnualBookProduction2010/ISBN_Output_2002-2010.pdf. 最近の研究によれば、アマゾン上に登録されている本の数は、平均して5分間に1冊のペースで増えている。(http://techcrunch.com/2014/08/21/there-is-one-new-book-on-amazon-every-five-minutes/).

[49] http://www.musicsupervisor.com/just-how-many-releases-these-numbers-may-scare-you/

[50] https://www.youtube.com/yt/about/press/

■第8章

[1] http://www.nytimes.com/2007/08/31/technology/31NBC.html

[2] http://www.cnet.com/news/nbc-to-apple-build-antipiracy-into-itunes/

[3] Philip Elmer-DeWitt, "NBC's Zucker: Apple Turned Dollars into Pennies," *Fortune*, October 29, 2007 (http://fortune.com/2007/10/29/nbcs-zucker-apple-turned-dollars-into-pennies/).

[4] Quoted in "NBC Chief Warns Over iTunes Pricing," *Financial Times*, October 29, 2007 (http://www.ft.com/intl/cms/s/0/8f799be2-865a-11dc-b00e-0000779fd2ac.html).

[5] 次の記事を参照。Brooks Barnes, "NBC Will Not Renew iTunes Contract," *New York Times*, August 31, 2007 (http://www.nytimes.com/2007/08/31/technology/31NBC.html). アップルは、ｉＴｕｎｅｓのテレビ番組売上において、ＮＢＣのコンテンツが占める割合を30％と推定していた。(http://www.apple.com/pr/library/2007/08/31iTunes-Store-To-Stop-Selling-NBC-Television-Shows.html).

[6] https://www.apple.com/pr/library/2007/09/05Apple-Unveils-iPod-touch.html

[7] http://www.cnet.com/news/apple-slaps-back-at-nbc-in-itunes-spat/

[8] https://www.nytimes.com/2007/09/20/business/media/20nbc.html

[9] ターゲットはＤＶＤ市場で15％のシェアを占めていたと報じられている。(http://www.wsj.com/articles/SB116035902475586468).

[10] https://www.apple.com/newsroom/2006/09/12Apple-Announces-iTunes-7-with-Amazing-New-Features/

[11] http://www.hollywoodreporter.com/news/target-blinks-dispute-disney-143682

[12] 図８・１の縦軸は対数スケールであることに注意。

[13] Brett Danaher, Samita Dhanasobhon, Michael D. Smith, and Rahul Telang, "Converting Pirates without Cannibalizing Purchasers: The Impact of Digital Distribution on Physical Sales and Internet Piracy," *Marketing Science* 29, no. 6 (2010): 1138–1151.

[14] 論文でも解説したように、私たちの調査では、同じ期間に非ＮＢＣコンテンツに対する海賊版コンテンツの増加は見られなかった。これはつまり、海賊版コンテンツの増加は、ＮＢＣコンテンツのｉＴｕｎｅｓ上からの撤去に関係していることを示唆している。

[15] たったひとつ、アップルから示された譲歩は、コンテンツに２つの料金設定（通常版の０・９９ドルと高解像度版の２・９９ドル）を追加することを認めるというものだった。(*http://www.businessinsider.com/2008/9/nbc-s-zucker-

we-came-back-to-itunes-because-we-got-variable-pricing). しかしＮＢＣは、海賊行為対策や、ｉＰｏｄからの売上歩合増に関する譲歩は引き出せなかった。

[16] Brad Stone, *The Everything Store: Jeff Bezos and the Age of Amazon* (Little, Brown, 2013).

[17] http://www.publishersweekly.com/pw/print/20040531/23431-amazon-co-op-riles-independent-houses.html

[18] http://www.newyorker.com/magazine/2014/02/17/cheap-words

[19] Ibid.

[20] http://www.publishersweekly.com/pw/print/20040531/23431-amazon-co-op-riles-independent-houses.html

[21] http://www.newyorker.com/magazine/2014/02/17/cheap-words

[22] Quoted in Joe Miller, "Amazon Accused of 'Bullying' Smaller UK Publishers," BBC News, June 26, 2014. (http://www.bbc.com/news/technology-27994314).

[23] http://articles.latimes.com/2011/oct/06/entertainment/la-et-jobs-music-20111007

[24] *Social Problems: Selections from CQ Researcher* (Pine Forge Press, 2009), p. 222. See also *http://featuresblogs.chicagotribune.com/entertainment_tv/2006/02/office_workers.html.

[25] http://www.newyorker.com/magazine/2014/02/03/outside-the-box-2

[26] *http://variety.com/2009/digital/features/online-distribution-pulls-ahead-of-film-1117994As9758/

[27] *http://www.digitalbookworld.com/2013/e-retailers-now-accounting-for-nearly-half-of-book-purchases-by-volume/

[28] http://www.theverge.com/2015/4/15/8419567/digital-physical-music-sales-overtake-globally

[29] http://partners.nytimes.com/library/tech/99/03/biztech/articles/14amazon.html

[30] Michael Smith, Joseph Bailey, and Erik Brynjolfsson, "Understanding Digital Markets: Review and Assessment," in *Understanding the Digital Economy*, ed. E. Brynjolfsson and B. Kahin (MIT Press, 2000).

[31] E. J. Johnson, S. Bellman, and G. L. Lohse, "Cognitive Lock-in and the Power Law Of Practice," *Journal of Marketing* 67, no. 2 (2002): 62–75.

[32] たとえばエリック・ブリニョルフソン、アストリッド・ディック、マイケル・スミスは価格比較サイトから得られたデータを分析し、価格を重視する消費者は、2ページ目に表示される価格にほとんど目を通さないことを発見した。続くページに、最初のページに掲載されていた中で最高のオファーと比較した場合、平均で6ドルの価値を消費者にもたらすオファーが掲載されていたとしても、である（"A Nearly Perfect Market? Differentiation Versus Price in Consumer Choice," *Quantitative Marketing and Economics* 8, no. 1 (2010): 1-3）。つまり実質的に、消費者は6ドル分の価値と引き換えに、オファーの検討に必要な時間や認知的努力というコストを費やさないことを選んでいるのだ。この結果は、オンライン上の消費者はシンプルな作業をする際にも高いコストに直面しているとする、他の関連研究とも一致している。たとえばイーベイのオークションに参加する（P. Bajari and A. Hortaçsu, "The Winner's Curse, Reserve Prices, and Endogenous Entry: Empirical Insights from eBay Auctions," *RAND Journal of Economics* 34 (2003): 329-355）、オンラインオークションで入札する（I. Hann and C. Terwiesch, "Measuring the Frictional Cost of Online Transactions: The Case of a Name-Your-Own-Price Channel," *Management Science* 49 (2003): 1563-1579）、教科書を検索する（H. Hong and M. Shum, "Using price distributions to estimate search costs," *RAND Journal of Economics* 37 (2006): 257-275）などである。

[33] これはデジタル著作権管理（DRM）ソフト自体に関する議論ではない。DRMは一定の条件下において、海賊行為による害を減らせることがデータから示されている（たとえばイムケ・ライマースは、DRMを使用すると電子書籍の売上が15・4％増加することを発見した。*http://www.econ.umn.edu/~reime062/research/piracy_paper.pdf.）。そうした利点は、プラットフォームへの囲い込みに関係する問題点と比較して検討されるべきであるというのが、ここで訴えたい点である。

[34] たとえば次を参照。Nicola F. Sharpe and Olufunmilayo B. Arewa, "Is Apple Playing Fair? Navigating the iPod FairPlay DRM Controversy," *Northwestern Journal of Technology and Intellectual Property* 5, no. 2: 331-349; Herbert Hovenkamp, Mark D. Janis, Mark A Lemley, and Christopher R. Leslie, *IP and Antitrust: An Analysis of Antitrust Principles Applied to Intellectual Property Law*, second edition (Wolters Kluwer Law & Business, 2014; Thorsten

Kaseberg, *Intellectual Property, Antitrust and Cumulative Innovation in the EU and the US* (Bloomsbury, 2012).

[35] Yannis Bakos and Erik Brynjolfsson, "Bundling and Competition on the Internet," *Marketing Science* 19, no. 1 (2000): 63–82.

[36] Ibid.

[37] https://arstechnica.com/uncategorized/2007/11/hands-on-nbc-direct-beta-makes-hulu-seem-utopian-not-ready-for-beta-tag/

[38] http://fortune.com/2014/12/09/hbo-streaming/

[39] http://variety.com/2014/digital/news/hbo-cto-otto-berkes-resigns-as-network-enlists-mlb-to-build-ott-platform-1201375255/

■第9章

[1] Michael Lewis, Moneyball (Norton, 2003), pp. 219–220.

[2] Ibid., p. 233.

[3] Ibid., p. 57.

[4] Ibid.

[5] http://www.newyorker.com/magazine/2014/02/03/outside-the-box-2

[6] http://www.newyorker.com/magazine/2014/02/17/cheap-words

[7] Ken Auletta, "Publish or Perish," *The New Yorker*, April 26, 2010.

[8] http://www.newyorker.com/reporting/2014/02/17/140217fa_fact_packer

[9] https://www.hollywoodreporter.com/news/sonys-michael-lynton-defends-studio-759494

[10] https://www.nytimes.com/2013/02/25/business/media/for-house-of-cards-using-big-data-to-guarantee-its-popularity.html?_r=1

[11] ピッツバーグ・パイレーツのファンとしては、この辛さが痛いほどわかる。

[12] プラットフォーム企業が顧客に関するより詳細な情報や、ダイレクトマーケティングプログラムを提供する代わりに、特別な契約条件や手数料を要求するという話もある。これは私たちが本書で行った、2つの主張を裏付けるものだ。その主張とは、顧客データと顧客へのアクセスが重要な戦略的資産になっているということ、そしてそうした資産をコントロールする力がプラットフォーム企業に、パートナーとの交渉において大きな影響力をもたらしていることである。

[13] http://www.hollywoodreporter.com/news/aftermath-hulu-ceos-bad-boy-101517

[14] たとえば次の記事を参照。http://variety.com/2014/digital/news/amazon-to-spend-more-than-100-million-on-original-series-in-q3-1201268987/, http://variety.com/2015/digital/news/amazon-studios-to-produce-movies-for-theatrical-digital-release-in-2015-1201408688/, and http://www.wsj.com/articles/youtube-seeks-streaming-right-to-tv-shows-movies-1449104356

[15] http://youtube-global.blogspot.com/2015/10/red-originals.html

[16] http://www.vulture.com/2015/07/netflix-original-programming-hbo-fx.html

[17] Gina Keating, *Netflixed: The Epic Battle for America's Eyeballs* (Portfolio, 2013).

[18] http://www.nytimes.com/2013/02/25/business/media/for-house-of-cards-using-big-data-to-guarantee-its-popularity.html

[19] https://www.hollywoodreporter.com/news/amazon-studios-head-roy-price-721867

[20] John Seabrook, "Revenue Streams," *The New Yorker*, November 24, 2014 (http://www.newyorker.com/magazine/2014/11/24/revenue-streams)

[21] http://www.theatlantic.com/magazine/archive/2014/12/the-shazam-effect/382237/

[22] https://www.newyorker.com/reporting/2014/02/17/140217fa_fact_packer

[23] "A Chat with Ted Sarandos, Mitch Hurwitz, and Vince Gilligan," National Association of Television Program Executives, January 21, 2015 (https://www.youtube.com/watch?v=Zdy8-FDV7c0).

[24] Kevin Spacey, keynote address, Content Marketing World 2014, Cleveland, September 11, 2014.

[25] Source: http://variety.com/2015/tv/news/golden-globe-nominations-2016-hbo-nbc-1201658385/

[26] Source: http://deadline.com/2015/12/golden-globes-nominations-2016-tv-series-networks-list-1201664377/

[27] たとえば次の記事を参照。http://www.hollywoodreporter.com/news/breaking-bad-how-cable-netflix-619857.

[28] ＲＢＣキャピタルマーケッツのデビッド・バンクは、２０１５年にテレビネットワークと映画会社が、番組のストリーミング放送権として68億ドルの売上をネットフリックス、Ｈｕｌｕ、アマゾンから得るだろうと推測している。（https://www.wsj.com/articles/netflix-viewership-finally-gets-a-yardstick-1440630513）

■第10章

[1] 次の記事からの引用。"How to Survive in Vegas," *Bloomberg Business Week*, August 6, 2010 (http://www.bloomberg.com/bw/magazine/content/10_33/b4191070705858.htm)

[2] 本書におけるハラーズの事例は、次の３つの参考資料に基づいている。Rajiv Lal, Harrah's Entertainment, case study, Harvard Business School, 2002; Victoria Chang and Jeffrey Pfeffer, Case OB-45, Gary Loveman and Harrah's Entertainment, Stanford Graduate School of Business, 2003; Gary Loveman, "Diamonds in the Data Mine," *Harvard Business Review*, May 2003.

[3] Rajiv Lal and Patricia Carrolo, Harrah's Entertainment Inc., case 502-011, Harvard Business School, 2001, p. 3.

[4] Ibid.

[5] Ibid., p. 5.

[6] Loveman, "Diamonds in the Data Mine," p. 4.

[7] Ibid.

[8] Lal and Carrolo, Harrah's Entertainment Inc., p. 6.

[9] Chang and Pfeffer, Gary Loveman and Harrah's Entertainment.

[10] Richard Metters, Carrie Queenan, Mark Ferguson, Laura Harrison, Jon Higbie, Stan Ward, Bruce Barfield, Tammy Farley, H. Ahmet Kuyumcu, and Amar Duggasani, "The 'Killer Application' of Revenue Management: Harrah's Cherokee Casino and Hotel," *Interfaces* 38, no. 3 (2008): 161–175.

[11] Loveman, "Diamonds in the Data Mine," p. 4.

[12] Chang and Pfeffer, Gary Loveman and Harrah's Entertainment.

[13] Meridith Levinson, "Harrah's Knows What You Did Last Night," CIO Newsletter, June 6, 2001 (http://www.cio.com.au/article/44514/harrah_knows_what_did_last_night/).

[14] Chang and Pfeffer, Gary Loveman and Harrah's Entertainment.

[15] Richard H. Levey, "Destination Anywhere: Harrah's Entertainment Inc.'s Marketing Strategy," *Direct*, 1999, cited in Lal and Carrolo, Harrah's Entertainment Inc.

[16] Loveman, "Diamonds in the Data Mine," p. 3.

[17] Ibid. p. 4.

[18] Gary Loveman in the Gaming Hall of Fame for 2013, Gambling USA, September 14, 2013 (http://www.gamblingusa.com/gary-loveman-gaming-hall-fame-2013/).

[19] Kate O'Keeffe, "Real Prize in Caesars Fight: Data on Players," *Wall Street Journal*, March 19, 2015 (http://www.wsj.com/articles/in-caesars-fight-data-on-players-is-real-prize-1426800166).

[20] Steve Knopper, *Appetite for Self-Destruction: The Spectacular Crash of the Record Industry in the Digital Age* (Simon and Schuster, 2009).

[21] Source: IFPI, "Music industry revenue worldwide from 2002 to 2014, by sector (in billion U.S. dollars)" (http://www.statista.com/statistics/272306/worldwide-revenues-of-the-music-industry-by-category/).

[22] その結果をこれ以降に解説している。詳しくは次の資料を参照。Brett Danaher, Yan Huang, Michael D. Smith, and Rahul Telang, "An Empirical Analysis of Digital Music Bundling Strategies," *Management Science* 60, no. 6 (2014):

1413–1433.

[23] https://www.nielsen.com/us/en/insights/reports/2015/the-total-audience-report-q1-2015.html

[24] http://www.wsj.com/articles/viacom-beats-expectations-on-ninja-turtles-transformers-1415881443

[25] http://blogs.wsj.com/cmo/2015/06/25/nielsen-mitch-barns-tv-networks-netflix/

[26] 次の資料を参照。Filipa Reis, Miguel Godinho de Matos, and Pedro Ferreira, The Impact of Convergence Technologies on the Substitution Between TV and Internet: Evidence from a Randomized Field Experiment, working paper, Carnegie Mellon University, 2015. レイスらが行った別の実験では、タイムシフト機能なしでプレミアムチャンネルへの無料アクセスを消費者に与えた場合のインターネット利用について分析している。この場合、インターネット利用には影響は見られなかった。この結果は、「テレビがインターネット上の動画ストリーミングと同じような機能を提供すれば、ユーザーはよりテレビを視聴するようになる」ことを示唆していると彼らは結論付けている。

[27] 私たちの実験的アプローチに関する詳細については、次の資料を参照。Jing Gong, Michael D. Smith, and Rahul Telang, "Substitution or Promotion? The Impact of Price Discounts on Cross-Channel Sales of Digital Movies," *Journal of Retailing* 91, no. 2 (2015): 343–357.

[28] 当然だが、こうしたマス市場戦略は有効になり得る。たとえばマス市場向け広告イベントとして最も重要なもののひとつが、スーパーボウルだ。「スーパーボウルへのスーパーリターン？」と題された最近の報告書（http://people.ischool.berkeley.edu/~hal/Papers/2015/super.pdf）において、セス・スティーヴンズ＝ダヴィドウィッツ、ハル・ヴァリアン、マイケル・D・スミスは、スーパーボウル広告が映画の興行収入に与える効果を分析した。驚くことではないが、彼らは正確には実験をすることができなかった――いくつかの自然実験の結果を分析したのである。彼らの分析は、ホームチームが試合に出場している地域の方が、それ以外の地域よりも視聴者がずっと多いという事実と、スーパーボウルの広告枠は出場チームが決まるずっと前に購入されるという事実に依拠していた。ホームチームが試合で戦っている地域における視聴率の増加は、広告を見る人々の数に対する外因的な影響として機能する。それによりスティーヴンズ＝ダヴィドウィッツらは、２００４年から12年にかけての、スーパーボウル放送中に広告が流された54の映画の観客動員を

分析することができた。その結果、ホームチームが試合に出場していた地域では、より多くの人々が宣伝された映画を見ており、またＲＯＩから見た場合、スーパーボウルの広告に３００万ドルが費やされると、映画会社が手にする利益が平均で８４０万ドル増加することが明らかになった。

■第11章

[1] John Markoff, "Michael Dell Should Eat His Words, Apple Chief Suggests," *New York Times*, January 16, 2006 (http://www.nytimes.com/2006/01/16/technology/16apple.html).

[2] http://www.cnet.com/news/gateway-shuts-10-percent-of-u-s-stores/. さらにゲートウェイは、２００４年４月に残りの１８８店舗も閉鎖している。(http://www.pcworld.com/article/115507/article.html).

[3] http://www.bloomberg.com/bw/stories/2001-05-20/commentary-sorry-steve-heres-why-apple-stores-wont-work

[4] http://www.forbes.com/sites/carminegallo/2015/04/08/why-the-experts-failed-to-predict-the-apple-stores-success/

[5] http://fortune.com/2015/03/13/apples-holiday-top-10-retailers-iphone/

[6] https://www.forbes.com/sites/carminegallo/2015/04/08/why-the-experts-failed-to-predict-the-apple-stores-success/

[7] http://fortune.com/2011/08/26/how-apple-became-the-best-retailer-in-america/

[8] https://bits.blogs.nytimes.com/2011/11/25/a-look-at-apples-spot-the-shopper-technology/

[9] https://variety.com/2015/film/news/godzilla-vs-king-kong-legendary-ceo-1201656742/

[10] *http://ir.aol.com/phoenix.zhtml?c=147895&p=irol-newsArticle_print&ID=1354531

[11] https://variety.com/2015/digital/news/netflix-bandwidth-usage-internet-traffic-1201507187/

[12] http://fortune.com/2012/08/20/hulus-network-drama/

[13] Jason Kilar, "Stewart, Colbert, and Hulu's Thoughts about the Future of TV," *http://blog.hulu.com/2011/02/02/stewart-colbert-and-hulus-thoughts-about-the-future-of-tv/

[14] http://allthingsd.com/20110203/is-jason-kilar-trying-to-get-fired/

[15] http://www.ft.com/intl/cms/s/0/2503f886-2f60-11e0-834f-00144feabdc0.html

[16] Ibid.

[17] Janet Morrissey, "The Beginning of the End for Hulu?" *Fortune*, January 8, 2013.

[18] 分析の手法と結果について詳細は、次の資料を参照。Brett Danaher, Michael D. Smith, and Rahul Telang, Windows of Opportunity: The Impact of Early Digital Movie Releases in the Home Entertainment Window, working paper, Carnegie Mellon University, 2015.

[19] One of the earliest academic studies of direct consumer observation was William D. Wells and Leonard A. Lo Sciuto, "Direct Observation of Purchasing Behavior," *Journal of Marketing Research* 3, no. 3 (1966): 227–233. Wells and Lo Sciuto reported having data collectors follow consumers in grocery stores and record their behavior in detail. Their method required 600 hours of labor on the part of the collectors to obtain data from 1,500 shopping episodes.

[20] Peter E. Rossi, Robert E. McCulloch, and Greg M. Allenby, "The Value of Purchase History Data in Target Marketing," *Marketing Science* 15, no. 4 (1996): 321–340.

[21] Food Marketing Institute, Variety of Duplication: A Process to Know Where You Stand. Prepared by Willard Bishop Consulting and Information Resources, Inc. in cooperation with Frito-Lay, 1993.

[22] Robert D. Austin and Warren McFarlan, H. E. Butt Grocery Company: A Leader in ECR Implementation (B) (Abridged), case 9-198-016, Harvard Business School, 1997, p. 2.

エリック・ブリニョルフソン　74-75, 77-79, 83, 109, 151-152, 154
『ブレイキング・バッド』　149, 179
エルビス・プレスリー　27
ブロックバスター社　162-163
『ブロックバスター戦略』　**72-90**
アンジェラ・ブロムスタッド　146
リード・ヘイスティングス　12, 163
ジョー・ベイリー　151
ジェフ・ベゾス　144, 150, 177
エミール・ベルリナー　22-23
ペンギン社　34
放送スケジュール　6, 10-11, 47-48
アマンダ・ホッキング　125-128
ポッターモア（Pottermore.com）　129, 217
ハリー・ポッター　129-130, 217
バディ・ホリー　27
ポリグラム　28
本に対する価値　42-46

ま行

ヴェロニカ・マーズ　122
リチャード・マーマン　192-194
マイクロソフト　**60-70**, 214
ジェームス・マキヴェイ　137, 220
ウィリアム・マクフィー　75-77, 80
マクミラン　34, 176-177
ボロス・マクラッケン　161
マデリン・マッキントッシュ　166
マネーボール　**157-161**
マネーボール型アプローチ　163, 168, 178
ブライアン・マレー　37
ニーリシュ・ミスラ　121
ミッション・インプロバブル　123
メーカースタジオ　126
メガアップロード　113-114
メジャーリーグ・ベースボール・アドバンスト・メディア　156
メジャー出版社　34
メディア・ライツ・キャピタル（MRC）　3, 6
メルヴィル・ハウス　144-145

や行

ユーチューブ　**120-127**, 132, 135, 170-173
ユニバーサル・ミュージック・グループ　28
トム・ヨーク　128

ら行

モーリーン・ライアン　6
ライオンズゲート　48
マーシー・ライビッカー　218
ライブ・アット・コメディ・ストア　129
イムケ・ライマーズ　131
ケビン・ライリー　3
ピーター・ラウアー　133
ラジオ局　24, 26-27, **32-33**
ラスト.fm　104
ラプソディー（ストリーミングサービス）　59
ゲイリー・ラブマン　186, **189-197**
ランダムハウス　34
ジョン・ランドグラフ　167-168
リアル店舗　**74-81**
流通業者　**134-135**
マイケル・リントン　167
ルイ・C・K　128-129
マイケル・ルイス　157-162, 164
レイニー・デイ・ブックス　166
レジェンダリー・ピクチャーズ　216
レディオヘッド　128
ロイヤルティプログラム　**189-196**
ロード・オブ・ザ・リング　47
J・K・ローリング　129, 217
キャサリン・ロスマン　86
ロックンロール　25-29
ロングテール　51, 69, **72-90**, 102, 115, 143, 174, 184, 225

わ行

ワーナー・ブラザーズ　28, 34, 48, 56, 176
ワイヤード誌　73, 87, 128

——とロングテール商品との比較 **72-90**
——の価値 **50-51**, 79-80, 86
——の全体の売り上げに占めるシェア 225
直販 68-69
著作権法 92
通常盤 46-47
ディズニー 34, 48, 72, 138, 143
データドリブン型意思決定 161, 169, 180, 186, **195-209**
データマイニング **191-196**
デジタルチャネル 10, 48-49, 149, 220-221, 226
デッカ 25
デラックス盤 46
テレビ視聴者 131-132
テレビ視聴とネット利用率 202
電子書籍 **37-46**, 86, 129, 131
電話帳 53
トーマス・タル 216
フィリップ・ドーマン 201
独立系書店 86, 166
『トランスペアレント』 180
取引の匿名性 85-86

な行

内生性 39, 98
ナップスター 57, 93, 96-98, 102-105
ニールセン 9, 131, 146, 148, 166-167, 174, 181, 201
ニュー・ライン・シネマ 47-48
ネットフリックス
——のDVDレンタル業態からの変革 162-163
——のゴールデングローブ賞受賞 180
——のサイトのユーザビリティ改善 222-223
——の独自制作番組 4, 89, 173-174
——のビジネスモデル **8-9**

は行

バーコードリーダー 223
ハードカバー 10, **37-46**, 76, 202-203
ハーパーコリンズ 34, 37
ミッチ・バーンズ 201
バイアコム／スクリブナー 37-38, 201
パイロット版 3-6, 13, 162
ハウス・オブ・カード **2-17**, 89, 162-163, 174, **178-180**
ヤニス・バコシュ 154
ウィリアム・フィッシュ・ハラー 187
ハラーズ（現・シーザーズ）・エンタテインメント **186-196**, 209
パラマウント 34, 48
チャールズ・K・ハリス 21
バンドル 11-13, 68, 150, **153-155**
パンドラ 59, 104, 176
ピアレビュー **83-85**
ビリー・ビーン **160-161**, 168
アーサー・ピグー 44
ビクター 23-25
ビジネスリスク管理 27-34, 89, 130, 198, 221
ビットトレント 11-13, 92, **139-143**, 155
ロバート・ピットマン 199
ビデオ 92, 105-107
ビデオレンタル 82
ニック・ビルトン 108
リチャード・ヒルマン 169
ファイナルカット・プロ 120
ファンク＆ワグネル百科事典 65-68
『フィフティ・シェイズ・オブ・グレイ』 76, 86
デヴィッド・フィンチャー **3-9**, 174
フォックス 3, 34, 48, 180, 183, 218
フォノグラフ 21-22, 28
『舞踏会のあとで』 21
ロイ・プライス 175
プラットフォームへの囲い込み 152-153
プラットフォーム企業とのデータ共有 170-172
ロバート・フランク 75
バーバラ・フリーシー 120
アラン・フリード 26-27
ブリタニカ百科事典 **60-69**

キンドル・シングルズ　121
キンドル・ダイレクト・パブリッシング　121, 131
グーグル　14, 153, 168-173, 181-182, 197, 207, 216-217
クーポン　224
フィリップ・クック　75-77
グラモフォン　22-24
キーラン・クリリー　120
グロリエ百科事典　54
群衆行動　84-85
経験財　41-42
ゲートウェイ社　213
ケーブルテレビ　**47-52**, 84, 131-132, 201, 203, 219
限界費用　41-43, 53, 75-77
広告　**206-208**
購買履歴　223-225
セス・ゴーディン　121
ウィリアム・ゴールドマン　29
顧客レベルのデータ　**170-177**, **182-183**, **192-198**, 214-215, 223-225
コロンビア　22-24
コンテンツの質の測定　**102-107**
コンプトン・マルチメディア百科事典　64-66

さ行

ジョン・サージェント　177
再送信料金　218-219
サイモン＆シュースター　34, 38
ニール・サシャロー　134
ジェフ・ザッカー　136
アシフ・サトチュ　3-4
フィリップ・サトル　189-195
ジョッシュ・サパン　146
ヤコブ・サフラ　67
『ザ・ホワイトハウス』　5
テッド・サランドス　5, 7, 157, 178
ザ・レディ・イン・ナンバー6　120
アダム・サンドラー　175
E.L.ジェイムズ　76, 86
アレハンドロ・ジェントナー　82, 96
『ジ・オフィス』　146
市場の支配力　3, 15-19, 27-29, 37, 56, 68-70, 73, 88, 136, 149-150, 168, 173, 176, 182, 205
視聴率　4, 146-148, 201-202, 218, 220
フランク・シナトラ　25
自費出版と伝統的な出版　125, 130-131
キャリー・シャーマン　146
シャザム　176
カール・シャピロ　53
ピーター・シューコフ　123-124
マデリン・シュナップ　77
消費者の検索コスト　**150-152**
将来技術調査研究所　94
デビッド・ショー　150-151
フィリップ・ジョーンズ　130, 145
食品マーケティング協会　224
ショップボット　109
スティーブ・ジョブズ　115, 125, 138, **211-215**
新刊タイトル数の増加　135
ハウイー・シンガー　56-59
垂直的な差別化　76
垂直統合　14, 176, 217-218
スイッチング・コスト　**150-152**, 195
水平的な差別化　76-77
リンジー・スターリング　125-127
ブラッド・ストーン　144
ケヴィン・スペイシー　3-5, 9, 119, 174, 178
スポティファイ　59, 147, 176
スマートフォン　123, 132, 176
ラマー・スミス　93
正規版と海賊版　109-111
製品の差別化　**49-52**, 76-77, **109-111**
ザ・セイント　121
セグメンテーション　47, 54
全米脚本家組合（WGA）　134
ソニー　28, 34, 48, 167

た行

ターゲット社　138
ダイアモンド・Rio　57
大ヒット
　キュレーションと支配力によって実現する――　88

——の販売価格調整　205
——の究極の目標　177
——のゴールデングローブ賞受賞　180
——の顧客データの共有　170-173
——の市場支配力　**143-149**, 173, 182, 224
——の商品推薦ネットワーク　83
——の垂直統合　217
——のダウンロードサービス　141
——のデータベースに基づく意思決定　169, 181
——・プライム・ビデオ（旧：インスタント・ビデオ）　153
ロイド・アルクイスト　123-124, 126
アルバムとシングルのリリース戦略　199-201
ウディ・アレン　175
クリス・アンダーソン　**72-73, 87**
『イカロスの欺瞞』　121
イン・ザ・マザーフッド　133-134
インターネット
——での本の売り上げ　79
——での価格競争　108
インディペンデント系アーティスト　131
ハル・ヴァリアン　53
ウィキペディア　67
モルデカイ・ウィクズィク　3-4
ボー・ウィリモン　3, 7-9
ジョエル・ウォルドフォーゲル　79, 102-106, 131
ウォルマート　147-149
映画の公開戦略　**47-52**, 197, 220-222
ダニエル・エク　176
トーマス・エジソン　21-23
ジョゼフ・エスポジート　67
『エピック・ラップ・バトルズ・オブ・ヒストリー（ERB）』　123-124
アニタ・エルバース　**72-73**, 80, 87
エンカルタ　65-67
ケン・オーレッタ　165
『想い出のテレビ』　121
オリバー・ブラウディ　121
『オレンジ・イズ・ニュー・ブラック』　89, 180
音楽出版　20-21
音楽業界
——とアーティストとの関係　23, 29-32
——の利益水準　25, 28
オンデマンド　8-13, 84, 174-175
オンラインプラットフォーム開発　155-156
オンライン海賊行為防止法案（SOPA）　93-94

か行

ビル・カー　165
トロイ・カーター　127
海賊行為
——に対抗するサイトの閉鎖・ブロック　113-115
——のコンテンツビジネスへの恩恵　94-95, 101
——の消費者への影響　**101-107**
——の製作者への影響　**96-101**
——への法的手段　112-113
価格決定　**202-206**
価格差別　12, **43-49**, 54, 153-154, 204
価格弾力性　202
楽譜　20-21, 24
カジノ　**186-196**
数撃ちゃ当たる　206
カタログ通販　83
ロバート・カットナー　108-109, 150
勘　29, 161, 167-169, 174, 184, 192, 202-203, 208
管理された不満　12
企業文化の違い（IT企業とコンテンツ企業）　168-169
稀少性　16-18, 88, 225-226
キックスターター　122
規模の経済　15-16, 27, **30-35**, 150, 153, 183
キヤノンEOS 5D Mark III　120
競争を避ける　**53-54**
ジェイソン・キラー　172, 219
キンドル　**40-41**, 86, 153

索 引

ページ数が太字になっているものはそのキーワードを主題とした重要な議論がされていることを示す。

英数

Apple Books（旧：iBookstore） 121, 153
A&R 30
a2bミュージック **57-59**
ABC 111, 133-134, 139, 142, 180, 218
AMC 3, 146
AT&T **57-59**
BMGエンタテインメント 24, 28
CBS 24, 139, 142, 180
CD 28-29, 33, 58-59, 74-75, 104, 116-117, 146-147, 200, 203
CD-ROM 63-66
DVD 47-52, 82, 93, 116-117, 138-141, 147-148, 162-163, 172-173, 197, 203-204, 220-221
EMI 24, 28, 128, 146
HADOPI（仏・反海賊行為法） 112-113
HBO 3, 49-52, 156, 173, 180
H-E-B 224
Hulu 14, 109-111, 137-141, 155, **218-221**
IFPI（国際レコード・ビデオ製作者連盟） 28, 30, 101, 116
iPod 57, 136-138
iTunes
　——上での映画の公開時期 48-49
　——上でのシングルリリース 199
　——上での顧客との交流 208-209
　——上の映画の購買行動 153, 208
　——と海賊行為の影響 110, 112-113, 117-118
　——の売上データ 171
　——の市場支配 **136-143**, 146-147
　——のサービス開始 57-58
MP3 57-58, 116
MTV 29, 199
NBCユニバーサル 34, 48, 117, **136-143**, 146, 155, 180, 182, 218
RCA 24-25, 27
RIAA（Record Industry Association of America） 94, 125
SNS 77, 96, 216

あ行

マイケル・アイズナー 8
アシェット 34, 38
アップル
　Apple Books, iTunes, iBookstoreは英数の項に掲載
　——の顧客データの共有 170-171
　——のデータベースに基づく意思決定 169, 181
　——の市場支配力 146
　——とNBCユニバーサルとの争い **136-143**
　——とネットフリックスとの競争 14
　——の復活 **211-215**
　——ストア **212-215**
アマゾン
　——・アーティスト・セントラル 121
　——・キンドル キンドルの項参照
　——での購買の際、他のサイトより余分に支払えるコスト 109
　——とハリー・ポッターの電子書籍サイト 129-130
　——と出版社との電子書籍の価格設定に関する争い 40-41
　——とネットフリックスとの競争 14
　——におけるロングテールの売上 78
　——による協力費の要求 171
　——の売上ランキング 78
　——における映画購買者への影響力 208-209
　——のオリジナルコンテンツ制作 165, 173-175

解説

日本のコンテンツビジネスにも押し寄せるデジタルディスラプションの荒波

変わらないのは、変わり続けるということ

山本一郎（個人投資家、作家）

この本の主題であり投げかけているテーマは明確です。それは「デジタルディスラプション」、すなわちデジタルによるビジネス環境の破壊を総覧しているにもかかわらず、実際には破壊はいまなお起こっている、現在進行形である、という重大な問題提起です。これらの衝撃的な変化は、変化が終わった結果を単にまとめた内容を本書が提示しているものではなく、いまなお続く現象の途中経過にすぎないのです。本稿では、本書の解説も兼ねて日本のエンタテインメント業界を敷衍《ふえん》しながらコンテンツビジネスの潮流を見ていきたいと思います。

本書では、第1章から最後に至るまで、世界のインターネット環境の進化がビジネスに与えた影響は終わることなく、いままでの収益事業を過去のものとし、それればかりか、いままでは同じ業界とは思っていなかった他業種が実は競合であった、敵対的な存在になってしまったということが当然に起き得ることを

示しています。レンタルCDもレンタルビデオも、インターネットによって「誰が何をどう見ているのか」が分かるようになり「彼らにどう届けるのか」だけでなく決済手段まで提供できるようになったわけですから、リアルの店舗、レコードやビデオデッキといった個別のハードを過去のモノへと追いやってしまいました。そのようなマテリアルに依存していたビジネスは、たとえ紙の新聞紙に印刷して配達しているビジネスモデルでさえも容赦なく呑み込んでいくプロセスの中にある、と言っても過言ではありません。

何より、本書が拓く未来への扉は「データ資本主義」とでも言うべき膨大な利用者データを再利用し、線形・非線形を問わず市場や利用者の未来の行動を予測し、それに見合ったコンテンツの制作から提供方法、広告、値付け、公開期間までをも見通そうという壮大なものです。そして、そういった未来絵図は統計的手法や人工知能に基づき、最終的には「その人に何をインプットすれば、どのような消費行動を取るのか」まで到達する、事実上の脳の秘密にまで手がかかる壮大な実験であるとも言えます。誰か特定の人の行動までは予測できないが、例えば似たカテゴリーの百人が集まれば、そのうちの何人がどういう行動を取りそうか、というところまでは類推できるようになるのです。

コンテンツ制作側がどんなに努力をしても、膨大な利用者データを持つプラットフォーム事業者のデータ活用の荒波には抗えないことは、本書でも繰り返し解説されています。それは、事業のパラダイムシフトそのものであり、そのパラダイムの魔力が、いままで真面目に権利を確保しビジネスを構築し営々と利益を計上してきた、レガシーな各種コンテンツ産業のビジネスモデルを押し流し、その努力にもかかわらず多くの企業が荒波に呑み込まれて娯楽系のコンテンツビジネスの歴史の一ページへと沈んでしまいました。

その意味では、時代の流れに抗うのではなく乗りこなしていくには、読者自身が自身を、製品・サービスを、自社をどう導いていくのか、本書には、最適なガイダンスが豊富に例示されています。単なる流行としてこの奔流を捉えるのではなく、新たなパラダイムに対して自身をどう作り替えていくのか、考察し行動に移すための最良のテキストの一つなのです。

日本の例で、最も卑近な、そして大事な例を挙げましょう。それは、誰もが利用するイオンなどのロードサイドのショッピングモールが、インターネットとの競争に晒されている件です。地方で暮らしている多くの日本人が週末に訪れるロードサイドのモールやアウトレット店では、その賑わいとはよそに、来店者数一人当たりの売上が減少してしまう現象が多発しています。それまでは、事業者は主にその地域に住んでいる商圏人口の減少がこの問題を引き起こしていると考えていました。

しかしながら、実際に調査をしてみると商圏人口の減少よりも速いペースで売上が落ちる一方、より多くの娯楽を求めて週末の来訪者の割合や滞在時間、再訪率は増えている場合があったのです。本書でも、レコードからCD、そしてインターネット時代に花開いたストリーミングという音楽出版の興隆と没落の歴史を詳しく論じていますが、より身近な買い物の世界では、緩やかに、しかし力強くインターネットの足音が響いているのが実情です。

そのインターネットによる破壊の兆候は、「水もの」の販売に表れていました。週末、家族や地域の人たちと誘い合わせて車でやってきていたお客様は、一週間の飲み物や食べ物、トイレタリー製品などをまとめ買いしていくのが普通です。行きは家族で何をしようかわくわくしながらショッピングモールまでやってきて、帰りは一週間分の生活物資を買い込み、自宅に戻る——そんな暮らしを支えていたのが地域のモールでした。

ところが、いつからか、車で来たお客様はそういう重い買いだめをする量を最小限に抑えるようになりました。お客様の単価下落の原因は、アマゾンや楽天24などのまとめ買い専用のオンラインストアの利用拡大によって、これらのモールには買い物目的ではなく娯楽を求めてやってくるような層へと徐々に変貌していったわけです。

そして、一度オンラインサイトでのまとめ買いに購買習慣が移ってしまうと、二度とモールで大量のまとめ買いをすることはなくなってしまいます。その代わりの消費で増えたのはみんなで食べるアイスクリームや、翌週職場や学校で話題にするための映画館のチケットだけ、となるわけです。かくして、インターネットによる購買習慣の変化が、娯楽系のコンテンツビジネスの流通をも変え始めることの契機となりました。地域の生活を支えていた大規模なモールの価値は、単に近くに住む人たちがお金を使いたくて集まってくる場なのではなく、明確な目的を達成するためにやってくる一群だった、ということが分かるようになってきたのです。

それまで、買い物と言えば大規模輸送の象徴であった鉄道と、その駅の周辺が栄えて駅前商圏ができ、その商店街が街の顔であった時代から、自動車全盛時代を迎えるとロードサイドの大型店舗が生鮮食料品から日用雑貨、映画、レンタルビデオまで広い敷地で幅広い品ぞろえで対抗し、何より大きな駐車場と抜群の販売パワーによる低価格路線で顧客を奪いました。そのロードサイド店から、インターネットが購買の主力をさらに奪おうとする中で、消費者はコンテンツ関連の購買活動をも、インターネット中心へとシフトさせようとしています。その最たるものが、ロードサイドのモールでは7割以上で併設されていたレンタルビデオ店と映画館の変容です。レンタルビデオ店は、ＴＳＵＴＡＹＡとＧＥＯが地域のコンテンツサプライヤーの主力であったものが、気が付いてみるとオンライン動画サイトの興隆によって急速に顧客を奪われ、現在ではまさに草刈り場となってレンタルビデオ店は閉鎖が相次いでいる状況に陥っています。

同じくコンテンツ業界の文脈で言うならば、紙のメディアに依存してきた新聞業界や出版業界、印刷業界のようなプレイヤーはもちろん、それらを各地隅々まで届ける新聞の販売店、書店、あるいは取次業者にいたるまで、本書の例示同様に奔流に押し流されつつあります。規制業者として胡坐《あぐら》をかいていた地方テレビ局ももはやただの電波塔屋になってしまったかのようで、価値のある情報を視聴者に届けられなくなった結果、放送されるのは地元のショッピングモールのセール情報やぱちんこなど娯楽施設の宣伝ばかりで、テレビの前に喜んで座っているのは情報を取り入れるリテラシーがテレビから変えられない中高年の視聴者が中心となるのも致し方のないところと言えます。そのぐらい、本書が書き表す事象は普遍的であり、日本でも同様の事態が輻輳《ふくそう》して発生し、いまや新聞社も大手テレビ局も儲かっていた時代に手に入れていた不動産を誰かに貸して収益を得る不動産事業者も同様の事態になってしまうのも分かります。

いったん事業としてのオーラが薄れてしまうと、いくらコンテンツで勝負して、海外からやってくるネットフリックスやAmazonプライム・ビデオ、Huluと戦いたくても、クール（枠）と広告主の仕組みに縛られて戦いたくても戦えなくなります。べらぼうなコストのかかる装置産業でもあるテレビ業界とそれを支える広告の関係は唇歯の状態で、大いなる慣性の中で仕組みが回っているため、ネットフリックスやHuluのように自由な放送時間で好きなように編成する仕組みには抗いようがないのです。もはや生き残るにはどこかほかの同業者と合併するか、コンテンツ部門を切り離して増資を試み外部からたくさんの制作費用を調達できるようにするかしか、コンテンツ事業者として生き残る方法はなくなってしまうのかもしれません。

娯楽系のコンテンツビジネスは、日本でも根底からこのゲームルールの変更に対して謙虚に立場を明確にすることを市場から迫られている、とも言えます。それまでは、スーパーマーケットもレンタルビデオ店もクレジットカードのデータやTポイントカードなどの通り一遍の、安っぽい購買履歴しか持たない顧客データを何とかつなぎ合わせて、ぼんやりとした顧客情報のペルソナ（その人がどのような人かを類推するための手がかり）を構築しようと頑張ってきたにすぎません。これらのデータが役に立たないことは、ある程度データ分析に見識のあるアナリストやデータサイエンティストであれば誰もが気づいていたことですが、それでもレンタルビデオで何を借りたのか、コンビニでどんなコーヒーを何時に買ったのか、などを結び付ければ、何かが分かるだろうと信じていたのです。テレビ局もビデオリサーチが提供する大雑把な属性データの折れ線グラフで長らく勝敗優劣を競ってきましたし、新聞社に至っては自社が誰に読まれているのか知りたくても実際に把握しているのは新聞販売店であって、顧客情報を事実上まったく持たないまま長らく事業を続けてきたのが実態です。それでも、やっていけた時代が確かに日本にもあったのです。

しかしながら、実際にはこれらのデータが新たな需要の創出や、新しい作品に対する需要予測など、この業界に対して役に立つ有用な結論を導き出すことは最後までありませんでした。日本で先駆けてポイントカードを展開しているなかで各社が分かったのは、せいぜいその購買者個人の、おおまかな分類によるペルソナに過ぎません。借りたビデオを何分何秒まで観て投げ出したのか、何度同じ場面を繰り返し観ようとしたのか、その作品にその人がどのようなバリューを感じ取っているのか――コンテンツを扱うビジネスで把握しなければならない情報の粒度、細かさには程遠いものしか得られず、せいぜいどの監督や役者が好きなのかや、ジャンルとしてアクションが好まれるのか恋愛ものかホラーかぐらいまでしか分からないのでは意味がありません。本書でも詳述されるような、「マネーボール」には手も届かないデータを何年もいじくったところで、成果が出なかったというのが実際のところです。

そして、オンラインでのコンテンツ提供も激動の状況であることには変わりありません。冒頭にも述べた通り、現在もなお、環境は現在進行形で変わり続けています。本書第1章でも詳述されていたように、ネットフリックスをはじめ、Hulu、DAZN（スポーツのストリーミングサービス）、Amazonプライム・ビデオなど、膨大な制作費と品質の高い映像制作能力で日本の既存のビジネスを圧倒し、装置産業の最たるものであったテレビ局の収益面での〝テレビ離れ〟による低迷と入れ替わるように存在感を増し続けています。それは、ネットで動画を観る環境の整備が進み、動画の閲覧者の増大に伴って、単なる視聴者数や時間に応じて広告掲載をして収入を得るという硬直化したモデルだけでなく、月額課金と単品でのコンテンツ買いというサブスクリプション&ばら売りによって得られる収入手段の多様化、さらにはコンテンツを買った顧客の属性把握によるコンテンツ購買のリピート率の向上（それは、ユーザーのコンテンツ閲覧でのエクスペリエンスに対する満足度の上昇も大きく寄与している）もまた、重要なファクターであることは間違いありません。テレビ業界もフジテレビのFODの成功を筆頭に、民放キー5局が進めるエム・データなど分析に乗り出す一方、見逃し視聴や顧客情報獲得手段の強化に動いてはいますが、事業の土台である視聴者がどんどんテレビの前から離れていき、いまやドラマのヒット作品とされる視聴率は10％台中盤にまで下落しているのです。

その一方で、光あれば闇あり……で、いわゆるプラットフォーマーたちが今後、これらの娯楽系のコンテンツビジネスでの成功の法則をぶち壊してきたすべての業界秩序、社会的通念からの逆襲を受ける可能性は否定できません。第6章で触れられていたような知的財産権に対する挑戦が進む一方、個人に関する情報は、事業者がどこまで管理・把握し、分析してよいのか、第三者利用の在り方がどうなのかも含めて、利用者自身の情報がどのように使われているのか把握できるようにするか、サービスの利用に先立って、充分な利用目的を約款などで明示するよう求められるようになってきています。当たり前のようにデータが利用され、行動分析が進んでネットフリックスのような超巨大なコンテンツ事業者が大手を振って各国でビジネスをしている根幹は、そもそもが「私たちはどのような情報をインプットされたら、いかなる消費行動を取りそうか」という未来予想のモデルを膨大なデータをもとに信頼性高く構築しているからです。しかしながら、それらのデータは利用者が意識しないうちにこれらの事業者によって「利活用」され、場合によっては第三者提供されて、照合され、より精度の高い情報を持つようになっています。下手をすると、私たちよりも私たちのことを知っているかもしれません。これからの娯楽系のコンテンツビジネスは、利用者情報をかき集めてきて精度高く分析しコンテンツ作りに生かしていくだけでなく、社会とより正面から向き合い、適切に個人に関する情報の提供や分析を、受け入れられやすい形に変化させていくかが求められているのです。いわゆるＧＡＦＡ（Ｇｏｏｇｌｅ、Ａｍａｚｏｎ、Ｆａｃｅｂｏｏｋ、Ａｐｐｌｅの略。ＦＡＡＮＧなどともいい、こちらはＦａｃｅｂｏｏｋ、Ａｍａｚｏｎ、Ａｐｐｌｅ、Ｎｅｔｆｌｉｘ、Ｇｏｏｇｌｅの略）対策は、単に多国籍企業の納税問題というゼニカネの問題ばかりではなく、データ資本主義の根幹にある私たちのデータが適切に利用されているのかも含めて、これから新しいパラダイムが拓かれるのとともに、現在のような、ビッグデータ分析に基づく強力なプラットフォーム事業は制限されていくのかもしれません。

本書を通して多くを見通すことを求める読者は、本当の意味で本書を超えていかなければなりません。破壊的なイノベーションが、目の前に起きている事態にどう影響し、何を変えていくのか洞察することが読者には求められているのです。著者には深い尊敬を重ねて表明するとともに、読者の皆さまやご家族の未来に、本書の知見がわずかでも活用されることを願ってやみません。

著者紹介

マイケル・D・スミス（Michael D. Smith）

カーネギーメロン大学ハインツ・カレッジ情報システム及びマーケティング学教授。同校で、「イニシアティブ・フォー・デジタル・エンタテインメント・アナリティクス（IDEA）」プログラムの共同ディレクターを務める。研究では経済学的および統計的手法を使用し、オンライン市場（特にデジタル情報とデジタルメディア製品の市場）における企業と消費者の行動を分析している。この分野における研究は、経営科学、経済学、マーケティングの主要な学術誌、およびハーバード・ビジネス・レビューやスローン・マネジメント・レビューなど主要な専門誌に掲載されている。

ラフル・テラング（Rahul Telang）

カーネギーメロン大学ハインツ・カレッジ情報システム及びマネジメント学教授。同校で、「イニシアティブ・フォー・デジタル・エンタテインメント・アナリティクス（IDEA）」プログラムの共同ディレクターを務める。主な研究分野のひとつがデジタルメディア業界で、音楽、映画、テレビ、本のデジタル化に焦点を当て、これらのデジタル化が、コンテンツ・プロバイダーや流通業者に与えるインセンティブ、ならびにイノベーションや著作権に関する政策課題に、どのように影響を及ぼすかを調査している。特に、オンライン海賊サイトを含むオンライン・プラットフォームに関する問題の拡大と、それが既存の音楽、映画、書籍業界に与える影響について研究している。これらの成果は多くの主要学術誌に掲載され、高い評価を受けている。

訳者紹介

小林 啓倫（こばやし あきひと）

経営コンサルタント。獨協大学外国語学部卒、筑波大学大学院修士課程修了。システムエンジニアとしてキャリアを積んだ後、米バブソン大学にてMBAを取得。その後外資系コンサルティングファーム、国内ベンチャー企業などで活動。

著書に『FinTechが変える！金融×テクノロジーが生み出す新たなビジネス』（朝日新聞出版）、訳書に『YouTubeの時代』（ケヴィン・アロッカ著、NTT出版）など多数。

激動《げきどう》の時代《じだい》の
コンテンツビジネス・サバイバルガイド
プラットフォーマーから海賊行為《かいぞくこうい》まで　押《お》し寄《よ》せる荒波《あらなみ》を乗《の》りこなすために

発行日 ———— 2019年6月26日　初版発行　〈検印省略〉

訳者 ———— 小林啓倫《こばやしあきひと》

発行者 ———— 大矢栄一郎

発行所 ———— 株式会社　白桃書房

〒101-0021　東京都千代田区外神田5－1－15

☎03-3836-4781　fax03-3836-9370　振替00100-4-20192

http://www.hakutou.co.jp/

印刷・製本 —— 藤原印刷

ISBN 978-4-561-22729-8 C0034